U0145622

Nietzsche

尼采哲學導論
——「自由精靈」的導師

（美）埃里希‧海勒 (Erich Heller) 著
楊恆達 譯

五南圖書出版公司 印行

The Importance of Nietzsche:
Ten Essays

建構臺灣智識世界的思想溝通共同體
——「大家觀點」系列總序

　　我們正處在一個「後真相」（Post-truth）、「政治極化」（Political polarization）的數位時代中。透過入口網站，我們能取得的資訊與知識，早已經不是可以用車載與斗量來加以估算的巨大海量。透過社群媒體，我們的世界知覺與內在情感，則早已經被大數據的演算法控制，它牽引著我們走向它想要我們走去的地方。幾乎沒有在「谷歌大神」中搜尋不到的知識，但每一次輕輕的螢幕滑動，我們的「認知偏差」（Cognitive bias）就會再一次地被加強，因為演算法早已經悄悄把我們愛看的內容放在任何能點擊選擇的頁面上，透過延長我們在螢幕上點閱、瀏覽的時間，慢慢把我們的行為模式形塑成它們所需要的樣子。有了臉書，朋友們似乎近在眼前，我們不必再恐懼孤獨、害怕沒有朋友，但每一次在臉書上按讚，我們在群體認同的同溫層中所分享的共同情緒反應與價值觀偏好，卻正在為商品促銷所需要的廣告受眾分類，提供了足夠大量的數據，無論這時所要販售的到底是物質性的貨物或觀念性的政治立場。於是，不用字句推敲、再三思索，也毋需溝通討論、往返論辯，只要按讚數上看百千，評級都在五星以上，似乎就可以篤定地認為，我們已經掌握到多數人都會贊同的意見。真相或事實本身不再是我們關注的焦點，我們的實踐行動也毋需事實認知的校準。只要相信一個信念，那麼網路上就有無數與我們信念相符的說法，為我們提供各種足資證明的事證與看起來非常合理的論述。網路訊息無從查證並無所謂，只要這些訊息足以加強信念持有者的情緒強度，能夠「抱團取暖」，那麼它就足以促使大家願意一起行動快閃。

　　WWW（World Wide Web，全球資訊網）突破任何國境與文化的邊界限制，而觸控面板則能讓指尖的點閱與按讚在上面任意滑動，這些都讓我們相信，數位時代帶來的是個人自由的絕對解放。但我們絲毫沒有察覺到，在網路上任意可選的頁面，或被我們認為足以代表客觀真實的多數贊同，其實只是透過入口網站與社群媒體在點閱與按讚中所收集到的大數據，進行演算法操縱的結果。資本主義透過它所造就的理性化牢籠，對人的存在進行全面的監控。現在，在數位時代它終於完全成功，它不僅使人的勞動異化，人的情感、情緒與意識形態，現在也都可以加工成可出售的商品，而與人本身的存在相異化。人的存在現在真正取得物的形式，「物化」也已經不再只是一個形容詞，而是對每一個人都在進行中的商品製造過程，把人轉化成物一般可以買賣的商品。數位時代對於人的奴役式操縱，卻一點都不會讓人覺得不舒服。沒有病識感，就沒有治療的動機。完全沒有痛感地役於物，同時也就去除了人想尋求治療以恢復健康的解救動機。沒有痛苦，沒有反叛，批判與革命的動能也就止息了。那些想透過審議式民主的理念，使大眾能更多地參與政策與立法討論的理想主義者，看來仍完全不敵大眾傳播媒體的意識形態操縱。這致使當前多數的公共論壇，大都只剩下各執己見的眾聲喧嘩，而不復有理性討論的空間。想放棄大眾民主，走向政治精英主義的學者大有人在，而這正給予想重溫開明專制的極權統治者，有了更強大的底氣。

　　在數位時代中出現的後真相知識情境與政治極化的發展，顯然正在一點一滴地，侵蝕著我們的理性思考與民主政治的基礎。數位時代的資訊泛濫與知識爆炸，讓我們跳過在行動中「困而學之」，與在思考中「學而知之」的思索學習過程。現代人只要輕輕一滑手機，透過入口網站，就可以馬上升級到「生而知之」這種天縱英才才有的知識程度。然而沒有經過艱難的思考過程，我們就無法錘鍊

出自己的人生智慧。一旦我們可以隨時透過行動裝置連接到儲存在雲端的知識庫，那麼長此以往，我們的頭腦將可能會一直空置在一種「有知識的無知」（De docta ignorantia）之狀態中。我們幾乎擁有所有的知識，但我們卻也腦袋空空，沒有智識。臉書等社群媒體把世界連結為一家，我們以文會友，但對於大家的動態訊息，我們除了按讚，卻已經沒有任何的溝通。即使車廂再擁擠，我們人手一機，每個人都仍隻身處在各自的資訊孤島中。問題顯然在於，數位化的知識傳播媒體，不僅已經把自身打造成可以取代人類，以自行去思考與感受的人工智慧，它更能反過來，成為形塑我們在「美麗新世界」應當如何思考與感受的「老大哥」。在數位時代中，我們雖能獲取海量的知識，但我們透過不斷思考所累積、建構起來的智識世界，卻也正在流失與逐漸空洞化中。重新為人類的智識世界建構一個可以共同思考討論的溝通共同體，正是我們在數位時代中，面臨到的最大挑戰。

　　出路在哪裡？顯然不在科技，而在人文。自古以來，能使溝通討論的公共領域被建構出來的基礎，一直有賴於廣義的文學閱讀，特別是透過經典閱讀所形成的人文主義傳統。唯有堅持人文，才能對抗物化。在經典閱讀中，我們邀約各領域的大師，加入我們在思想中進行意義理解活動的溝通共同體。閱讀經典不是坐在安樂椅上滑手機，而是每一行每一頁都有理解的難題。在不懂的疑問中，我們向作者提出問題，再從他的書中找到他會給予的答案。如果單靠我們的閱讀不能理解，那麼我們就得就教師友，共同討論。於是每個人都能在閱讀與討論之後，形成自己獨特的理解，而這是他人都無法隨意左右的真正智慧。

　　透過經典閱讀為智識世界的建構提供思想的溝通共同體，這種人文主義的想法，其實最清楚地表達在中國儒家的思想傳統中。孟子就曾經對他的弟子萬章說：「一鄉之善士，斯友一鄉之善士；一

國之善士，斯友一國之善士；天下之善士，斯友天下之善士。以友天下之善士為未足，又尚論古之人。頌其詩，讀其書，不知其人，可乎？是以論其世也。是尚友也。」（《孟子・萬章下》）透過閱讀大師的經典（頌其詩、讀其書），我們不僅能與全球的學者交流（友天下之善士），更能尚友古人，與那些在人類文明的歷史上，貢獻最為卓著的思想家對談。透過經典閱讀，我們將古往今來的大家都納入到我們思想的溝通共同體中。透過以大師、善士作為我們的溝通的夥伴，我們即能在「尚友」的經典閱讀中，走向「以友輔仁」、「里仁為美」的良序社會整合。

雖然在數位時代中，我們連以「束之高閣」來形容那些被棄置不顧的紙本書籍都已經是用詞不當了（因為它們更多地是已經被掃描儲存在「雲端」中）。跟隨報紙等平面媒體走向消亡的腳步，紙本書籍除了藉助文化工業所製造的通俗作品仍能一息尚存在外，紙本書籍（特別是學術性書籍）幾乎已經逐漸小眾到只能採用「隨需印刷」（Print on Demand）的地步。在如此不利的環境下，五南出版社繼出版「經典名著文庫」、「經典哲學名著導讀」與「大家身影」等系列後，持續規劃出版「大家觀點」系列。在我看來，這些系列，將足以提供臺灣讀者在數位時代，透過經典閱讀所形成的思想溝通共同體，來重建公眾的智識世界。每一本思想經典都對人類文明歷史的發展影響巨大，但經典所承載的知識量極為龐大，我們因而在「經典名著文庫」之外，需要「經典哲學名著導讀」來協助我們理解經典的內容。經典不是憑空出現的，正如黑格爾在《法哲學原理》序言中所說的：「就個體而言，每個人本來都是他時代的產兒；那麼，哲學也就是被把握在思想中的它的時代。」經典是重要思想家用學說概念來掌握他那個時代的創造性表現，我們因而需要對思想家的個人傳記（「大家身影」）與他的思想發展歷程（「大家觀點」）有所理解，才能更好地在我們的思想溝通共同體中，透

過經典閱讀，與這些思想大家展開更為深入的對話討論。這些系列，正好符合孟子要求經典閱讀，應達到「頌其詩，讀其書，不知其人，可乎？是以論其世也」之「知人論世」的要求。

　　臺灣在過去一、二十年來的教育改革中，受到美國哈佛大學通識教育的啟發，也非常重視在大學通識教育中的經典閱讀課程。只不過經典閱讀的難度相當大，它更經常要求進行跨領域的涉獵，以致我們發現，即使在學院中專設課程，經典閱讀仍常收效有限，更遑論透過經典閱讀，即能為廣大的公眾提供一個能建構智識世界的思想溝通共同體。但現今，五南出版社在經典名著之外，更出版了「經典導讀」、「大家身影」與「大家觀點」等系列叢書，這將可以大大減少我們與經典名著的距離，從而得以把思想家當成我們可以聚在一起共同討論的朋友。想像我們能透過《亞里斯多德哲學導論》的背景理解，來與亞里斯多德對談他的《形上學》與《尼各馬可倫理學》，或透過亞當‧史密斯的傳記與思想導論，來理解他從《道德情感論》發展到《國富論》的思想觀點與歷程，這對我們理解我們置身所在的世界情境，將有多大的幫助。「大家觀點」系列的出版，因而完整了經典閱讀所需的最後一塊拼圖。這對大學通識教育與公眾智識等人文素養的培養與深化，都將極有裨益。

　　在數位時代，人文素養更顯重要。臺灣的出版界能有此眼光與魄力，我非常樂見其成，因而不揣淺陋，特為之序。

林遠澤
國立政治大學哲學系特聘教授
台灣哲學學會會長
序於 2022 年 9 月

CONTENTS

CONTENTS

序言

　　朋友們、讀者們都鼓勵我把以下文章收集在一卷當中，在再次閱讀這些文章時，我感覺值得這樣去做。在 1986-87 學年的冬季，有人要求我中止退休生活而開尼采講座。我的學生對這個題目的興趣，以及他們對這個題目的回應，打消了我僅剩的一點猶豫。

　　修訂，有時候幾乎重寫這些文章，比我預期的，要花費更多的時間精力。我希望，結果是一本關於尼采的書，而不單單是一個分散的文集；某些要點、引文的重複使我清楚地看到了它們的內在一致性。我沒有成功地對它們完全不加以考慮，因為在某些例子中它們更屬於——*sit venia verbo*（拉丁文：請原諒我這麼說）——有機結構，而不是一篇文章，將它們完全移除會干預論點的連貫性。它們甚至可以充當路標，指向有關我主題的許多觀點的匯合地。

　　第一篇文章提供了書的標題，[①]也可以看做序言，行使一篇導論的職責，並簡要說明後面文章詳述的主要主題。而正如其中某些文章的標題所表示的那樣，關鍵不是總聚焦於尼采一人身上。在這些例子中，將他的名字同另一個名字連接起來的「與」有時候意思是——例如在「尼采與歌德」或者「布克哈特與尼采」中——指尼采無法逃避的矛盾情緒，指他對他所繼承傳統的熱愛和他對這種傳統的反叛。他相信他深諳莎士比亞戲劇《凱撒

[①] 作者原作書名採用第一篇文章的標題〈尼采的重要性〉，經再三考慮之後，第四篇文章的標題〈尼采，『自由精靈』的教師〉似乎更適合做全書的標題。——譯者注

大帝》中真正的英雄不是凱撒而是布魯圖斯，他的謀殺者。為了贏得自由，布魯圖斯殺死了他最愛的人。立即讓人想起來的事情是尼采同華格納甚至同叔本華的關係。其他的「與（和）」指向了尼采對他的後來人的思想、感受力的深刻影響。這對於里爾克、葉慈、維根斯坦以及許許多多其他人來說千真萬確。尼采先期說出了許多他們往往在不知情的情況下不得不說的話。

如果我要提到所有那些人，他們的友誼、興趣、批評曾幫助我寫了這些文章，那麼隨之而來的就會有一長串的名單。可是我懇求他們堅信我的感激之情。當涉及到修訂和收集我寫過的文章時，涉及到核對和抄寫資料性注釋的艱難任務時，我的學生約翰‧斯丹第福德是一位典範的助手，智慧、可靠、體貼。瑪麗雍‧羅悉夫人同樣很有能力地把我的手寫稿變成了打字稿，解碼我的一些糾錯和添加的文字。僅對兩位表示我的感謝。

最後，我希望對沒有做簡歷介紹式致謝做出說明。那些熟悉關於尼采的汗牛充棟文獻的人將不會因為這樣的疏漏而需要一個道歉。我既不會主張無視他人的撰稿，當然，也不會聲稱完全知道所有的文稿。但是其中有許多在我的著作上留下印記，這是很明顯的。我對此深表感謝，儘管其他著作沒有被明確討論過。

埃里希‧海勒

1988 年 1 月

伊利諾州伊溫斯頓

詞彙，引文出處，致謝

　　在任何關於尼采思想的描述或討論中，"*Übermensch*"（超人）一詞是避免不了的。它和同樣充滿問題的「永恆回歸」觀一起，處於尼采想像的先知查拉圖斯特拉所傳遞信息的中心。「**超人**」和永恆回歸：我希望在以下的一些文章中說明它們是一種不協調的夥伴關係。但是正如尼采有力讚美一種悖論儀式中的統一，它在本書中起到了顯著的作用。無論何時「超人」登場，我都用他的德文名稱來稱呼他。因為明顯的理由，英語的滑稽通俗翻譯 "*superman*"（超人）在嚴肅的上下文中已變得不可用了。我對生造的「overman（用和德文的 über 與 Mensch 相對應的英文詞 over 與 man 拼湊而成的詞）」一詞感覺很不舒服，因為它和 "*overseer*"（監工）、"*overlord*"（巨頭）、"*overreacher*"（騙子）、"*overdone*"（做過了頭）等很接近。儘管這些詞語聯想似乎不太合適，但是我認為，它們影響了對尼采意思的理解，從而產生偏差。

　　我把 "*Apollinische*"（德文：阿波羅的，在中文尼采翻譯中譯成「日神傾向」，也有很多譯成「日神精神」的）翻譯成 "*Apollian*"，偶爾，在似乎最適合於思想與句子的韻律時，翻譯成 "*Apolline*"。

　　已故的瓦爾特・考夫曼教授不僅是最成功、最著名的論尼采英語專著（《尼采：哲學家、心理學家、反基督之徒》自從 1950 年首次由普林斯頓大學出版社出版以來，以多種版本出版過，包括紙面書）的作者，而且也是許多尼采著作十分勝任的翻譯者。他把《快樂的知識》的標題翻譯成《快樂的科學》。當然，這是

尼采本人所認可的，他用的副標題是「*la gaya scienza*」，使用了普羅旺斯行吟詩人給予詩歌實踐的稱呼。儘管如此，我仍然與愛默生相一致，稱之為《快樂的科學》，並在〈尼采的恐懼〉一文的註腳中解釋了我的選擇。

關於註腳：我把帶星號的註腳和用數字標出的說明引文出處的註腳區分開來。後者不包括評論，它們傳遞的唯一資訊是引文出處。[①]因此，註腳的標碼數字不必打斷讀者的閱讀，除非他想要核對引文的上下文。

尼采著作中的段落，總體上確認兩遍：第一遍指出引文引自 23 卷穆薩利翁版《尼采全集》（慕尼黑，1922-1929）的具體卷數和頁數（針對可以使用學術圖書館的德語讀者），然後指出英譯的標題。由於尼采的書有各種各樣的翻譯，我一般都不說明具體版本，而是指出是著作的哪一節。關於如何查閱大量尼采死後發表的筆記和殘篇的問題無法解決。只有構成《權力意志》的那些筆記有英語譯文。兩卷《權力意志》（穆薩利翁版的第 18、第 19 卷）被瓦爾特·考夫曼和 R. J. 霍林黛爾翻譯成 *The Will to Power*（Random House: New York, 1967）。在德語版本和英語版本中，條目的編號都是一樣的。除非用我採用的權宜方法，不然查閱所有其他的尼采死後發表的筆記都是不可能的。在這些例子中，譯文都是我自己翻譯的。

由於現存有如此多的歌德著作版本 —— 尤其是《浮士德》的版本 —— 我就只指出哪一幕，哪一章，哪一詩行。他的科學著作引自 40 卷週年紀念日版，斯圖加特和柏林，1902-1912（簡稱 J.A.）。因為上下文要求精確性的緣故，我避免把例如《浮士

---

① 用數字標出的註腳還包括譯者加上的一些注釋，注釋後一律加上「—— 譯者注」。——譯者注

德》的詩句翻譯成英語的詩歌形式，而是選擇在德文引文之後進行意譯。

所有書信都按照日期和收信人來識別。

這些文章，至少大體上，並且在同樣的標題之下，以前曾發表如下：〈尼采的重要性〉和〈維根斯坦與尼采〉，《藝術家的旅程及其他文章》，埃里希‧海勒版權 1965；獲 Harcourt Brace Jovanovich 公司批准重印。〈尼采關於藝術相對於真的最終之言〉重印自《在散文時代》，劍橋大學出版社版權，1984；〈尼采，「自由精靈」的教師〉以尼采《人性的，太人性的》一書的導論為基礎，劍橋大學出版社版權，1986，現在以大量修訂和擴充的形式發表。兩篇文章都得到劍橋大學出版社批准重印。〈尼采的恐懼：時間與難以言喻〉發表於《大雜燴》，薩拉托加溫泉城斯吉德莫爾學院，1985 秋－1986 冬，也做了大量修訂與擴充。〈尼采與歌德〉、〈布克哈特與尼采〉、〈里爾克和尼采〉均得到 The Bodley Head 的允許重印自《被剝奪繼承權的心智》。〈查拉圖斯特拉的三個變形〉是 1972 年 4 月 20 日在斯吉德莫爾所做的年度《大雜燴》演講，獲《大雜燴》允許重印。

〈葉慈與尼采〉首次由《相遇》於 1969 年 12 月發表，相遇有限公司 1969 版權。文章中的引文獲麥克彌廉出版公司允許重印自威廉‧巴特勒‧葉慈《詩集》中的以下作品：〈美呂〉，麥克彌廉出版公司 1934 版權，伯莎‧喬吉‧葉慈 1962 更新版權；〈駛向拜占庭〉和〈在學童中間〉，麥克彌廉出版公司 1928 版權，喬吉‧葉慈 1956 更新版權；〈再來〉和〈邁克爾‧羅伯爾茨與舞者〉，麥克彌廉出版公司 1924 版權，伯莎‧喬吉‧葉慈 1952 更新版權；〈月相〉，麥克彌廉出版公司 1919 版權，伯莎‧喬吉‧葉慈 1947 更新版權；〈樹枝枯萎〉和〈在月下〉。

Chapter ①

尼采的重要性

1

　　俾斯麥的普魯士打敗法國兩年之後的 1873 年，有一位剛好居住在瑞士，在巴塞爾大學教古典語文學的德國年輕人寫了一篇關於「德國精神」的文章。這尤其對德國關於 *Kultur*（德文：文化）的觀念，對欣然相信軍事上的勝利證明文化優越性的市儈觀點，是富有靈感的抨擊。他說，這是一種災難性的迷信，本身缺乏任何真正的文化。按照他的看法，被征服的法國人的文明對將自己的精神浪費在政治權力妄想上的勝利的德國民族，必然愈來愈產生決定性的影響。[1]

　　這位在當時相當默默無聞的民族異教徒的名字便是弗里德里希・尼采。他幾乎在一個世紀前寫下的關於軍事勝利和理智優勢之間倒錯關係的見解證明是正確的：也許不是在當時，而是在半個世紀以後。雖然在兩次大戰中被打敗，可是德國卻似乎已經侵入到世界的廣大思想領域中，尼采本人就是了不起的征服者。因為他的眼光是預見未來事物的。在所有十九世紀的思想家中，可能除了杜斯妥也夫斯基和齊克果以外，他是唯一一個不會為我們現在在悲哀、可憐、英勇、恬淡寡欲或荒唐可笑的困惑狀態中逼近的驚人場面而感到驚訝的人。許多東西、太多東西會作為 *déjà vu*（法文：已見到的）之物引起他的注意：對，他預見到了；而且他會理解：因為「現代思想」說德語，並非總是很好的德語，但總歸是流利的德語。它，哦，被迫學習卡爾・馬克思的用語，樂於被人用西格蒙德・佛洛依德的語言介紹自己；受教於蘭克[2]，

① 23 卷穆薩利翁版《尼采全集》（慕尼黑，1922-1929），第 6 卷，第 133 頁等；《不合時宜的思考》，第一部分「大衛・施特勞斯」，第 1 節。

② 利奧波德・馮・蘭克（1795-1886），十九世紀德國最重要的歷史學家，也是西方近代史學的重要奠基者之一，被譽為「近代史學之父」。他主張研究歷

然後受教於馬克斯・韋伯，它獲得了其歷史學、社會學的自覺，在愛因斯坦的教導下走出其牛頓式的小宇宙，遵循奧斯瓦爾德・史賓格勒的構思，從其深度的精神消沉中，將最富有創造性地操縱的物體發送到比月球還要高的地方。無論它以海德格為代表，發現了其在虛無邊界上的 *Existenz*（德文：存在）的真正棲居地，還是以沙特和卡繆為代表，沉思 *le néant*（法文：虛無）或荒誕；無論——且轉向它不太嚴肅的喜怒無常——它在倫敦如何虛無主義地展示青年的青春，有利可圖地表示憤怒，還是在舊金山反叛地表達道德敗壞和佛陀主義—— *man spricht deutsch*（德文：大家都說德語）。這全都是尼采所講故事的一部分。

　　至於現代德國文學和德國思想，幾乎可以毫不誇張地說，如果不曾有過尼采，那它們就不會是現在這個模樣。說出在二十世紀用德語寫作並達到高度境界和影響的幾乎任何詩人、文學家、哲學家的名字——里爾克、格奧爾格、卡夫卡、湯瑪斯・曼、恩斯特・榮格爾③、穆西爾④、貝恩⑤、海德格或雅斯培——同時你也就說出了弗里德里希・尼采的名字。他同他們所有人的關係——無論他們是否知道和承認這一點（大多數人是知道和承認的）——就像聖多瑪斯・阿奎那和但丁的關係一樣：一個他們詩意地或哲理地思考而沒有激進地顛覆其尼采式結構的世界之直截了當的解釋者。

　　1900 年，尼采在十二年完全喪失理智、精神錯亂之後，在跨入本世紀的門檻上去世了。臨到發生精神錯亂前，他還在思考

史必須在客觀蒐集研讀檔案資料之後，如實地呈現歷史的原貌。——譯者注
③ 恩斯特・榮格爾（1895-1998），德國作家和思想家。——譯者注
④ 羅伯特・穆西爾（1880-1942），奧地利作家。——譯者注
⑤ 戈特弗里德・貝恩（1886-1956），德國小說家、表現主義詩人。——譯者注

和寫作，他最後的書稿中，還有一些談到了這個問題，他寫出和
解釋了他自己的思想溫度；但是這樣一來，他畫出了一個時代的
發燒圖。他的許多著作甚至讀起來像一個絕望醫生的自我診斷，
他代表我們得了病，就開出治療處方，要我們形成一種新的健康
觀念，靠它來活下去。

　　他相信至少需要五十年時間，一些人才會理解他所做到的
事情；⑥他害怕即使到了那時候，他的學說也還是會被誤解和誤
用。他寫道，「一想到那種有一天會乞靈於我的權威的人，我就
感到恐懼。」可是，他又補充說，難道這不是每一位偉大導師的
痛苦嗎？他知道他可以證明一場災難同樣是一件幸事。⑦他沒有
補充說的是，在他著作的某些頁面上他明顯使「那種人」在為他
們自己的討厭構思辯護時逐字逐句地引用他。但是，認為他是偉
大導師的信念，在他經歷過寫出《查拉圖斯特拉如是說》第一部
分的那個持續靈感的時期後仍然從未離開過他。在此之後，所有
他的言論都傳達出令人不安的自信和一個達到那種他所體現之悖
論的人的恐怖，那種悖論我們將設法加以命名，它從此以後就將
其危險的魔力籠罩住一些最優秀和一些最粗俗的思想傾向。

　　我們在經過兩代人的間隔之後，更能夠探究尼采的思想，更
能夠像他希望有些人會做到的那樣避免那種誤解，認為他僅僅關
注在他當時很時髦的宗教、哲學或政治爭論嗎？如果這是一種誤
解，那我們可以用任何更有效的東西來取代它嗎？他聲稱擁有的
知識，那種按他自己的觀點把他提升到遠高於同時代人思想水準
的知識，是什麼呢？為他充當槓桿來拆卸整個傳統價值觀大廈的
新發現是什麼呢？

---

⑥　致帕奈特的信，1884 年 5 月。

⑦　致妹妹的信，1884 年 6 月中旬。

這個知識就是：上帝死了。

上帝之死，他稱之為現代歷史上的最大事件和極端的危險之因。請好好注意這些話中所包含的悖論。他從來不說沒有上帝，而說永恆者被時間征服，不朽者在凡人手中受死：上帝死了。這就像一聲叫喊，混合著絕望和得意，透過比較而把他前後的整個無神論和不可知論的故事降低到體面的平庸之水準，使它聽起來就好像遺憾自己不能投資到一個不安全項目中去的銀行家所做的一大堆宣告似的。對於十九世紀而言，尼采**扭曲地**終結了一系列同聖保羅、聖奧古斯丁、帕斯卡、齊克果、杜斯妥也夫斯基等名字相關聯的宗教思想和宗教經驗。對於這些人來說，上帝不僅是人類在其中有其清楚界定地位的自然秩序的創造者，而且上帝來到他們跟前是要挑戰他們的自然存在，提出按照自然理性似乎顯得荒誕的要求。這些人屬於雅各家族：在與上帝角力爭取其祈福之後，他們艱難地經歷了有著不可救藥地脫節的自然框架的生活。尼采就是這樣一位角鬥士；除非在他身上，雅各的影子和普羅米修斯的影子相融合。像雅各一樣，尼采也相信他在那場鬥爭中對上帝占了上風，並為自己贏得了一個新的名字，查拉圖斯特拉的名字。但是**他**在他的山上對主的天使所說的話是：「我不願讓你走，除非你詛咒我。」或者，用尼采事實上說過的話來說：「我故意奉獻我的生命，來考察整個和真正宗教天性形成對照的東西。我認識魔鬼以及他全部的上帝幻象。」⑧

「上帝死了」──這就是尼采精神存在的真正核心，隨後而來的是以人類新的偉大面貌出現的絕望**與**希望，災難**與**榮耀的幻影，分析理性之冷冰冰的輝煌，以假裝的不敬測量至今都被敬畏

---

⑧ 23 卷穆薩利翁版《尼采全集》，第 14 卷，第 81 頁；來自寫作《查拉圖斯特拉如是說》時期的零散筆記。

和恐懼隱藏起來的那些深度，以及和它在一起，一個例行治療者
出神入化的祈禱。也許受到荷爾德林戲劇詩《恩培多克勒斯》
的感召，熱愛他所了解的荷爾德林詩歌的青年尼采，在 20 歲的
年紀就打算寫一部以恩培多克勒斯為主人公的戲劇。他的筆記顯
示，他把希臘哲學家看做他時代的悲劇象徵，看做一個他的時代
的潛在衝突在其身上獲得意識的人，看做一個作為不可解決的緊
張狀態的犧牲品而受苦、死去的人：天生有一個宗教人、一個先
知、一個預言家、一個詩人的靈魂，他仍然有著一個激進懷疑者
的思想；在保衛他的靈魂反對思想，又在保衛他的思想反對他的
靈魂的時候，他使他的靈魂失去了其自發性，最終又使他的思想
失去了其合理性。如果尼采寫了戲劇《恩培多克勒斯》，那麼這
就會在不尋常的預感中成為他自己的悲劇。⑨

　　這是尼采《快樂的知識》中的一段話，它最出色地傳達了
上帝之死的宣告所出自的思想甚至整個精神狀態的實質和品質。
這段話預言般地用了「狂人」的標題，也許可以叫做「新第歐根
尼 ⑩」。這裡是其中的簡要摘錄：

　　你們沒有聽說過那個狂人，他在光天化日的上午點了一盞燈
　　籠，跑到市場上不停地喊：「我找上帝！……」—— 那裡正
　　好有許多不相信上帝的人站在一起，於是他引發了一陣大
　　笑。……狂人跳到他們中間，……「上帝去哪裡了？」他喊
　　道，「我要告訴你們！我們殺死了他，—— 你們和我！……
　　可是我們是怎麼做的這件事？……誰給我們海綿，用來把

---

⑨ 同上，第 3 卷，第 260 頁等；為計畫寫《恩培多克勒斯》而寫的筆記（1870
年秋）。

⑩ 第歐根尼（西元前 400？－前 325？），希臘哲學家。——譯者注

地平線抹去？當我們把這大地從其太陽的鎖鏈中解脫出來時，我們是在做什麼呀？現在大地去向何方？我們去向何方？……我們不會持續跌落？……夜不是在不斷地到來、到來嗎？不是得在上午點燈籠嗎？我們仍然沒有聽到任何埋葬上帝的掘墓人的噪音嗎？……我們殺死了他！我們如何安慰自己……這些行為的規模對我們來說不會太大吧？我們不必僅僅為了顯得配這樣的行為而自己變成神吧？」——至此，狂人沉默了，再次看著他的聽眾：他們也沉默了，驚訝地看著他。最後他把他的燈籠扔到地上，燈籠粉身碎骨，熄了火。「我來得太早了，」他這時候說，「我的時辰尚未來到。這個非凡事件還在半路上走……閃電和雷鳴需要時間，星星之光需要時間，它們的光和聲音即使在行為發生之後，也需要時間才能被看見和聽見。這個行為離它們愈來愈遠，比最遠的星星還要遠，—— 可是實際上是它們做了這同一個行為！」⑪

在另一處，尼采以更平淡的口氣說：「人們尚未想到，從現在開始，他們僅僅靠繼承來的、衰退中的價值觀的少量補貼而存在」⑫ —— 很快就會遭遇巨大的破產。

　　在《查拉圖斯特拉如是說》之前兩年寫的狂人的故事**簡要地**包含了**超人**的全部信息，表明了尼采和傳統無神論態度之間的差距。他是狂人，以他的凶信闖入無信仰的偽善者在市場上的沾沾

---

⑪ 23卷穆薩利翁版《尼采全集》，第12卷，第156頁及下頁；《快樂的知識》，第3卷，第125節。

⑫ 23卷穆薩利翁版《尼采全集》，第14卷，第193頁；來自寫作《查拉圖斯特拉如是說》時期的筆記、計畫和殘篇。

自喜。他們殺死了上帝，而關於他們自己的事蹟的報告尚未到達他們那裡。他們不知道他們做了什麼事，可是可能會寬恕他們的上帝不在了。此後尼采的許多著作都是對他們命運的預言：「我不得不說的故事是下兩個世紀的歷史……至今有很長時間，我們的整個文明一直在向前疾駛，帶著一種十年十年地增長的扭曲的強度，好像在走向一場大災難：不安地、強烈地、暴風雨般地，像一條渴望著奔向其行程盡頭的洶湧大河，毫不止步來反思，甚至害怕反思……在我們生活的地方，很快將沒有人能存在。」[13]因為人們成為敵人，各人都有自己的敵人。尼采相信，從現在起，他們將**恨**，無論有多少**安慰**他們將慷慨給予自己，他們還會以一種在他們靈魂深處無意識地發揮作用的新憎惡來恨**他們自己**。真的，將會有更好的社會改革家，更好的社會主義者，更好的醫院，將會愈來愈不能容忍痛苦、貧窮、苦難、死亡，將會有對最大多數人的最大幸福更瘋狂的渴望。而給他們的努力注入活力的最強烈衝動，將不是愛，不是同情。其真正的源泉將是不必問「我們的生命的意義是什麼？」這種問題的驚恐失措的決定──這個問題將使他們想起上帝之死，這個鐫刻在那些不舒服的人的容貌上的不舒服的問題，尤其是由痛苦、貧窮、苦難、死亡提問的問題。他們不是讓這個問題被問出來，而是盡一切努力來將它從人類臉上抹去。因為他們無法容忍這個問題。而且他們將因為自己不能容忍、因為自己深感罪孽無法回答這個問題而蔑視自己；他們的自我憎惡將在他們表面的慈悲和人道主義關懷背後出賣他們。因為**在那裡**，他們將拼命建造消滅人類的工具。尼采寫道，「將有地球上從未進行過的那種戰爭。」[14]他又說：

---

[13] 同上，第 18 卷，第 8 頁；《權力意志》，第 2、第 57 節。

[14] 同上，第 21 卷，第 277 頁；《瞧，這個人》，〈為什麼我是一種命運〉，第

「我預見到某種可怕的東西 ，到處一片混亂。任何有價值的東西都沒有留下：沒有任何『你應該！』的命令。」⑮這本來會是尼采經常說他要寫卻從來未寫的最後一本著作的靈感。他有時候想要將該著作稱為《一切價值的重估》，將他晚年大量筆記整合起來的編輯則選擇了《權力意志》的標題。儘管這是些殘篇，但它們卻令人驚奇地對他稱之為虛無主義的東西，面對所有價值的沒落的人類社會狀況，做出了充分的診斷。

正是在對虛無主義的（他認為是**歷史的**）現象做出的界定和審查中，尼采對基督教的攻擊參與進來，這始終是這位基督的敵對者在其愈來愈無拘無束的爭論性範圍內，用以反對基督教的唯一真正微妙之處。因為正是在這一點上，尼采問道（而且在他全部著作中以無數變體的形式問了同樣的問題）：基督教傳統在人們心中灌輸和培養的**具體**品性是什麼？他認為這是兩個方面：一方面，一種比任何其他文明的所知都更精細的真理感，一種對絕對精神和理智確定性的幾乎失控的欲望；另一方面，那種無所不在的懷疑，認為這個地球上的生活本身不是一種最高價值，而是需要一種更高的、超驗的正當理由。尼采相信，這兩者是一種毀滅性的，甚至自毀性的同盟，最終必然腐蝕它所立足的基督教信仰本身。因為思想在其對知識的追求中受到世界所了解的最成熟、最廣泛的神學 —— 一種透過聖多瑪斯·阿奎那而將亞里斯多德的天才同化到其宏大系統中去的神學 —— 的訓練和引導，同時又受到基督教對世俗方法的無法消除之懷疑塑造和指導。於是，思想不得不以最高的邏輯精確性和決斷，追隨一條系統地「貶

---

2 節。

⑮ 同上，第 14 卷，第 121 頁；來自寫作《查拉圖斯特拉如是說》時期的筆記、計畫和殘篇。

低」可知現實之價值的道路。

　　尼采預言，這種思想狀態最終將在理智上的誠實達到瘋狂程度的時候，將它一開始視為生活中更精細事物的東西揭露為騙局。對真理的無限信仰，基督徒和希臘人的共同遺產，最終將逐走對任何信仰的真理性的任何可能的信仰。長期在一個非世俗性和謙恭的學校受到規訓的靈魂，將堅持要知道關於他們自己最壞的消息，甚至只要能理解屈辱的東西。心理學要損害美的創造物的名譽，揭露出無價值欲望的糾結，認為這些創造物「只是」那些欲望的昇華。歷史將透過從輝煌的紀念碑底下發掘出過去的屍體，透過到處揭露出動機的虛假，揭露出人性的，太人性的，而破壞了人類積累起來的名聲。知識本身將很樂意將這個長期受到懷疑的世界揭露為一個可計算的來回推拉的機械裝置，揭露為無意識能量的自給自足的積聚，直到最後，在過多的知識中，科學的頭腦翻起了自我消滅的筋斗。

　　「我們的自然科學的虛無主義結果」——這是尼采筆記殘篇之一——「自然科學的追求最終導致一種自我分解，一種自己的對立面」，[16]它——而這是他最驚人地準確的預言之一——會顯示它自己在科學本身範圍之內不可能理解它在一個邏輯上有條理的體系範圍內探索的真正對象，[17]並會導致極端的科學悲觀主義，導致包含一種分析的、抽象的神祕主義的傾向，用這種神祕主義，人會將他自己及其世界轉換到尼采認為他們「自從哥白尼以來」迅速馳離的地方：「從中心前往一個未知的 X。」[18]

---

[16] 23 卷穆薩利翁版《尼采全集》，第 18 卷，第 8 頁；《權力意志》，第 1 節。

[17] 同上，第 19 卷，第 96 頁等；《權力意志》，第 618 節。

[18] 同上，第 18 卷，第 8 頁；《權力意志》，計畫，第 5 節。

2

　　尼采自己遵循的，正是他的巨大悖論，他甚至有意識地希望促進這個「貶值」過程——尤其作為一個心理學家：而在患誇大狂之初，他曾自稱為世界第一位心理學家——「我之前沒有心理學」，[19]西格蒙德·佛洛依德幾乎贊同了這樣一種自我恭維，這是在他的晚年，他聲稱，當時難以置信，或至少不太可信地，他竟開始懂得了尼采的著作。他完全有理由被打動。例如，請考慮一下尼采《善惡的彼岸》中的以下這段話：

> 造假統治著擁有歷史價值觀的世界。拜倫、繆塞、愛倫·坡、萊奧帕爾迪[20]、克萊斯特、果戈理一類的偉大詩人（我不貿然提到更偉大的名字，但我心中想到了這些有著更偉大名字的人）……有著通常要隱瞞某種破損之處的靈魂；經常以自己的作品為內心受到的一種玷汙而實施報復，經常以自己的升空翱翔而在一種太忠實的記憶面前尋求遺忘，經常迷失在淤泥中，而且幾乎愛戀上淤泥，直至他們變得像是沼澤地帶的磷火，卻冒充是星星……對於曾經猜到個中奧妙的人，這些偉大的藝術家，亦即一般而言的更高之人，是何等的折磨啊！[21]

　　這確實先於佛洛依德關於創傷和補償，關於性慾和昇華，

---

[19] 同上，第21卷，第282頁；《瞧，這個人》，〈為什麼我是一種命運〉，第6節。

[20] 賈科莫·萊奧帕爾迪（1798-1837），義大利詩人、哲學家。——譯者注

[21] 23卷穆薩利翁版《尼采全集》，第15卷，第243頁及下頁；《善惡的彼岸》，第269節。

關於受傷和弓弩的許多思考。然而非同尋常的尼采——他的矛盾令人無法理解，除非他是同時針對敵對兩軍的戰略家，謀劃著神祕的第三支軍隊的勝利——在幾頁之後卻收回猜測，免不了在這過程中令他自己難堪：「由此得出結論：擁有『對面具』的敬畏，這屬於更高尚的人性，而不是把心理學和好奇心用錯了地方。」[22]而且：「不想要看到一個人之高度的人，會格外敏銳地尋覓這個人身上低下的、外表的東西——從而暴露了自己的祕密。」[23]

　　如果說尼采不是歐洲的第一位心理學家，那麼他卻肯定是一位偉大的心理學家——也許實際上是理解了他的更講究方法論的後繼者雖然「嚴格講究科學」卻沒有看到的東西：**心理學和知識倫理學本身**；而當我們討論的知識意欲成為人類心靈的知識時，心理學和知識倫理學就都具有特殊的相關性了。足夠奇怪的是，正是尼采的非道德形上學，正是他那種關於權力意志是世界最終現實的可疑然而卻碩果累累的直覺，使他成為他那個世紀及其後長時間內的第一位**知識道德學家**。儘管他同時代的科學家、學者都因以下令人欣慰的假設而興旺發達：首先，存在著這樣一種東西，即「客觀的」，因而在道德上是中立的、科學的知識，其次，**可以「客觀地」知道的一切，因此也值得知道**，他明白，知識，或者至少在他那時代和我們的時代占主導地位的知識方法，是權力意志最巧妙的偽裝；而**作為意志的表達，知識傾向於被人從道德角度來加以判斷**。在他看來，沒有迫切希望獲得知識的強烈要求，就不可能有知識；他知道，如此獲得的知識必然反映思想受其推動的那種衝動的本質。正是這種衝動，**創造性地**參與了

---

[22] 同上，第 15 卷，第 246 頁；《善惡的彼岸》，第 270 節。
[23] 同上，第 15 卷，第 248 頁；《善惡的彼岸》，第 275 節。

知識的形成，而當知識是關於真正的衝動之源 —— 靈魂時，它所參與的份額實在是難以估量的。這就是為什麼所有關於靈魂的解釋必然在很大程度上是自我解釋：病人解釋病人，夢想者解釋夢想。或者如維也納的諷刺作家卡爾・克勞斯⑭ —— 以諷刺所擁有的特權，即那種故意做出的不公正 —— 曾談及某一種心理學理論：「精神分析假裝要當一種疾病的治療方法，而它正是這種疾病。」⑮

　　心理學如果不尊重它自己的心理學，它就是糟糕的心理學。尼采知道這一點。從他那段關於那些「偉人」的話中我們已經看到，他是一個最容易引起懷疑的心理學家，但是他同時卻懷疑作為他思想之父的懷疑。當然，荷馬⑯「在心理上」沒有懷疑他的英雄，可是斯湯達爾⑰懷疑了。難道這是因為荷馬不如斯湯達爾更懂得英雄行為？說福樓拜的愛瑪・包法利⑱是一種想像的產物，這種想像比創造了但丁的碧翠絲的想像更深刻地了解女人的心理，這有意義嗎？塑造了靠不住的戀人阿朵爾夫的邦雅曼・康斯坦⑲，難道比羅密歐的創造者莎士比亞更同一個年輕人的性愛激情本性有著親密關係嗎？當然，荷馬的阿喀琉斯⑳和斯湯達

---

⑭ 卡爾・克勞斯（1874-1940），奧地利諷刺作家。——譯者注

⑮ 卡爾・克勞斯，《被要求信守諾言》，慕尼黑，1955 年，第 351 頁。

⑯ 荷馬（約西元前 9 世紀－前 8 世紀），古希臘行吟詩人，荷馬史詩的作者或整理者。——譯者注

⑰ 斯湯達爾（1783-1842），原名馬里－亨利・貝爾，法國作家。——譯者注

⑱ 法國小說家福樓拜（1821-1880）的代表作《包法利夫人》中的女主人公，即包法利夫人。——譯者注

⑲ 邦雅曼・康斯坦（1767-1830），法國文學家、政治思想家。阿朵爾夫是他1806 年創作的同名中篇小說的主人公。——譯者注

⑳ 荷馬史詩《伊利亞特》中的希臘大英雄。——譯者注

爾的于連·索賴爾[31]是不同的英雄，但丁的碧翠絲[32]和福樓拜的愛瑪·包法利是不同的女人，莎士比亞的羅密歐和康斯坦的阿朵爾夫是不同的戀人，但是，相信他們簡單地「在實際的事實上」有所不同，就很天真了。實際的事實幾乎不存在於藝術或心理之中：兩者都是在闡釋極細膩呈現的細節，並且兩者都聲稱細膩呈現的細節具有普遍性。創造性想像力的那些產物確實是無比的；然而如果他們有所不同，就像在生活中，一個人不同於另一個人，那麼同時，因為他們的存在不是「在生活中」，而是在藝術中，所以他們尤其由於其作者想要了解人類個人，了解英雄、女人、戀人的無比**意志**而是無比的。創造了不可信的英雄、不討人喜歡的女人、不真誠的戀人的，並非更優秀、更有見識的頭腦，而是被對一種不同知識懷有的不同欲望所占有的頭腦，這種知識沒有那種只有懂得阿咯琉斯才有的奇觀和高傲，沒有那種只有懂得碧翠絲才有的愛，沒有那種只有懂得羅密歐才有的激情和同情。當哈姆雷特開始懂得女人的脆弱之時，他並不比他「不知不覺中」愛上奧菲麗婭時更懂得她；這時他異樣地懂得了她，他對她了解得更差了。

　　一切關於靈魂的**新**知識都是關於一顆**不同**靈魂的知識。因為，自由地去發現問題的頭腦對靈魂說：「你是什麼樣子，瞧，這就是！」這樣的事情有可能會發生嗎？這不是更好像頭腦對靈魂說：「這就是我**希望**你看見你自己的樣子！這就是我按照其樣子將你創造出來的那個形象！這就是我關於你的祕密：我用它來

---

[31] 斯湯達爾小說《紅與黑》中的男主人公。——譯者注

[32] 義大利詩人但丁（1265-1321）青少年時代單戀的少女，但丁的詩集《新生》（1292-1293）中的 31 首詩就是為她而作。她後來又出現在但丁的長詩《神曲》（1307-1321）中，作為但丁遊歷天堂的嚮導。——譯者注

使你震驚，而且令人震驚地，我又立刻將它從你那裡搶奪走！」
嗎？而更糟糕的是：在這樣接受並揭示其祕密之後，靈魂不再是
它活在祕密狀態之中所是的那種東西了。因為在祕密的揭示過程
中，有被**創造**出來的祕密。還要糟糕的是：因為靈魂被告知其祕
密之後，也許就不再是靈魂了。從現代心理學邁向無靈魂狀態的
一步，就像從現代物理學邁向「物質」概念消解的一步一樣難以
察覺。

　　正是這種令人煩惱的事態使尼采哀歎從心理上「猜測那些
更高存在物之真實性」所造成的折磨，同時又推薦「對面具的尊
重」，認為這是「更高尚人性」的狀況。（十分遺憾的是，他從
來沒有寫下──如果我們可以相信他的筆記的話──他計畫在未
成書的《權力意志》關於十九世紀文學說些什麼。因為那個時代
的文學批評家沒有哪一個對那種「絕對唯美主義」的「虛無主
義」性有著更加犀利的洞察力，那種「絕對唯美主義」從波特萊
爾以來一直是歐洲詩歌中占優勢地位的靈感之所在。尼采很尊敬
地，有時候也不那麼尊敬地，認識到在唯美「面具」的後面有一
張被對「現實」的厭惡所扭曲的臉。而正是現實主義的、心理的
小說，向他揭示出那個時代關於其世界的完全悲觀主義的看法。
他多麼精通在福樓拜腦子裡糾纏不休的那些審美復仇女神，或狂
怒的繆思女神，她們給予他產生一部作品的靈感，在這部作品
中，絕對的悲觀主義、過激的心理、極端的唯美主義如此令人迷
惑不解地融合在一起。）㉝

　　然而，對於尼采來說，人類意識的全部活動都共同擁有心理

㉝ 23 卷穆薩利翁版《尼采全集》，第 17 卷，第 29、第 286、第 351、第 367；
　參見《華格納事件》第 9 節和《尼采反對華格納》；同上，第 19 卷，第 384 頁；
　《權力意志》，《權力意志》的寫作計畫。

的困境。他認為，不可能有「純粹的」的知識，只有對求知意志始終在變化的智力需求的滿足，無論這種滿足有多麼不落俗套。因此他要求，人類應該接受對他所提出的那種問題應負的**道德責任**；他還要求，他應該明白包含在他所尋求的答案中的，是什麼樣的**價值**——而在這個問題上，他比我們所有追求真理與學問的後浮士德的浮士德都更加具有基督教傾向。「求真欲望，」他說，「本身就需要受到評論。就讓這一點成為對我的哲學任務的界定吧。透過實驗，我將破例一次質疑真理的價值。」㉞而難道他沒有！他抗議說，在一個無法確定自己價值的時代，像他的時代和我們的時代那樣，對真理的尋求將不是導致陳腐觀念，就是導致——大災難。㉟我們完全可能會很想知道，他對我們時代的虔誠希望——即希望政治家的智慧和道德良心將拯救世界不受我們科學探索和工程技術的災難性產品的傷害——會做出如何的反應。也許猜測起來並不太困難；因為他知道，在科學家從事科學探索時，**無論**這種探索會在其勢頭的影響下將我們帶向**何方**，科學家都會具有的道德決心，和並不完全拒絕「運用」無論會有多大災難的結果的社會道德弱化之間，有著致命的關聯。相信在**所有**權力意志的表現之間有一種隱蔽的同一性，他在我們科學的倫理中看到了道德虛無主義的因素：它的不讓「更高價值」干預其最高價值——（它所認定的）真理的決心。於是他說，自然科學

㉞ 同上，第 15 卷，第 437 頁；《道德系譜學》，第 3 篇，第 24 節。

㉟ 參見同上，第 6 卷，第 8、第 50、第 51 頁；1872 年（秋冬）計畫；同上，第 10 卷，第 238 頁；《朝霞》，第 304 節；第 11 卷，第 120 頁；寫作《朝霞》時期的筆記；同上，第 16 卷，第 50 頁；重新評價時期的筆記；同上，第 17 卷，第 101 頁；《偶像的黃昏》，〈德國人缺少什麼〉，第 3 節；同上，第 19 節，第 80、第 85、第 225、第 230、第 263 頁；《權力意志》，第 585、815、第 824、第 864 頁。

所追求之知識的目的意味著永劫。㊱

3

「上帝死了」——而人的內心深處無法為自己殺死了上帝而原諒自己：他一心為這事——他的「最偉大行為」而懲罰自己。然而，他暫時還要求助於許多逃避行為。藉助天生獵人的本能，尼采追他追到了他所有的藏身之處，在每一個藏身之處都把他逼得走投無路。沒有宗教的道德？當然不是：「所有沒自己宗教基礎的純道德要求，」他說，「必然以虛無主義而告終。」㊲剩下的是什麼？是醉。「醉於音樂、殘酷、英雄崇拜或仇恨……某種神祕主義……為藝術而藝術，為真理而真理，作為一種針對自我憎惡的麻醉劑；某種慣例，**任何傻傻的小狂熱……** 」但是這些麻醉藥沒有哪一種會有持久效果。尼采預言，世俗的十字軍戰士，人類集體自殺的工具，將透過在人世間建立愛與正義的思想統治而以他們的對抗主張補償失去的天國，而這種思想統治將藉助於包含其中的那種精神錯亂之力而導致殘酷與奴隸制的法則；他還預言，爭取全球統治的戰爭將代表哲學教條而進行。㊳

在寫於寫作《查拉圖斯特拉如是說》時期的筆記之一中，尼采說：「不再發現上帝之偉大的人，將不會在任何地方發現這種偉大。他必然不是否認它，就是創造它。」㊴這些話把我們帶到了圍繞著尼采整個存在的那種悖論的核心中。從其靈魂和頭腦的真正實質來看，他是十九世紀產生的具有最激進宗教天性的人之

㊱ 同上，第 6 卷，第 50 頁；1872 年（秋冬）計畫。

㊲ 同上，第 18 卷，第 20 頁；《權力意志》，第 19 節。

㊳ 23 卷穆薩利翁版《尼采全集》，第 11 卷，第 309 頁；寫作《朝霞》時期的筆記。

㊴ 同上，第 16 卷，第 80 頁；重新評價時期的筆記。

一，但是他又被賦予了一種才智，這種才智以一條看門狗的那種帶挑釁的嫉妒，守衛著所有前往神殿的通道。對於這樣一個人來說，在否定上帝之後，還留下什麼可以**創造**呢？是靈魂，是不僅強大到足以忍受地獄，而且足以化地獄之痛苦為超人之快樂的靈魂——事實上：the Übermensch（德文：超人）。缺乏對一切價值重新評價的東西，沒有一樣能拯救我們。人不得不變得免受其第二次墮落和最終同上帝分離的影響：他必須學會在自己第二次受到的驅逐中看到一個新的天堂的保證。因為「魔鬼會開始嫉妒受苦如此之深的他，將他扔出去——扔進天堂。」⑩

那麼還有沒有對策呢？尼采說有：一種新的心靈健康。那麼尼采對它是如何構想的呢？它應該如何來實現呢？藉助完美的自我知識**和**完美的自我超越。可是要解釋這一點，我們就會不得不採用一種令人煩惱地混合了佛洛依德心理學語言和悲劇英雄主義的用語。因為尼采期待的自我知識幾乎要求一種澈底分析的方法；但是他所意欲的自我超越不在於作為一種天然卑劣之昇華的道德實踐，它只能在一種無條件的、幾乎超自然的崇高境界中被發現。如果有一種基督教美德，無論這是善、無辜、貞潔、聖賢，還是自我犧牲，無論他如何努力嘗試，這種美德也不可能被解釋為要重新評價羸弱和失望的頭腦的補償策略，那麼尼采卻會拼命維護它（就如他總是想要讚美帕斯卡）。麻煩事情是，不可能有這樣一種美德。因為美德是由頭腦造成的；對於充滿懷疑的頭腦來說，甚至最純粹的美德也將是可疑的。認為思想如此完美，以至於思想必然值得甚至最多疑之想像力的信任；從如此純粹以至於甚至最狡猾的心理都望塵莫及的動機出發去行動，這似乎會是這位「歐洲第一位心理學家」所無法企及的理想。

---

⑩ 同上，第 16 卷，第 44 頁，重新評價時期的筆記。

「凱撒——卻有著耶穌之心！」[41]他有一次在祕密地寫筆記的時候驚呼道。這也許是對**超人**，對他想像力的可愛孩子的一種界定吧？完全有可能；但是這種崇高的思想意味著，啊！他不得不思考最卑鄙的思想：他在現實的耶穌身上看到了權力意志的私生子，一個打算將自己和喪家犬般的人性從因無力怨恨凱撒們而陷入的難忍壓力下解救出來的灰心喪氣的拉比：不做凱撒現在被宣告為一種精神上的與眾不同—— 一種新發明的力之形式，無力者之力。[42]

尼采不得不在試圖用否定的黏土創造新人的決心中失敗，悲劇性的失敗。幾乎用他用以給予超人以他的想像力之生命的同樣氣息，他又吹滅了火焰。因為宣講**超人**的查拉圖斯特拉也教人一切事物永恆回歸的教義；按照這一教義，以前某個時代沒有存在過的東西是不可能出現的—— 而查拉圖斯特拉卻說，「從來還沒有過一位**超人**。」[43]於是，對這種莊嚴的生命新起點，甚至任何新發展可能性的期待，似乎從一開始就是失望的，而總是陷於令人沮喪地重複的大量能量的循環中，被打入最陰暗的永恆。

然而，這些矛盾教義的形上學胡說八道並非完全缺乏詩歌教育方法。一切事物的永恆回歸是尼采關於一個無意義的世界——

---

[41] 同上，第 19 卷，第 329 頁；《權力意志》，第 983 節。

[42] 參見 23 卷穆薩利翁版《尼采全集》，第 15 卷，第 293 頁及其後；《道德系譜學》，第 1 篇，第 8 節及其後；同上，第 16 卷，第 226 頁及隨後幾頁，第 326 頁：重新評價時期的筆記；同上，第 17 卷，第 47 頁及其後；《華格納事件》，跋；同上，第 17 卷，153 頁及其後；《偶像的黃昏》，〈我欠古人之債〉；同上，第 17 卷，第 199 頁及其後；《反基督之徒》，第 26 節；同上，第 351 頁；〈藝術與藝術家〉。

[43] 同上，第 13 卷，第 118 頁；《查拉圖斯特拉如是說》，〈查拉圖斯特拉的言論〉。

充滿虛無主義的宇宙杜撰出來的套話，而**超人**代表了對這個世界的超越，代表了意義脫離對它的全盤否定而奇蹟般地回歸。尼采的全部奇蹟都是悖論，用來使人從其錯誤的時間信念中抽身出來，免得這些信念造成他在一種幻滅和失望的恍惚中的精神毀滅。永恆回歸就是用來教人絕處逢生而強大起來的中學。**超人** *summa cum laude et gloria*（拉丁文：以最優異的成績和榮耀）從中學畢業。他是健康典型，是學會不要信仰、不要真理而生活的人，而且超人般地對生活「本身」感到高興，實際上**想要**永恆回歸：以這樣一種方式生活，以至於你不再嚮往別的生活方式，而只希望一而再、再而三地過這同樣的生活！[44]**超人**達到了這種存在方式，這種存在方式是典範的，誘人進入整個永恆。這樣的超人把他以前的自我描繪成渴望道德認可，描繪成在一種神經過敏的昇華中滿足了他的權力意志，描繪成在生命「意義」問題上欺騙自己。那麼他將是什麼呢，這個終於懂得了生命**實際**上是什麼東西的人？聯想到尼采自己關於太人性的本性的描述，以及他對作為陳詞濫調的傳統價值觀和真理的分析，難道他不會就是那種虛無主義的洪水猛獸，不會就是一個野蠻人，雖不一定是碧眼金髮，但也許是一個世界征服者，正從他深色的鬍鬚底下，用糟糕的德語尖叫嗎？是的，尼采害怕他處理歷史的方式：對**超人**的庸俗誇張。因為他也害怕，弱化了文明存在的觀念、使善變得無力的基督教道德的繼承人，他們自由地寬容、懷疑地默認、在不可知論中沒有信仰，因而無法面對尼采關於**超人**挫敗人的失敗的想像中發出的挑戰。

　　尼采自己**相信**他關於**超人**和永恆回歸的教誨中的真理嗎？在

---

[44] 同上，第 14 卷，第 173 頁及其後；來自寫作《查拉圖斯特拉如是說》時期的筆記、計畫和殘篇。

他死後發表的筆記之一中,他談到了永恆回歸:「我們產生出最難以有可能實現的思想—— 一切事物的永恆回歸—— 現在讓我們創造出將輕鬆愉快、樂而無憂地接受它的創造物!」⑮很清楚,必然有這樣的時候:在這種時候,他把永恆回歸不是看做「真理」,而是看做一種精神的達爾文主義測試來挑選精神上的適者生存。有一則他的筆記精確地暗示出這一點:「我進行偉大的實驗:誰能承受永恆回歸的觀念呢?」⑯這是尼采自己的不幸的一部分:想到他會不得不一而再、再而三地過他完全一模一樣的生活,這對他來說,簡直是夢魘中的夢魘;而對絕望的剖析愈來愈深入的洞察,我們是從以下的筆記中獲得的:「讓我們從其最可怕的形式來考慮這種觀念:實際上的,沒有意義和目標的,但是不可避免地反覆出現的,無休止而不可能轉化為無的存在……那些無法承受『得不到拯救』這句話的人**應該毀滅!**」⑰確實,尼采的**超人**是強大到足以永遠生活在受詛咒的生存中,甚至足以將其轉化為有著悲劇意義的酒神狂喜的創造物。叔本華稱人為 *animal metaphysicum*(拉丁文:形上學的動物)。這樣來說尼采這個叛教的 *homo religiosus*(拉丁文:宗教人)當然是正確的。因此,如果說上帝死了,那麼對於尼采來說,人就是一種永遠被欺騙的欠妥之物,有病的動物,如他對人的稱呼那樣,這種動物染上了一種形而上的飢餓症,即使整個天堂都被搜遍了,也不可能有東西來平息這樣的飢餓。這樣一種創造物是註定要毀滅的:

---

⑮ 同上,第 14 卷,第 179 頁;來自寫作《查拉圖斯特拉如是說》時期的筆記、計畫和殘篇。

⑯ 23 卷穆薩利翁版《尼采全集》,第 14 卷,第 187 頁;來自寫作《查拉圖斯特拉如是說》時期的筆記、計畫和殘篇。

⑰ 同上,第 18 卷,第 45 頁;《權力意志》,第 55 節;同上,第 14 卷,第 187 頁;來自寫作《查拉圖斯特拉如是說》時期的筆記、計畫和殘篇。

他不得不逐漸消失，讓位給奇蹟般地靠荒蕪的田野為生、最終征服形而上的飢餓本身而不對生命的榮耀構成任何損害的**超人**。

　　尼采本人**相信超人**嗎？就像詩人相信自己的創造物的真實性一樣相信。尼采相信詩歌創造物的真實性嗎？曾經有過一段時間，當時他還是一個年輕人，他寫了《悲劇的誕生》，這時候他確實相信藝術透過從無意義的混亂中創造出真美的持久形象而美化生活的能力。似乎只要他的凝視為古希臘的遙遠前景和理查・華格納充滿熱情的特里普辛地區[48]而著迷，那麼這就是足夠可信的。但是很快，他深深的浪漫主義藝術信仰變成了懷疑主義和輕蔑；他的非哲學憤怒被他所謂的那些「形上學偽造者」激發出來，他們推崇真善美三位一體。「人們應該打擊他們，」他說。詩的美和真？不，「我們擁有藝術，為的是不毀滅於真實」；查拉圖斯特拉說，「詩人說謊太多」——卻又沮喪地補充說：「可是查拉圖斯特拉也是一位詩人……**我們**是說謊太多。」[49]而他確實說謊太多：一方面查拉圖斯特拉宣講永恆回歸，他的作者卻吐露給自己的日記說：「我不希望**再活一次**。我是如何忍受了生活的？透過創造。是什麼使我忍受的？是肯定生活的**超人**的幻象。我曾試圖**自己**來肯定生活——可是啊！」[50]（我相信，只有一個懺悔的**快樂**虛無主義者的例子：德國詩人戈特弗里德・貝恩[51]。

---

[48] 瑞士盧塞恩城的一個地區，德國作曲家理查・華格納從 1866 年 3 月 30 日至 1872 年 4 月 22 日住在這裡，他在這裡完成了《紐倫堡的名歌手》的總譜及其他作品。——譯者注

[49] 同上，第 13 卷，第 166 頁及其後；《查拉圖斯特拉如是說》，〈查拉圖斯特拉的言論〉。

[50] 同上，第 14 卷，第 187 頁；來自寫作《查拉圖斯特拉如是說》時期的筆記、計畫和殘篇。

[51] 戈特弗里德・貝恩（1886-1956），德國詩人，作品具有強烈表現主義色

「*Nilismus ist ein Glücksgefühl*（德文：虛無主義是一種幸福感），」他說。如果他的偉大的良師益友在寫《悲劇的誕生》之後就死了，沒有在實質上改變或甚至撤回那本早期著作的中心論點——藝術是唯一真實的「形而上活動」，那麼他是會成為完美的尼采主義者的。而貝恩確實聲稱他的「先驗的」趣味在諸如詩歌這種審美上成功事物的形成中找到了滿足。但是在希特勒開始掌權的 1933 年，他沒有像他後來寫那麼多往往很輝煌的詩，而是寫了最卑躬屈膝的胡話，來讚美彎曲的十字架，這是一種非常不同的代用宗教的象徵。）[†]

在失去了上帝之後，他能真正相信**任何東西**嗎？「不再在上帝身上發現偉大之處的他，在哪裡都發現不了偉大之處——他必須要麼否認它，要麼創造它。」只是「要麼－要麼」並不適用。整整一生中，尼采都試圖兩者都做。他對真理有著激情，卻又不相信真理。他有生命之愛，卻為此而絕望。這就是用來造就魔鬼的東西——也許是最強大的祕密的魔鬼，它吃掉了有現代頭腦之人的心。寫下並上演這種頭腦的最極端的故事是尼采真正擁有的偉大。他在他寫的一個「寓言」中，曾經稱之為「認知上的唐璜」，這個人物到底是誰，幾乎沒有什麼疑問：

彩。──譯者注

[†] 我在本書後面〈尼采的恐懼：時間與難以言喻〉一文中更充分地討論了超人和永恆回歸之間「道德說教上」有悖常情、「詩學上」似非而是的關係。這也許就是書中最惹人注目的重複，當我在後面的文章裡使用了一些同樣的引文時，就越發是這樣了。但是，由於關於這兩種觀念的討論在兩篇文章裡都有其有機的功用，由於就我所知，那些主題的內在連繫比在別處有關尼采的文獻更直接、更簡明地展現出來，所以我就沒有刪去任何東西，希望這種重複能提高清晰度和突出重要性。

認知上的唐璜：他還沒有爲哲學家和詩人所發現。他沒有對
自己所認知事物的愛，可是他有頭腦，有在對認知的追求、
對認知的謀劃[52]中的躍躍欲試和享受──直至抵達認知上最
高、最遠的星座！──直至最後除了認知上絕對令人痛苦的
東西外，沒有什麼好追求的了，就好像酒徒，最後去喝苦艾
酒和變性酒精。因此他最後渴望地獄，──這是引誘他的最
終的認知。也許，甚至地獄也使他失望，就像一切被認知的
事物一樣！這時候，他不得不保持一動不動，被釘牢在失望
之中，儘管渴望著認知之晚宴，卻永遠也不再分享得到，他
自己變成了石頭客[53]！──因爲整個萬物世界不再有一口食
物可以提供給他了。[54]

這是一個德國的唐璜，這個認知上的唐璜；令人驚訝的是，
尼采本不該認識到他的特點的：歌德的浮士德在其最終成功地打
敗了拯救計畫之時的特點。

而尼采的著作，裹在重重的悖論之中，將我們帶到了仍可
理解之物的極限，往往還越了界，攜帶著出自健康心智中心的因
素。無疑，這個核心處於被碾碎的永久危險之中，而且事實上最
終被摧毀。可是它在那裡，而且是用善的構成材料構成的。在他
發瘋前的幾年，他寫道：「我的生命現在被包含在這樣的願望

---

[52] 尼采在這裡把對知識的追求比成唐璜對女人的追逐，而唐璜在追逐女人時也
往往會設局謀劃。──譯者注

[53] 唐璜故事中的人物，原是被唐璜殺死的一個騎士，後來唐璜經過其墓地時邀
請其石像赴宴，並接受其回請去石像處用晚餐，結果唐璜下了地獄。──譯
者注

[54] 23卷穆薩利翁版《尼采全集》，第10卷，第247頁及其後；《朝霞》，第
327節。

中，即希望關於萬物的真理不同於我看到它的樣子：但願有人會讓我相信我的真理的不大可能性！」[55]他還說：「我曾經孤獨而深深地懷疑我自己，不是沒有暗藏的怨恨，我反對我自己，**渴望**任何碰巧傷害我、讓我難以忍受東西。」[56]為什麼？因為他被以下的前景嚇壞了：生活中一切更好的事物，心智的誠實無欺，性格的剛正不阿，內心的寬宏大量，審美感的細膩精緻，都會被腐蝕，最後被新的野蠻人丟棄，除非最溫和、最典雅的人堅強面對準備要向他們發起的戰爭：[57]「凱撒——卻有著耶穌之心！」

　　我們一再來到尼采著作中的一點上，在這一點上，叛逆者的尖叫聲被一個在寧靜中等待暴風雨來臨的世界用寧靜的秋之聲平息下去。然後這受折磨的思想者在他曾經稱之為 *Rosengeruch des Unwiederbringlichen*（德文：不可挽回之物的玫瑰氣息）的東西中得到放鬆，這是一種美得無法翻譯的抒情風格，其最接近的對應表達方法也許便是葉慈[58]的詩行了：

　　人在愛，愛著消失之物，
　　還有什麼可說？

　　在這樣的時刻，巴赫的音樂讓他熱淚盈眶，他不理睬華格納的噪音和混亂；或者在丟棄了查拉圖斯特拉山上的洞穴，被地中海海岸線的優雅魅力迷住之後，他使他自己熱淚盈眶。為克

---

[55]　致弗朗茨・歐伏貝克的信，1885 年，7 月 2 日。

[56]　23 卷穆薩利翁版《尼采全集》，第 9 卷，第 7 頁；《人性的，太人性的》，II，2，1886 年序。

[57]　23 卷穆薩利翁版《尼采全集》，第 14 卷，第 176 頁；來自寫作《查拉圖斯特拉如是說》時期的筆記、計畫和殘篇。

[58]　威廉・巴特勒・葉慈（1865-1939），愛爾蘭詩人、劇作家。——譯者注

勞德‧洛蘭 ㊾ 靜謐的清澈而高興不已，或者在歌德和愛克曼 ㉘ 的談話中尋求歌德的陪伴，或者受到施蒂弗特 ㉛ 《殘暑》之鎮靜的安慰，一個尼采出現了，十分不同於以前往往居於條頓男學童，啊，條頓男教師的想像之中的那個尼采，一個內心的傳統主義者，一個絕望的戀人尼采，他嚴厲批評他之所愛，因為他知道，他所愛的東西將拋棄他和世界。正是尼采，能用一句話來消除他的天啟之音的全部不和諧：「我曾經看到大海上肆虐的暴風雨，和暴風雨之上的清澈藍天；正是在那時候，我開始討厭不懂得光亮的、無陽光的、烏雲密布的激情，除非是閃電。」㉒ 而這就是說自己的哲學思考工具是錘子 ㉓，而且說他自己不是人而是炸藥的那個人寫下來的。㉔

　　在他頭腦的這些區域，盤踞著這樣的恐怖：他也許會幫著實現他所嚮往之物的對立面。當這種恐怖處於顯著地位的時候，他很害怕他的學說後果。也許最善者會被它逼到絕望的地步，最劣者會接受它？㉕ 而有一次他把他最可怕的預言之言讓某個想像的巨大天才說了出來：「啊，蒼天在上，賜予瘋癲吧！瘋癲到我最

㊾　克勞德‧洛蘭（1600-1682），法國畫家。──譯者注

㉘　J. P. 愛克曼（1792-1854），德國詩人，因與歌德談話並出版《歌德談話錄》而出名。──譯者注

㉛　阿達爾貝特‧施蒂弗特（1805-1868），奧地利小說家，《殘暑》是他晚年的作品。──譯者注

㉒　23 卷穆薩利翁版《尼采全集》，第 14 卷，第 62 頁；來自寫作《查拉圖斯特拉如是說》時期的筆記，單一筆記。

㉓　同上，第 17 卷，第 51 頁；《華格納事件》，跋。

㉔　同上，第 21 卷，第 276 頁；《瞧，這個人》，〈為什麼我是一個命運〉，第 1 節。

㉕　同上，第 14 卷，第 131 頁；來自寫作《查拉圖斯特拉如是說》時期的筆記、計畫和殘篇。

終自己相信自己……懷疑把我撕碎，我殺死了法……如果我不大
於法，那我就是萬物中最墮落的。」⑯

　　那麼，什麼是尼采最終的重要性呢？對於他的讀者之一來
說，這種重要性在於他的範例，這種範例如此陌生、深刻、混
亂、誘人、令人生畏，以至於它幾乎不能被看做是範例性的。但
是它也不能被無視。因為它同清醒地生活在他如此創造性地感到
絕望的那個黑暗年代有某種關係。

---

⑯　同上，第 10 卷，第 22 頁及其後；《朝霞》，第 14 節。

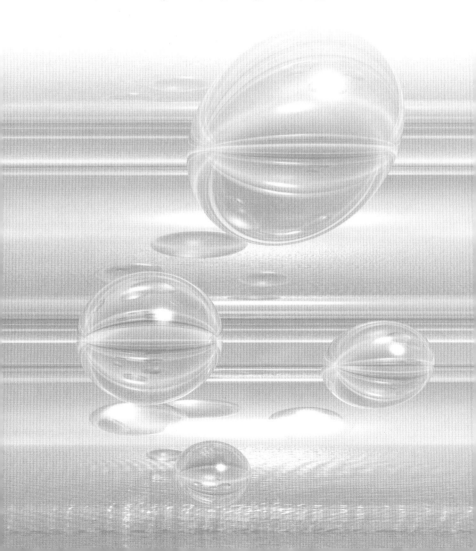

Chapter ②

尼采與歌德

1

1817 年，歌德在《藝術與古代》上發表了一篇叫做「精神的時代，以赫爾曼的最新檔案為基礎」①的小文章。從萊比錫學者戈特弗里德·赫爾曼②的《論最古老希臘人的神話》一書獲得了靈感，這篇概述以其謙虛的方式領先於史賓格勒③的歷史形態學方法，談論了人類歷史上四個主要階段。這「人類精神的四個時代」，如歌德聲稱的那樣，「經過深刻的周密考慮和適當的命名」，他稱之為詩的時代、神學的時代、哲學的時代和散文的時代。按照他的描述，在這些時代之前是一個甚至不配有名稱的狀態。這是太初之前、有道之前的混沌狀態──儘管甚至那時候，也有一些受寵的精靈會上升到無言的黑暗之上，粗略地沉思尚未創造出來的宇宙，發出沙啞的聲音來表達其困惑的驚訝。他們的心態是一種明顯貧瘠的心態，然而這種心態仍然持有可以萌發觀察和哲學的種子，可以萌發自然萬物之名的種子，因而也是詩的種子。從這些不清晰的喃喃聲中，產生出第一個時代本身──詩的時代，在這個時代，人類將其同自己溫情脈脈的親近，將其欲望和恐懼、滿足和不滿投射到自己周圍的萬物上。這是一個通俗神話和詩意想像的時代；靈魂自負地、漫不經心地擺脫了難以處理的原始階段的深奧難解。神話和詩的精神對一個群體行使其不可分割的權力，這個群體如歌德所說，因一種既自由、嚴肅、高

---

① 40 卷週年紀念版《歌德全集》，斯圖加特和柏林，1902-1912，第 37 卷，第 102-105 頁。

② 約翰·戈特弗里德·雅可布·赫爾曼（1772-1848），德國古典學者、語文學家。──譯者注

③ 奧斯維德·阿莫德·戈特弗里德·史賓格勒（1880-1936），德國歷史哲學家、文化史學家。──譯者注

貴，又被想像提高的感官性而出類拔萃。

但是，人類很快發現自己，也許是由於外部環境力量的緣故，被拋入了新的困惑。世界不再是他的思想和想像可以舒服居住的城堡，在這樣的城堡裡，四壁都掛著充滿寓意的掛毯。世界再次顯得沒有被充分理解。詩意地進行理解的人再次為憂慮所困擾，田園詩的秩序受到一群魔鬼的威脅，魔鬼要求在他們的狂野中得到安撫，在他們的無數領域中受到尊敬，而且不再由於美好的想像而是只因為一種更有力的精神活動而走投無路。詩的時代優雅的親切感已經消失，神祕感恢復了。上帝最終正是被揭示給這個時代的，帶著純粹化為愛和敬畏的原始階段的害怕與恐懼。歌德說，我們可以稱之為聖人的時代，或者神學的時代，或者最高意義上的理性的時代。

它還是無法長久。因為理性將堅持說理，作為一個征服者終將同其征服對象斷絕關係，摧毀其說理的內容，分析逃避分析的事物，把違抗系統的東西系統化，最終將透過假裝被徒勞地圍住的神祕事物並不存在而欺騙自己。在這個關節點上，聖人的時代讓位於哲學的時代，或者，用更熟悉的字眼，讓位於啟蒙，最終讓位於理性主義。歌德說，我們不得不承認這個時代高貴而智慧的努力；然而，儘管它會適合某些有才華的個人，它卻無法滿足所有各個民族。散文的時代必然隨之而來。哲學的時代對「人性化」太激進的嘗試，以及神祕事物的理性化，都以倒錯的奇蹟而告終。神祕事物被騙去了它的正當位置，便躲了起來，返回到它原始的、不神聖的、野蠻的階段。被歷史大災難所煽動起來的人類精神跳回去，越過理性指導支起來的所有欄杆，時不時緊抓住傳統的剩餘物，抓住許多不相容的信仰的散亂殘餘，然後一頭扎進乏味神話的池塘，把池底泥濘的詩帶到了池塘的表面，聲稱這就是時代的信條。

　　不再有平靜而理性地教育人的教師，只有在隨意的混亂中播種糧食和雜草的人。沒有一個中心將人類世界凝聚到一起，人們必然失去他們的支撐點；因為無數個人作為領袖走上前來，把他們十足的愚蠢宣講成智慧的頂點。在這樣的時代，每一種信仰都變成了褻瀆，神祕事物的公布變成了瀆神行為。曾經自然地演化的元素，現在相互捆綁在永久的爭鬥中。這是混亂的回歸；然而這是一種並不像最初的那個那樣孕育著豐富性的混亂，但是它如此使一切荒蕪蕭殺，甚至上帝也無法從中創造出一個和他自己相匹配的世界。

　　一位寧靜的萊比錫學者——尼采曾經將其態度描寫成人文主義和宗教理性主義的典型**薩克森式**的結合④——竟會是歌德歷史想像的這樣一種罕見飛行的促成者，這是很令人驚訝的。但是，儘管這種似乎偶然的預示的高度精確性在歌德作品中是獨一無二的，但是未來事物的影子還是留在了在他成熟作品的許多字裡行間。在《威廉・邁斯特的漫遊時代》（這是他同時在全力思考的一部作品）謹慎而強化的寧靜中，可以發現地下隆隆聲的回音，以未來地下物質的噴發威脅著一個社會，這個社會會暴露在光天化日之下，會面臨危險，這已為這部非同尋常的作品的教育激情所承認——這是一部讓處於一種較無禮情緒之中的尼采認為是一種「世界最漂亮事物」和「最可笑輕浮事物」之混合物的作品。⑤確實，在精神的三個時代和占據了小說第一部全部篇幅的威廉・邁斯特的朝聖中的三段歷程之間有某種很明顯的平行，以至於聖約瑟夫第二熟悉聖人的時代的全部構成因素，還伴有詩的

---

④ 23卷穆薩利翁版《尼采全集》，第7卷，第204頁；〈未來語文學〉一文寫作計畫。

⑤ 同上，第17卷，第364頁；來自〈藝術與藝術家〉。

時代的揮之不去的因素，然而赫爾西莉的舅舅的莊園則清楚地代
表了哲學的時代，連一幅被「甚至會遙遠地指向宗教、傳統、神
話、傳說或寓言」⑥的十八世紀肖像畫廊容許的畫像都沒有。最
終還有瑪卡莉⑦的古代城堡，看上去如此嶄新——「好像建築工
人和泥水匠才剛剛離開」⑧——那裡實行的是歌德的，而不是牛
頓的物理學，這門學科的計算方法揭示出，而不是擾亂了，人的
直覺性和理性天性之間的和諧，把人類不是顯示為無情地統治宇
宙，而是宇宙的「精神整體的一部分」⑨。建在歌德想像中的這
座瑪卡莉的城堡像一座要塞一樣矗立著，將抵擋散文的時代的恐
懼作為其最積極的選擇。

　　而且，在那部歧義性的傑作《浮士德》中，葛麗卿世界的神
聖純樸和魔鬼那種散文⑩式超然事外所幫助下的哲學家的理性之
間的衝突，不僅決定了第一部的悲劇，而且也表現在第二部中。
確實，如果我們在歌德的作品中尋找神聖者在散文式的操縱者手
中的失敗及其最辛辣的詩劇化，我們就會不得不拜訪山上小屋裡
的那對守信的老夫婦，小屋被犧牲給了浮士德為上百萬人的未來
造福的計畫：

---

⑥ 歌德《威廉・邁斯特的漫遊時代》，第 1 部，第 6 章，40 卷週年紀念版《歌
　德全集》，第 19 卷，第 72 頁。

⑦ 瑪卡莉和本段以上提到的一些人名都是《威廉・邁斯特的漫遊時代》中的人
　物。——譯者注

⑧ 歌德《威廉・邁斯特的漫遊時代》，第 1 部，第 10 章，40 卷週年紀念版《歌
　德全集》，第 19 卷，第 132 頁。

⑨ 同上，第 146 頁。

⑩ 「散文」一詞在英語中是 "prose"，在德語中是 "die Prosa"，都含有「平凡」、
　「平淡」、「平庸」的意思。——譯者注

鮑西絲　　不知道犧牲了多少人命，

　　　　　深夜裡響遍了慘痛呻吟；

　　　　　熾熱的火流向海邊通過，

　　　　　清早看便出現一條運河。

　　　　　他不信上帝，貪得無厭，

　　　　　還覬覦我們的小屋和林園；

　　　　　作為鄰居卻那樣飛揚跋扈，

　　　　　硬要大夥兒做他的臣屬。

斐萊蒙　　他可是向我們提供條件，

　　　　　用新地上的美好田產和我們交換。

鮑西絲　　你別相信那新填出的地皮！

　　　　　還是守牢你原有的高地！

斐萊蒙　　咱們到禮拜堂去，

　　　　　眺望快要西沉的落日！

　　　　　鳴鐘，跪拜和祈禱，

　　　　　至誠皈依悠悠上帝！⑪

　　在散文的時代，詩的本身，詩的活動和詩的樂趣，將變成什麼東西呢？《浮士德》這部長詩將如何被接受？歌德在逝世前五天寫給威廉‧馮‧洪堡的最後一封信中問道。「眼下的荒誕和混亂已到了這樣的地步，」他寫道，「它使我相信，我用以建造這座奇怪的大廈所付出的誠實而漫長的勞動只會得到不佳的回報；它將作為沉船的殘骸碎片被大海泛起，在未來的某一段時間裡，

---

⑪ 歌德《浮士德》第 2 部，詩行 11127-11142。參見董問樵譯歌德《浮士德》，
　復旦大學出版社，1983，第 641-642 頁。——原注＋譯者注

將被埋葬在時代的荒蕪沙丘底下。被混淆的福音，生出被混淆的事蹟，在世上四處流傳，我的責任是提高、淨化我的事蹟，以及仍然伴隨我的東西，就像你，我值得敬重的朋友，在你的城堡裡設法做到的那樣。」[12]

換句話說，散文的時代以其對神話和詩的魅力解脫，及其對理性本身的「神祕化」，已經降臨於我們。它將——用歌德的話來說——「把古代高貴往昔的遺產拽入當前的庸俗狀態中，不僅摧毀建立深厚情感的能力、摧毀各族人民及神父們的信仰，而且甚至摧毀了理性的信仰，這種信仰猜到在陌生和表面上的混亂背後富有意義的條理清晰。」[13]

那麼，正是歌德也許因為想要使用一種更好的表達方式而稱之為信仰的那種東西的毀滅，或者更應該說毀損和變形，構成了散文的時代令人厭惡之處的徵兆之一，或原因之一。信仰的概念一旦進入到我們關於歌德的沉思中，我們就得十分小心翼翼地挪動；因為歌德當然不是相信教義有用性的人。另一方面，我們不需要太過於拘謹，可以從以下事實獲取勇氣——大約就在同時，歌德再次在一種被大大玷汙的關係中使用了這個詞——即同《舊約》的關係。在深思以色列人的沙漠冒險問題時，他在「關於《西東詩集》的筆記和談話」中說：「世界史、人類史唯一真實、深刻的主題——一個統攝所有其他主題的主題——仍然是信仰和無信仰之間的衝突。形形色色信仰支配下的所有時代都有它們自己的光輝燦爛和天堂樂園，都為它們的人民也為子孫後代結出果實。任何形式的無信仰對其維持慘痛勝利的所有時代，即使它們有一小段時間洋洋得意，散發出虛假的輝煌，它們還是要被

---

[12] 致威廉・馮・洪堡的信，1832 年 3 月 17 日。
[13] 40 卷週年紀念版《歌德全集》，第 37 卷，第 104 頁。

子孫後代所忽視，因為沒有人喜歡硬要使自己的生活過得辛苦，一無收穫。」[14]

足夠具有悖論意味的是，隨後的事情毫不使人懷疑，這時候熱衷於一種相當無情的《聖經》批評的歌德，並不是意味著嚴格的《舊約》信仰者的信仰。那麼他意味著什麼呢？因為很清楚，這種信仰不可能是微不足道的事情；它的來去往復構成了一個個時代，又讓其消失；它給予聖人的時代以其神聖性，在告別中，它將下一個時代拋棄給了其散文（平庸）的命運；而它同無信仰的鬥爭則被宣告為具有真正的歷史相關性的唯一主題。

他的「信仰」意味著什麼的問題，會從不同時代的歌德那裡得到不同的答案，全都同樣被遮蓋著，很有諷刺性——並且令人惱火。因為問題涉及一個歌德認為應保留給有過經驗並熟悉內情之人的領域——「*Sagt es niemand, nur den Weisen, weil die Menge gleich verhöhnet*（德文：不要告訴任何人，而只告訴智者，因為眾人馬上就會嘲笑你們）」。所以，用任何教義的方式來說出他的信仰是不可能的，尤其是如果你希望避免一場關於困擾所有歌德研究的極端威脅的討論的話：泛神論。因為從歌德的著作中推導不出宗教信條。他的深信不疑如果系統地放在一起，作為明確表達的見解，也許會顯得非常前後不一，往往自相矛盾。然而在此語境下，重要的既不是他的見解，也不是這些見解的前後不一。重要的是，他的深信不疑是在哪個層面上形成的，或者他的深信不疑承受了什麼樣精神力量的壓力；他的信仰的性質和方向最清楚地由歌德對其時代的批判揭示出來。因為毫無疑問，成熟的歌德儘管偶爾爆發出巴拿馬運河樂觀主義[15]，但是他

---

[14] 同上，第 5 卷，第 247、第 248 頁。

[15] 巴拿馬運河於 1914 年通航，但是歌德早在 1827 年就對開通巴拿馬運河有強

卻會把他的當代世界置於他的世界歷史時代地圖上一個相當難以捉摸的地方，無論如何都離詩的時代、聖人的時代有一段距離，而歷史在那裡寫下其最駭人聽聞的散文段落的那些灰色地帶卻相當地接近。而他當然不會在其中發現許多光輝燦爛，正從「信仰的時代」中放射出來。

當然，否認歌德的、赫爾曼教授的歷史準確性，否認時代系統，是足夠容易的；但是，證明我們看似最有效的反駁會乾脆歸功於我們在整理大量歷史原材料時使用了不同的挑選法則和重點，也許更容易。歌德——尼采——關於他們同時代世界的判斷無疑正是時尚稱之為「**瘋狂概括**」的東西。可是，這卻是《舊約》的先知們所熱衷的同樣的缺點。也許，他們時代的以色列事實上是一個比他們的憤怒暗示更加好得多的社會。但是，如果我們得出這個結論，即使它以最豐富的歷史明證為基礎，我們的感情最終也不會是反映出一種更高程度的「客觀知識」，而是反映出我們對先知們會斥之為謬誤的價值觀的忠誠。而由於這種精神道德狀況是他們的憤怒的確切原因，所以正是我們受到審判——這是一種一般不被看做有利於無偏見觀點之形成的立場。而且，我認為，我們這種違背判官正義的情況必然會被他們的預言成真的事實加劇。神殿被摧毀了。

成熟期的歌德所指的信仰在以下這一點上與先知們的是相同的——他也認為，這是某種**價值觀**在人們生活中的積極實現。而我們的問題以這種價值觀的性質為轉移，如尼采所知，這個問題「比（知識的）確定性問題**更具有根本性**：後者只有在價值觀問題得到回答的情況下，才會成為嚴肅的問題。」[16] 歌德本會接受

烈興趣和樂觀主義。——譯者注

[16] 23卷穆薩利翁版《尼采全集》，第19卷，第85頁；《權力意志》，第588節。

這一點，儘管它在一個思想主體內充當了一種關鍵說法，這個思想主體第一眼看來是不同於歌德世界的世界。而歌德實際上確實接受了它，儘管不是以尼采提議時所顯示的那種激進精神，當然也不是對知識的價值同樣強烈地拼命懷疑。例如，他反對牛頓，最終不是基於一種對他自己的**科學優勢**的信念，而是基於他對受到威脅的價值觀的承諾。他相信這種價值觀受到人類在同自然交往中採納的一種專門的數學分析方法的威脅。歌德確實在其科學著作中混淆了這個問題；但是在實驗室之外，例如，在威廉·邁斯特——在這裡乾脆就是歌德自己智慧的闡述者——用來對天文學家所說的話中，歌德似乎十分清楚地表明了這一點：「我能很好地理解，把廣袤的宇宙像我剛才看到那個星球那樣漸漸帶到你的眼前，這必然讓你們這些天空的聖賢很高興。可是，請允許我說……這些我們用以輔助自己感官的工具，對人類有一種道德上有害的影響……因為人類如是以自己感官感知的東西與其內在的洞察力不相一致；它需要一種只有接觸的人才會擁有的高度文化，為的是在某種程度上使內在真理和外在的不相稱的幻象相和諧……」[17]

2

「必然有這樣一個時期，在其中宗教觀、審美觀、道德觀都是一致的。」[18]儘管有可能，但這卻不是來自歌德「精神的時代」中的一句話，而是尼采死後收集在《權力意志》——一部他打算在其中「重估一切價值」的著作的殘篇——中的筆記之一。這在

---

[17] 歌德《威廉·邁斯特的漫遊時代》，第 1 部，第 10 章，40 卷週年紀念版《歌德全集》，第 19 卷，第 138、第 139 頁。

[18] 23 卷穆薩利翁版《尼采全集》，第 14 卷，第 235 頁；死後發表的筆記，1882-1888。

很大程度上是一種歌德式的思維，因此就好像是它被擴展成了尼
采最後的著作之一《偶像的黃昏》中以下關於歌德的思考：

> 歌德——不是一個德意志事件，而是一個歐洲事件：一種了
> 不起的嘗試，要透過回歸自然、透過向上達到文藝復興的
> 質樸自然來越過十八世紀，這是從該世紀立場出發的一種自
> 我克制。——他自己身上有著該世紀最強烈的本能：情感豐
> 富、自然崇拜、反歷史的傾向、理想主義的傾向、不現實
> 的態度和革命的傾向（——革命僅是不現實態度的一種形
> 式）。他求助於歷史、自然科學、古典時期，還有斯賓諾
> 莎，尤其是求助於實踐活動；他用全然鎖閉的地平線包圍自
> 己；他不脫離生活，置身其中；他不氣餒，盡可能多地承
> 擔、擁戴、吸收。他所要的是整體：**他反對把理性、感性、
> 情感、意志互相割裂開來⋯⋯**；他規訓自己的全面能力，他
> **創造自我**⋯⋯歌德在一個有不現實思想傾向的時代中，是一
> 個**有堅定信念的現實主義者**⋯⋯歌德構想出一種身強力壯、
> 修養甚高、體態靈敏、有自制力、敬畏自己的人，這種人會
> 敢於賦予自己以自然領域的全部寬廣性和豐富性，他強大得
> 足以接受這種自由；他可以容忍，但不是由於軟弱，而是由
> 於強大，因為他懂得還需要會造成常人毀滅的東西來為他自
> 己服務⋯⋯[19]

雖然在後來對歌德的評價中，這種事情如此經常地被提
及，以至於它們竟帶有了俗套的味道，但是在尼采「重估一切價

值」的語境下，它們卻有了自己的深度，並在這段話的結語中接受了一種至今一直隱瞞著的驚人扭曲，這種扭曲在不久以後我們將會承認讓我們感到震驚。我們暫時還是來思考這一段中歌德的現實主義同他對分割理性、感性、情感、意志間關係的傾向懷有的敵意之間的關聯吧；或者按照尼采先前的準則，思考歌德在一個富於想像的時期中扎根的根基，在這個時期中，宗教感、審美感、道德感是一致的——在散文的時代被如此災難性地摧毀了的一種一致性。

「現實主義」一詞作為唯名論的對立面，在一個形上學爭論享有像今天被賦予科學研究的那樣一種嚴格準則的優勢的時代，有著一種明確的意義。可是，當然，這是在這個詞作為十九世紀思想市場上一個不確定價值的硬幣被用舊了之前，在這個思想市場上，諸如先驗論、理想主義、經驗主義、唯物主義、實證主義等其他硬幣，也買到了一些思想的裝飾品。於是，歌德的「現實主義」掉落到市儈中間，如此經常地採用了「現實的」或「切合實際的」，或「你要學習，我的孩子」等貧乏意思。或者，作為一種文學樣式的名稱，「現實主義」是要為所有把自己豐富的想像限制在說一是一的嚴格任務上的作家提供一個方便的共同標準。

很明顯，這不是尼采在說到現實主義者歌德——而且是一個不是出自「本能」，而是經過「規訓」而成的現實主義者——時所指的那種。我認為，尼采實際上所指的那種，我想藉助於歌德的三句格言來加以說明。這三句格言首先刊印在同一期的《藝術與古代》（1826年，V，3）上。第一句如下：「自從德國人的整個民族開始『超越』以來，現在大約二十年了。如果他

們醒悟到這個事實的話，他們將會自己感覺自己看上去很奇怪。」[20]
足夠有名的第二句格言是：「在一種真正的象徵中，獨特性代表
著普遍性，不是作為一場夢或一個影子，而是作為對高深莫測
之物活生生的、瞬間的揭示。」[21]第三句格言似乎一開始相當費
解：「一切理想的東西一旦被現實事物所擁有，最終都會將它以
及它自己消費掉。就如紙幣消費掉了銀子和它自身。」[22]在這三
個格言之間有一種密切的關聯，不僅僅是由於它們的刊印序列。
當然，第一句格言嘲笑了歌德時代德國的**先驗哲學**；第二句格言
最恰當地凝聚提供了歌德自己關於先驗和內在、「理想」和「現
實」之間關係的想法；第三句格言是關於散文時代的預言的警句
式縮略語，這一次被看做現實領域和理想領域被破壞以後的毀滅
性的、虛無主義的結果。

　　這是一個十分長的故事，這三句格言成功地縮短了這個故
事。而要恢復它原先的長度，這確實會是一件引起反感的事情。
但是，也許可允許一些沉思。

　　歌德對一切形式的先驗哲學的敵視，確定無疑地同哲學向先
驗傾向發起的進攻沒有任何關係，這種進攻是很久以後以實證主
義的名義發起的——一場尼采經常與之相關聯的戰役。相反，歌
德對先驗論者的敵意的來源也同樣承受了他對實證主義的有力攻
擊。這種實證主義，他相信是牛頓物理學所固有的。他把先驗論
者和實證主義者（他雖無實證主義之名，卻有實證主義的思想）
都看做將一種他覺得很荒唐的現實感系統化的人，甚至看做他在
老耄之年對威廉·馮·洪堡哀歎的那種「當時的荒誕與混亂」。

---

[20] 40 卷週年紀念版《歌德全集》，第 38 卷，第 266 頁。

[21] 40 卷週年紀念版《歌德全集》，第 38 卷，第 266 頁。

[22] 同上，第 4 卷，第 219 頁。

這兩種思想傾向——表面看彼此如此敵對——共同擁有的東西是一種對抽象的激情。正是在抽象中，歌德看到了決定性的小孔，理性藉助這個小孔可以逃向幻覺，在幻覺中免除它對屬於感官、感覺、意志範疇之物的義務。他擔憂這種理性的解放，無論是在先驗思辨的冒險中擔憂，還是在數學演算中擔憂。這種數學演算，儘管其明顯的經驗主義，卻還是創造了可以被組合成其抽象順序的現象。

　　把理性從個人整體中解放出來的兩種方法在歌德看來，似乎都是對他關於人的幻象的否認，對他堅持的價值觀的否定，都是 *kat'exochen*（希臘語：外來）異端邪說。他真誠地相信這其中隱藏著災難。

　　　他在對先驗論的追求中發現了這樣的危險：被先驗的野心所麻痺的理性會構建一個巨大然而貧血的世界，這個世界太大了，人類在其中無法生活，無法愛，在每一點上都使他分心，不再——如威廉·邁斯特所說——「自發地一心關注當代的義務，檢驗你內心的純潔和思想的穩定……只有在那時候，你才會發現對待崇高的正確態度；因為正是在形形色色的活動中，在一種敬畏的精神中，我們把自己獻給了崇高……」[23]在一種敬畏的精神中；不是在精神欺騙的精神中，他不相信先驗的巴別塔的建築師們會有這種精神欺騙。

　　如果在先驗論中，人類理性在深奧學問的方向上、在科學實證主義之中被歪曲，那麼在歌德看來，它是被以另一種方式引入歧途的：在把宇宙變成一種數學玩具和實驗中的任性的過分自信情況下，理性再一次將世界置於人類真正的理解範圍之外。因為

---

[23] 歌德《威廉·邁斯特的漫遊時代》，第 3 部，第 13 章，40 卷週年紀念版《歌德全集》，第 20 卷，第 187 頁。

人類理解的真理對於歌德來說，在於將宗教感、審美感、道德感視為彼此相一致的那種平衡的幻覺。只有透過它們的一致，世界才被揭示為真正的人類之家，既不會因為人類的無足輕重而顯得太偉大，也不會因為人類偉大而顯得太渺小；既不會因為人類的理性而顯得太難以相信，也不會因為人類的想像而顯得太平庸；既不會因為人類的意志而顯得太笨拙，也不會因為人類的感情而顯得太不討人喜歡。在該詞的一個十分深刻的意義上，**合宜**正是歌德所認定的真理標準。這就是尼采之所以讚美他為最後一位歐洲偉大貴族思想者的原因。[24]因為在成為現代知識活動之時尚（無論這種時尚是否很清晰地表達出來）的所有其他真理標準中，都確實有某種平民的東西在其作用：不是自卑就是合理自負的因素，過分好奇的因素，心理上不夠圓通的因素，以及對任何迴避定義或實驗證明的東西之意義缺乏竊笑著表示懷疑，尤其對漠視使世界成為一個高尚聚居地的那些不易捉摸的特性。

歌德的科學工作是由他直覺上的肯定所指導和支持的，這種肯定認為，知識只要不是處於人的過度情感中才有可能是真實的。當然，涉及的問題是一個古老的問題，至少像現代科學本身一樣古老，首先是由一個非同尋常的人經歷並一路與之拼搏過來的，在這個人——帕斯卡身上一個數學家的思想和一個神祕主義者的思想發生著衝突。他對理性和理性對其一無所知的那種理性——心的理性，對 *esprit de géométrie*（法文：幾何精神）和 *esprit de finesse*（法文：工於心計的精神），有著無邊的憂慮。從那以來，無數形形色色的問題和衝突對歐洲一些最工於心計的思想者的糾纏就沒有停止過。然而，就歌德的情況而言，這幾乎不可能被稱之為一個問題。因為他沒有認真懷疑過 *esprit de*

---

[24] 23 卷穆薩利翁版《尼采全集》，第 17 卷，第 48 頁；《華格納事件》，跋。

géométrie 的毫無價值。而在其成就無可爭辯，甚至超越歌德的否定的確定性的地方，他準備給予他們的最高敬意是暗示一顆富有直覺的靈魂至少可以像一個最新的望遠鏡那樣高瞻遠矚。在瑪卡莉奇特的家中，天文學家的任務乾脆就是找出胸中懷有全部星系的家庭女主人在夢中見到的星星在哪裡；天文學家的工作並不比一個挖掘占卜師占卜出來的水源的挖掘工人的工作優越多少。

可是，超越了如此對任性的幽默感的沉溺，歌德深深地相信人只有透過從內部創造出一幅他自己與不同他關於神的觀念相衝突的世界之圖像，才能對得起他自己，對得起世界及其創造者。而歌德關於神的觀念是在那種「被揭示的神祕性」中，在那種對「高深莫測之物活生生的、瞬間的揭示」中，透過特定事物的象徵性而獲得的。特定事物的這種象徵性只有在意識、思想、感覺、意志的協同接受中才可以被理解，人因為其物理學和形上學的過度理性主義而愈來愈疏離這種象徵性。

德國人一旦在所有的先驗完成之後醒來，意識到他們的真實狀況，確實會在他們自己面前顯得很古怪：人們還會補充說，就像面對自己分析上的激進主義後果幾乎惡魔般的難以駕馭性的科學家那樣古怪。因為在先驗和分析這兩個極端之間喪失的東西，正是歌德式的人格理想：在人**是什麼**和人**能做什麼**之間的一種平衡狀態。「人對一件事情的了解，不應該超出他能力上創造性地可做到的範圍。」歌德也許說過這話。但這是尼采所說，他思考了哲學研究（他是哲學研究的教授）的枯燥乏味，把他最有學問同事的思想品質和歌德貧乏的哲學素養加以比較；然而，他補充說，「他知道足夠的東西可以富有成果地和古代格鬥！」[5]在另

---

[5]　23卷穆薩利翁版《尼采全集》，第7卷，第207頁；〈未來哲學〉的寫作計畫。

一處又說：「歌德的趣味和能力並駕齊驅。」㊱這是寫作溫和的
讚美詩《理查・華格納在拜魯特》的時代留下的、在他死後發表
的筆記。甚至在那時候，他就知道什麼將成為後來幾年中的激烈
爭論：這無法用來談論理查・華格納。而以「專橫的」一詞，關
於歌德的評論引向了對理查・華格納矯揉造作性格的察覺。

　　確實，尼采知道歌德是誰。在他離開華格納的過程中，有歌
德的教誨，歌德知道，正是在人的實質和人的藝術鑑賞力之間、
在一個人是什麼和一個人可以做什麼之間的不一致，是散文的時
代的決定性特徵。才子的時代可以是它的替代性名稱。徵兆由藝
術和生活以同樣程度顯示出來。生活被古代夢魘的回歸嚇得靈魂
出竅，沒了高度開明的神智：巫師徒弟的故事，有魔力的侏儒的
故事。上天對精神貧困者之許諾的意思被理解為至少在人世間，
他們應該被教育成為聰明人，能操縱和放任技術上對地獄的設
置。而在藝術中，有最熟練地組織起來的聲音，有以最內行的方
式表達出來的、為不意味任何事情而感到驕傲的狂怒。整個美學
系統的演進，都是為了對這種事態做出辯解。一個沒了意義的世
界試圖藉助沒有血肉的言辭和沒有內容的形式的魔力，來逃離其
無意義所造成的無限無聊。而且，甚至試圖從形成我們「現實」
世界的事物或觀念中提取詩的嘗試也會是徒勞的。我們被告知，
詩是著魔，萬物和一切思想在光天化日之下失去有用性和抽象性
的同時，也被剝奪了它們的魅力。然而對歌德來說，萬物和思想
分享著一種發光的具體性，這是一個所有方面都未受觸動的世界
的特性。請記住他在他的《第二次在羅馬逗留》的一段話中稱之
為「思考」的東西，他在其中描寫了他對拉斐爾繪畫《耶穌顯聖
容》的印象：「我們中間的同類精神在其信念中得到確認，」他

㊱ 同上，第 349 頁；〈關於華格納的思考〉。

寫道。「他們互相說，拉斐爾因其思考適當而與眾不同。」於是
他解釋了那幅繪畫所表現的兩種層面的存在：「一個人如何能使
上面的東西同下面的東西相分離呢？兩者合一；下面是痛苦和貧
困，上面是主動的慈悲，在相互改變中，一個給另一個帶來影
響。那麼要用不同方法表達這幅畫的意義就有可能將現實從其理
想意義中分離出去嗎？」[27]

　　在《西東詩集》的「哈菲茲書」中，一個部分有這樣一個座
右銘：

Sei das Wort die Braut genannt,

Bräutigam der Geist;

Diese Hochzeit hat gekannt,

Wer Hafisen preist.[28]

　（德文：讓詞語被稱爲新娘，精神被稱爲新郎；歌頌哈菲茲
的人懂得這場婚禮。）

在那一部分中，針對哈菲茲而寫作的詩人宣告了他對一個留有神
聖特徵痕跡的世界的信仰，不顧詞語和萬物在詆毀者和做摘要者
手中忍受的一切否定、阻礙、敲詐勒索而讚美它：

Und so gleich ich dir vollkommen,

Der ich unsrer heil'gen Bücher

Herrlich Bild an mich genommen,

Wie auf jenes Tuch der Tücher

---

[27] 40 卷週年紀念版《歌德全集》，第 27 卷，第 175 頁。

[28] 歌德，選自《西東詩集》組詩。

Sich des Herren Bildnis drückte,

Mich in stiller Brust erquickte,

Trotz Verneinung, Hindrung, Raubens,

Mit dem heitern Bild des Glaubens. [29]

（德文：我和你如此完美地相似，我在自己身上留下了我們的聖書的光輝形象：就像在那布中之布上，留下了主的面容的痕跡，於是，在我寧靜的心中，儘管有否定、阻礙、敲詐勒索，我因信仰的生氣勃勃形象而神清氣爽。）

　　那麼，這就是歌德的信仰，或者是他對「比知識確定性問題更帶根本性」的問題——價值觀的問題——的回答。按照尼采的理解，答案在歌德的現實主義中。這是**象徵的現實**主義；不是由象徵主義者的集體無意識產生出來的晦澀象徵，它侵入到有著夢想到的和未夢想到的意義的死亡記憶外殼中；也不是以一種諷喻方式指稱抽象概念的象徵：年輕的語文學家尼采在一篇為《悲劇的誕生》做準備的筆記中視為垂死藝術標誌的那種象徵，因為它偷偷摸摸地以膚淺的偽裝引入了抽象概念——然而卻是有其原始意義的象徵，尼采在同一篇筆記中，以顯然歌德式的方式，將其界定為「通用語言」。[30]這種象徵的現實主義是所有偉大藝術的共同財富。他並不竭力追求可以對這個世界散文式的毫無價值做出彌補的理想境界（如席勒的藝術之所為），也不尋求在有療效的「*schöner Schein*（德文：美麗的外觀）」的非現實中擺脫真的恐懼（如年輕的尼采所相信的那樣），亦不自覺地訴諸夢和

---

[29] 歌德，選自《西東詩集》組詩。

[30] 23 卷穆薩利翁版《尼采全集》，第 3 卷，第 365 頁：專書〈音樂與悲劇〉的寫作計畫。

夢魘，令人愉快或令人不快地使平靜如鏡的煩人生活表面頻起漣漪。它描寫；而且在描寫中它使我們睜開眼睛看到事物實際上的情況。而事物實際上的情況不是一場夢或一個影子，也不是無意義的意志之痛，亦不是理性的抽象概念，而是對高深莫測之物的活生生的揭示。然而為何高深莫測之物就應該是美的呢？因為它只能為高深莫測之物所理解，人的真正高深莫測的能力是愛。於是，象徵的現實主義成為一個可愛世界的現實的藝術辯解。「但願像斯賓諾莎的 *amor dei*（拉丁文：對神的無私的愛）可以被再次體驗到！」[31]這是一篇尼采在其最激烈地反對基督的時期寫的關於歌德的筆記。

3

在這裡我們最好回到尼采《偶像的黃昏》中的那段話，前面在引用這段話的時候，我們略去了結束語。在他把歌德稱做「一個有不現實思想傾向的時代中的一個信念堅定的現實主義者」之後，尼采繼續說：「這樣一個變得自由的思想者以一種快樂而信賴的宿命論矗立於萬物之中，矗立於這樣的信仰之中：只有個體很卑鄙，萬物才會在整體上得到拯救和肯定——**他不再否定⋯⋯**可是這樣一種信仰是一切可能的信仰中之最高者：我用戴奧尼索斯的名字來命名它。」[32]

這是很美、很真實的，只是因為戴奧尼索斯如此突然地進入到一個顯然是阿波羅的場景才令人震撼。歌德無疑會為這位教父的選擇所困惑，會要求某位較少令人陶醉的神來做他的精神

---

[31] 同上，第 16 卷，第 8 頁；1882-1888 年遺稿。

[32] 23 卷穆薩利翁版《尼采全集》，第 17 卷，第 150 頁；《偶像的黃昏》，〈一個不合時宜者的漫遊〉，第 49 節。

支柱——阿波羅，也許，甚至是厄洛斯。然而，正是尼采接受生活、肯定生活的決心強加於尼采（而且不僅是尼采）的這種對戴奧尼索斯的求助，是我們的主題；如果我們允許自己被說服，似乎正是阿波羅的兒戲是歌德所要堅持肯定的，或者乾脆應歸咎於他極其幸運的氣質和天才，那麼我們就會失去我們的主題的線索。而如果我們只是成功地證明偶像反對者尼采以記在頁邊的溢美之詞包圍了歌德的形象——這個形象倒是有意義了，但終究站不住腳——，那麼我們的主題同樣會被拋棄。若不是歌德知道——而且不時還十分熟悉——否定生活的精神，那他就不會是浮士德和梅菲斯特的作者：

> *. . . Was ist daran zu lesen?*
> *Es ist so gut, als wär' es nicht gewesen,*
> *Und treibt sich doch im Kreis, als wenn es wäre.*
> *Ich liebte mir dafür das Ewig-Leere.* [33]
> （德文：從中可以讀出什麼意思呢？這就好像是從來不曾有過，又似乎有，翻來覆去兜著圈子，我所愛的卻是永恆的空虛。）

這些是事先對尼采的永恆回歸發出的共鳴，尼采的永恆回歸是指一個實證主義地看獨立自足的世界的永恆回歸，這個世界不通向意義和含意。確實，他太熟悉這樣的誘惑了，即藉助魔力賦予一種單調乏味的幻滅生活以刺激，這便是對美的消費：

> *Und sollt' ich nicht, sehnsüchtigster Gewalt,*

---

[33] 歌德《浮士德》，第 2 部，第 11600-11603 行。

*In's Leben ziehn die einzigste Gestalt.*㉞

（德文：我不應該以我全部渴望的力量，帶給生活以最獨一
無二的外形？）

這種欲望，即使只是在那最終滿足的關鍵一刻才得以實現，也是
浮士德對魔鬼的挑戰。但是挑戰最後被收回了，渴望魔力變形的
欲望認同了褻瀆、詛咒生活的行為：

Könnt' ich Magie von meinem Pfad entfernen,

Die Zaubersprüche ganz und gar verlernen,

Stünd ich, Natur, vor dir ein Mann allein,

Da wär's der Mühe wert, ein Mensch zu sein.

Das war ich sonst, eh' ich's im Düstern suchte,

*Mit Frevelwort mich und die Welt verfluchte.*㉟

（德文：但願我能讓魔法遠離我的道路，把咒語統統忘光，
即使我孤伶伶一人站在自然面前，努力做一個人也是值得
的。在我尋覓於黑暗之中之前，我就是這樣，以褻瀆的言辭
咒罵世界和我自己。）

這種對魔法的擯棄，當然，不僅是反對那種活動的傳統神學
的詩歌版本、世俗版本。它也同傳統的虔誠觀念沒有什麼共同之
處。它簡單地反映了歌德對生活原樣的最終接受——只是歌德對
實際存在物的看法肯定了散文時代意識中許多不存在事物的**現實
性**。歌德的勇氣堪稱楷模，他相信一種實驗的絕對可靠性，這種

㉞ 同上，第 7438-7439 行。

㉟ 歌德《浮士德》，第 2 部，第 11404-11407 行。

實驗完全是「主觀」的，不僅是許多可能的實驗之一，而且是生活本身的體驗。而至少他的實驗有一半產生了被散文的時代以帶著不快的模糊性斥為「感情用事」或「神祕莫測」的結果：

Sie haben dich, heiliger Hafis,
Die mystische Zunge genannt,
Und haben, die Wortgelehrten,
Den Wert des Worts nicht erkannt.

Mystisch heissest du ihnen,
Weil sie Närrisches bei dir denken,
Und ihren unlautern Wein
In deinem Namen verschenken.

Du aber bist mystisch rein,
Weil sie dich nicht verstehn.
Der du, ohne fromm zu sein, selig bist!
Das wollen sie dir nicht zugestehn.[36]

（德文：他們稱你，聖徒哈菲茲，為滿嘴神祕話之人；可是他們，這些舞文弄墨者，認識不到文辭的價值。對他們來說，你是神祕的，因為你在他們心中喚起了愚蠢的思想，因為他們以你的名義倒出了他們不純的酒。確實，你是神祕的，但只是因為他們不理解你，你這個未做到虔誠卻受到祝福的人！這是他們不願意向你承認的。）

這是《西東詩集》中的〈公開的祕密〉一詩。尼采可能會寫

---

[36] 歌德，選自《西東詩集》組詩。

這樣的詩。這是歌德對兩個領域的同一性的、對象徵的現實中高深莫測之物的揭示的、對作為**現實**生活特質的神聖性和天恩的最輕鬆愉快的斷言。

被先驗論者和實證主義者同樣拋棄到了不再具有理想性的境地的生活的「理想」方面，對於歌德來說，是如此迴避不了地真實，以至於他深信它有一天會報復將它清除出其「現實」的時代。這將我們帶到了我們選來象徵歐洲思想不穩定旅程的幾個階段的《準則與反思》中三個格言的最後一個。正是緊隨象徵定義的格言，本討論至今為止都從中取得了收穫，並且現在把尼采遺稿中最後的摘要之一留給它：「詩人的解釋者不理解詩人既擁有現實，又擁有象徵。因此詩人擁有一個整體的第一感和第二感。」㉚這是由歌德喚起的；而歌德的格言，在我們的引用順序中是第三個，也是最後一個，它再次告訴我們：「一切理想的東西一旦被現實事物所擁有，最終都會將它以及它自己消費掉。就如紙幣消費掉了銀子和它自身。」而這恰恰是在散文的時代的五十年之內，在歌德之死和尼采寫《查拉圖斯特拉如是說》之間，發生的。歌德的現實主義，在其最深刻的層面上，被驅至絕望的境地。而尼采，為了化這種絕望為肯定，不得不召喚來戴奧尼索斯精神這樣一種非歌德式的精神。在**歌德之神享有的愛**和戴奧尼索斯享有的尼采的愛之間的比較，產生出我們可以藉以估算散文的時代從歌德時代前往尼采時代所經過距離，或沉降到尼采時代所經歷深度的尺度。因為儘管有歌德和尼采之間固有的，甚至很明顯的差別——性格、才氣、氣質、思想表達方式的差別——他們仍然相遇在他們對人的真正狀態的關心中。尼采是歌德信仰激發的信仰者，是歌德價值觀的支持者，因此而既受到冒

㉚　23卷穆薩利翁版《尼采全集》，第17卷，第344頁；選自〈藝術與藝術家〉。

犯，又冒犯別人，在他自己靈魂範圍內堅持將信仰和無信仰之間的戰鬥進行到底，為自己接受了兩邊的苦難殉道者的命運，以及裁決勝利與失敗的裁判官的角色。

不僅僅是尼采始終如一的讚美證明了他同歌德的親密關係。尼采一再斷言，涉及到追溯他自己的知識祖先時，歌德是不可能被繞開的，對於尼采從知識的角度看這樣說是否真心誠意，也沒有**內部的**證據來加以駁斥；儘管他在做這樣一種估量時候引用的名字多種多樣，但歌德的名字卻必然包含其中。例如，在《人性的，太人性的》第 2 卷中，他被和斯賓諾莎配成一對（其他幾對是伊壁鳩魯和蒙田，柏拉圖和盧梭，帕斯卡和叔本華）。他，尼采，在很長時間的「孤獨漫遊」[38] 之後，所尋求的，正是他們的認可，而在他寫《查拉圖斯特拉如是說》時期的許多筆記中，歌德在此作為他的精神祖先之一出現，這一次是和赫拉克利特一起，而且再一次和斯賓諾莎在一起。

而在對自己早期著作進行批評的他自己的遺作之一中，歌德因把他從叔本華和華格納的悲觀主義專制暴虐中解放出來而受到感謝：「**現在**，我領悟到了古代，以及歌德對偉大藝術的本質的洞察力，**現在**，我獲得了視覺的**質樸**，可以看到人的生存**實際**上是什麼；我有解毒藥，確保它不會變成有毒的悲觀主義。」[39]

在《人性的，太人性的》中，在關於文學的**道德**任務和功能的最可愛的幾段文字之一中（而且，確實，在論及這個嚴峻主題的作家的全部著作中並沒有許多可愛之處可以被發現），歌德天才的痕跡在每一個方面都可以識別出來：「這種詩人」 —— 即對

---

[38] 同上，第 9 卷，第 174、第 175 頁；《人性的，太人性的》，第 2 卷，1，第 408 節。

[39] 同上，第 21 卷，第 73 頁；關於《人性的，太人性的》筆記遺稿。

人的看法堪稱楷模的詩人——「的創作會因為看起來隔絕並迴避
了**激情**的氣息和灼熱而出類拔萃：無法糾正的錯誤做法、整個人
類弦樂演奏的被搗毀、惡意譏笑和咬牙切齒以及古老習慣意義上
的一切悲劇和喜劇的東西，都會在這種新藝術的附近被感受為對
人像的令人討厭的、仿古式的粗糙化。人物及其行為中的力量、
善、寬厚、純粹以及無意識的天生的節制；……反映在臉上和事
件上的光照萬物的天空；融合為新的一體的知識和藝術；沒有狂
妄和妒忌，和自己的姊妹即靈魂住在一起，並從對立面中誘發出
優雅的認真態度而不是內心衝突的不耐煩的精神——這一切便是
包羅萬象的、普遍的構成金色背景的東西，而在其之上，現在已
被體現的理想的微妙差別才構成真正的繪畫——關於愈來愈增長
的人類尊嚴的繪畫。」[40]

　　這相當一如既往地是由同一位尼采寫的，他在列出德語散文
最佳圖書的同時，既沒有為喧嘩的克萊斯特，也沒有為熠熠生輝
的海涅保留位子，而是選擇了充滿聰明的寧靜和幽默的作品。[41]
可是，有人會奇怪，這是同一個尼采寫的嗎？他曾訴諸他的國家
的大眾想像力中最不成熟的東西，透過「用錘子進行哲學思考」
而大量地同其他民族的想像力相對抗，宣稱他自己是極好的，宣
講**超人**的到來。你如何將這種爆炸性的思維和我們觀察他正在金
色的背景上描繪出歌德那種「隔絕並迴避了**激情**的氣息和灼熱」
之人的圖像的那位尼采協調起來呢？

　　在尼采的整個一生中，而不僅僅是在人生某一個點以後，他
對歌德的歡呼儘管是決定性的聲音，卻也布滿疑慮。這些疑慮必

---

[40] 23卷穆薩利翁版《尼采全集》，第9卷，第55、第56頁；《人性的，太人性
的》，第2卷，1，第99節。

[41] 同上，第9卷，第245頁；《人性的，太人性的》，第2卷，2，第109節。

然涉及歌德、溫克爾曼關於古希臘的思想，涉及歌德的「純敘事天才」，這使他無法面對悲劇。

早在 1870 年他寫《悲劇的誕生》的時候，尼采就在他的筆記本中寫下了以下評論：「對於歌德來說，按照他的敘事天性，詩是藥，保護他免於充分的知識。」[42] 尼采在對歌德的批評中所說一切都包含在年輕語文學家的這句評論中了。七八年以後，在寫《人性的，太人性的》的時候，它被應用於歌德對克萊斯特的反應上了：「歌德在接觸到他的時候所感受到的是他的悲劇意識。歌德置之不理；因為悲劇代表了天性中無可補救的方面。他自己是調和的、可治的。」[43]

這些批評，很清楚，不是由純審美考慮所決定的。尼采完全不能將他的思想劃分成如此規整的學術範圍。因此，他對歌德的批評可以看做他的整體策略的主要部分：絕望的策略。他的有意識的生活即將結束的時候，尼采相信相信歐洲文化必然滅亡：所有傳統價值的黯然失色即將到來；現代歐洲人，樂觀理性的十八世紀的這個被驕縱的孩子，必然在沒有道路、沒有引導的荒野中迷路。他引用了帕斯卡的話，這位帕斯卡說，沒有基督教信仰，我們對我們自己來說，將成為自然和歷史對我們來說將成為的東西——「un monster et un chaos（法文：一種怪物和一片混亂）」。尼采補充說，我們使這個預言成真。[44] 他的《權力意志》涉及歐洲虛無主義到來的那些部分讀起來就像對帕斯卡的那句名言以及對歌德關於散文的時代的預言的大量詳盡闡述。尼采相信

---

[42] 同上，第 3 卷，第 247 頁；寫作《悲劇的誕生》時期的筆記，〈蘇格拉底與悲劇〉，第 88 節。

[43] 同上，第 9 卷，第 448 頁；寫作《人性的，太人性的》時期的筆記。

[44] 23 卷穆薩利翁版《尼采全集》，第 18 卷，第 65 頁；《權力意志》，第 83 節。

虛無主義的到來是**不可避免的**。但是，作為真實預言之生命的悖論也支持了——直到他發瘋——預言家尼采；那種預言的悖論，在其內部，歷史的必然性透過一種精神征服的行為而被打敗：「上帝決定摧毀神殿。以上帝的名義，救神殿於上帝之怒吧。」這是每一位真實預言家的悖論。

按照尼采的預言，不可避免的是虛無主義的到來。它的征服者，比命運本身還要強大，是戴奧尼索斯精神，統治著希臘悲劇的精神。希臘悲劇的戴奧尼索斯把對人類命運的絕望變為最終對此接受的極樂，於是超越了悲劇所接受的事物。有一種驚人的前後一致性始終貫穿在尼采的矛盾中。年輕的語文學家和哲學家在《悲劇的誕生》中頌揚了狂喜之神，彌補人在狂喜接受的只有最終成功的生活總體中最終失敗的場面。十七年以後，《權力意志》的作者要求歐洲人應該在世界舞臺上上演同樣的戲劇，並且盡管陷於歷史命運的劫數中，卻應該透過悲劇性肯定的行為超越它。

對於相信他認識到這一點的人來說，《浮士德》不可能再充當「知識的悲劇」。「真的？我嘲笑浮士德。」⑤拯救不再從「*Ewig-Weibliche*（德文：永恆女性方式）」獲得。這仍然僅僅是安慰，一種隱藏起上蒼無情的宗教幻覺，處於羸弱、墮落狀態的人不會堅持反對這種幻覺，只有蒙受戴奧尼索斯恩典的創造物——**超人才會**。就人而言，沒有 *chorus mystics*（拉丁文：神祕的歌隊）來結束尼采的「知識的悲劇」，只有梅菲斯特：

Kein Weg! Ins Unbetretene,

---

⑤　同上，第 14 卷，第 11 頁；寫作《查拉圖斯特拉如是說》時期的筆記，我的想法。

Nicht zu Betretende; ein Weg ans Unerbetene,

Nicht zu Erbittende. Bist du bereit? ——

Nicht schlösser sind, nicht Riegel wegzuschieben,

Von Einsamkeiten wirst umhergetrieben.

Hast du Begriff von Öd' und Einsamkeit?

Nichts wirst du sehen in ewig leerer Ferne.

Den Schritt nicht hören, den du tust,

*Nichts Festes finden, wo du ruhst.*㊻

（德文：沒有道路！朝著無人去過的地方：無法行走！無路
可求，無法請求得到。你準備好了嗎？—— 沒有鎖，也不用
拔去門栓，被孤獨驅趕得四處打轉。你對荒涼和孤獨有概念
嗎？……在永恆空洞的遙遠境地，你聽不到你自己發出的腳
步聲，找不到牢靠的棲身之處。）

在這些空洞之地，將被再次聽到的、確實會和一個美化的世界的
回聲匯合的第一個聲音，將是**超人**的聲音。尼采夢見，他將恰恰
在人失去立足點的地方找到最牢靠的立足之處。

　　為了堅持梅菲斯特的前景，而且為了不會絕望，也為了帶
給人生以榮耀，甚至為了美化人生 —— 這就是尼采的絕望策略
的目標。他決心走到幻滅的終點，蛻掉一層又一層給人安慰的信
仰之皮，摧毀由保護神守衛的每一座要塞，事實上，驅逐「魔
法」的最終殘餘，這種殘餘仍然使人免於最終處於他的悲劇的影
響之下 —— **然後**歌德關於輝煌的萬物整體性的看法再度復活。
直到這一點做到之前，甚至最接近於戴奧尼索斯公認意義的德

㊻ 歌德《浮士德》，第 2 部，第 6222-6227 行，第 6246-6248 行。

國人，甚至歌德，都會讓我們失望。因為當生活在將其最絕望的教訓教給人的時候，他傾向於扮演翹課者的角色。在最終知識的恐怖臨近之時，歌德退入到有療效的無意識狀態的黑暗之中，相信直覺，認為黑暗會在創造的藝術品中恢復白天的光明。但是尼采夢想——而且徒勞地夢想——一位未來的藝術家，這位藝術家會在自己的藝術中達到一個轉折點，在這個轉折點上，最高程度的意識和自我意識將自己轉化為一種新的自發性、原始性和無辜——[47]就像他力爭實現虛無主義絕望的最高境界，以達到一種新的信仰，並動員其全部的否定力量來打敗所有的否定。在《權力意志》最後幾個段落之一中，他說：「測量現代意識的整個周邊，勘察其每一個隱祕之處——這是我的雄心壯志，我的痛苦，我的至福。真正克服悲觀主義——；而作為結果，*ein Goethischer Blick voll Liebe und gutem Willen*（一種充滿愛與善意的歌德式眼光）。」[48]

　　絕望的 *experimentum crucis*（拉丁文：拷問實驗）絕望地失敗了。尼采的悲劇性失敗是他精神上的不耐煩。他畢竟是浮士德式的人物，他根深蒂固地相信太初有為，如浮士德固執地對《約翰福音》的翻譯那樣。但是這當然不是最終，而這增加了這樣的或然性：這也不是太初。他看到了最終，他採取了主動。在他面前，他擁有一個沒有信仰、沒有希望、沒有愛的世界；他在嘗試著從他自己的不耐煩中創造出可以「全都在等待中」的精神繼續存在的三位一體時，他是多麼屬於十九世紀。從他受傷的心底裡，他相信：

---

[47]　23卷穆薩利翁版《尼采全集》，第17卷，第346頁；引自《藝術與藝術家》。
[48]　同上，第19卷，第352頁；《權力意志》，第1031節。

……可是這時代已經染上了重大的沉痾，

為了救護我們垂死的正義，

只有以亂戡亂，

用無情的暴力摧毀暴力。

（莎士比亞《約翰王》第五幕，第二場）

　　但是，這種戰爭般的準備工作有一種習性，就是產生紙幣在其中「消費掉了銀子和它自身」的那種精確狀態。尼采有著十九世紀人無可比擬的知識勇氣、知識分辨力、知識焦躁，以祈求來的最輝煌的靈感，使自己成為有資格代表現實而要求理想的人；但是在他的時代和所在地，他如此無望地不受保護，僅僅成功地證明了歌德的預言是正確的。歌德的預言認為，這將成為分割的領域在那裡互相消耗的地方。

Chapter ③

布克哈特與尼采

1

　　1495 年，當拉斐爾在佩魯賈為彼得・佩魯吉諾當學徒的時候，這座城市是文藝復興時期許多政治鬥爭、道德冒犯、無情暴力的中心之一。當時佩魯賈的編年史作者馬塔拉佐敘述了兩個敵對家族奧迪家和巴格里奧尼家捲入為擁有該城而進行殊死鬥爭的故事。巴格里奧尼家取得勝利，當了一段時期共和國的最高統治者。奧迪家及其士兵作為流亡者生活在佩魯賈和阿西西之間的山谷裡，受到巴格里奧尼在一場長期戰爭中的攻擊並進行反擊，這場戰爭破壞了富饒的翁布里亞地區，把農民變成了乞丐或強盜，把葡萄園變成了狼吃戰死者的莽林。可是有一天，奧迪家的士兵成功地襲擊了佩魯賈。從山谷出來，他們制服了城門的保衛者，抵達了廣場。可是，在那裡，在大教堂前面，他們被阿斯托爾・巴格里奧尼打敗了。同時代的報導者描寫了阿斯托爾表現出的大膽勇武和高強武藝；在最後時刻，面對優勢敵軍，他投身戰鬥，端坐在戰馬之上，鋼盔上一隻老鷹黃金甲在陽光下閃閃發光。馬塔拉佐說，他舉手投足的樣子就像真正的戰神。

　　雅各・布克哈特在他的《義大利文藝復興時期的文明》中汲取這樣的資料來源，並且在這個特定案例中反思了我們得以在拉斐爾早期關於聖喬治和聖邁克爾的繪畫中看到的是否就是以上這個插曲中的英雄；他還補充說，在《西里奧多勒斯被逐出神殿》壁畫 ①中的天堂騎士的形象中，阿斯托爾・巴格里奧尼發現了他自己的最終榮耀。

　　布克哈特再次用馬塔拉佐作為他的資料來源，講了阿塔蘭達的故事，這是曾當過佩魯賈統治親王的格立豐尼・巴格里奧尼的

---

① 這幅壁畫是拉斐爾的傑作（1511-1512）。——譯者注

美麗母親。格立豐尼和他自己家族裡的競爭對手一路搏鬥著取得
了權力。他的母親站在他的敵人的一邊。她兒子取勝時，她詛咒
他，並並逃離了城市。但是格立豐尼的統治很短命。當她聽說他
奄奄一息時，她帶著兒媳婦回來了。就在兩位夫人即將到來時，
喧嘩的人群在廣場上分成兩派，兩邊都害怕喪子之母的憤怒。但
是她直接走到她兒子那裡，遠不是預期進一步的暴力，而是懇求
他原諒那些給予致命打擊的人。在他如此放棄了復仇精神之後，
他帶著母親的祝福死去。然後兩個女人又離開城市，兩個陣營的
人群當她們穿著血染的衣服穿過廣場時，都跪下來哭泣。正是為
了這位阿塔蘭達，拉斐爾後來畫了他的《耶穌被解下十字架》。
於是，布克哈特寫道，「她自己的痛苦被放在了一位母親的最崇
高、最神聖痛苦的腳邊。」在所有這一切之後，矗立在這許多重
罪、謀殺場面中間的佩魯賈大教堂被用葡萄酒清洗，並重新變得
神聖不可侵犯。[2]

　　這類軼事經常發生在雅各·布克哈特那本論文藝復興的書
中，這本書最初於 1860 年在巴塞爾發表，那時作者已到了 42
歲的年紀。今日的歷史學家會問，這些軼事值得一位名副其實的
學者去寫嗎？它們沒有一種空想的戲劇化的浪漫特色，而是以權
威口氣說出的精確紀錄？像馬塔拉佐編年史那樣的資料來源的價
值何在？他本人不是一名致力於為巴格里奧尼建立起英雄名聲的
黨徒嗎？同時，他不是一名決心娛樂公眾、教化公眾而不是指點
公眾的說書人嗎？

　　我們會在這樣的疑問語境下注意到，當雅各·布克哈特在巴
塞爾作為一名神學學生開始接受大學教育時，他很快就發展了對

---

[2] 雅各·布克哈特，《全集》，斯圖加特、柏林、萊比錫，1930 年，第 5 卷，
第 21、第 22 頁。

他的學科的一種懷疑態度。他是新教教會牧師的兒子，他應該自己成為牧師，這是他父親的願望——原先也是他自己的願望。但是不久他就決定放棄神學，因為他的教師德·維特的理性主義聖經批評破壞了他的正統信仰。他在一封給朋友的信中說，「德·維特的體系在我眼前成長為巨大的規模；你**必須**追隨他，其他事情都不可能；可是，啊，每天在他手下都有一個教會傳統教義片段消失。今天，我最終發現，他把基督的誕生視為一個神話——我和他一起這樣看。我是帶著震顫想到了一些之所以一切幾乎都像這個樣子的理由……」[3]這種批評激情難道在他隨後成為歷史學家的培訓中離開他了嗎？畢竟，這文藝復興史是由蘭克[4]——他始終尊敬的蘭克，儘管沒有多少感情，另外在其討論課上，他學會了如何處理原始資料，如何加以批評使用——的一名學生發表的。所以，難道在巴塞爾大學擁有一個教席，我們就沒有資格期待比這位歷史學教授的歷史故事更深奧微妙的東西嗎？

在提出這樣的問題以前，我們可以先捫心自問：這些未經證實的、也許不可能證實的軼事在我們心中產生的圖像是什麼？它由極度的惡和崇高的美構成；由恨和慈悲構成；由墮落和淨化構成；由使人遭受痛苦的肆無忌憚和對痛苦感受到的尊敬構成；由罪、悔罪、贖罪構成。確實，它的起源不是為了事實精確的緣故而選擇的。它的權威性屬於一種不同的性質。對於布克哈特來說，它有著文藝復興的思想、想像、精神的可靠性，如果說它給出了微不足道**數量**的可靠事實，但它仍然揭示了對他來說某種更重要的東西：該時期生活的**品質**，或者，如他自己所稱呼的那樣，時代的 *Geist*（德文：精神）。要再現這種東西，是他所謂

---

[3]　布克哈特致漢斯·雷根巴赫的信，1838 年 8 月 28 日。

[4]　利奧波德·馮·蘭克（1795-1886），德國歷史學家。——譯者注

的不同於政治史的文化史所關心的東西。如果他要重新抓住某一
時代所經歷生活的品質，那麼歷史學家就必須不僅勤奮、智慧、
誠實地從事自己的研究，而且要有某種藝術家的感受力和直覺。
文化史有它自己的批評方法，比普通的批評調查技巧更難以獲
得。事實上，這根本不是一種技巧，而更是一種創造性的同情。
如果我們不具備這種東西，我們就永遠受到我們知識概念中的自
我中心的誤導。因為我們很可能過高估計權力以及我們的抽象思
維範圍。例如，「自由」和「奴役」；「容忍」和「偏狹」；
「專制」、「貴族」、「民主」；「信仰」和「迷信」這些概
念，我們設想我們是在客觀地使用它們，將它們運用到某些觀察
到的現象上，但實際上，卻是充滿我們當代對人類事務感知的全
部思想感情和怨恨的「價值判斷」。「奴役」一詞在我們耳朵中
聲音，會使我們的想像在對付希臘文明的特定品質時變得無能，
包含在「思想自由」甚至「客觀性」本身一詞中的感情內涵，會
抹殺我們對一位中世紀聖人的知識與智慧品質的全部理解。然
而，有一種可能的人類成就的規模，在這種規模上，一個可憐的
封建領地苦工會看上去好像接近標誌絕對自由的程度，而一個自
由共和國憲法保障的自由公民則好像接近絕對奴役的狀態。

　　且回到布克哈特的文藝復興場景：只要留在有限的道德感的
範圍內，誰能估計出存在於一個社會中，並準備被用於把一個無
情的王子變成拉斐爾繪畫中的天堂騎士，把一個狡猾、嗜好權力
的女人變成 *mater dolorosa*（拉丁文：悲痛聖母）[5]的精神力量？
而在遇到我們當代辯論的時候，只要布克哈特所指的歷史理解的
一個火花激發起我們的靈感，我們就會在很大程度上變得更加經

---

[5] 義大利文藝復興時期威尼斯畫家提香（1488-1576）的一幅畫就叫這個名。——
　　譯者注

濟、更加精細地畫出歷史的平行線和歷史比較。例如，我們欣賞中世紀的精神生活和精神特徵，可以不必冒險做出一切嘗試來釋放出大量關於宗教戰爭、十字軍東征、宗教裁判所和其他罪惡的道德說教式的回饋。

　　確實，布克哈特像他的老師蘭克一樣，相信原始資料的根本性意義，警告他的學生不要依賴課本、彙編、闡釋，不是因為他堅持完美客觀性——這種完美客觀性像一位神的幻影一樣，從資料收集者的勤奮中浮現出來——的迷信，而是因為他相信，想像活動可以既受到同某些文件不斷更新之接觸的刺激，又得到其淨化，這些文件不斷再現人類歷史上一個事件對特定思想傾向者所產生的影響。這樣一種思想傾向者——在這裡，一種文化的史學家的方法不同於政治史家或經濟史家的方法——可以是一個馬塔拉佐那樣的天真的編年史家，或者，甚至是拉斐爾那樣的一位有靈感的畫家。他們敘述或描繪**眞實**發生的事情嗎？當然不是，如果「真實」的意思是一個事件的純抽象概念的話，事實上，這不是任何一個事件。因為發生的事件只有在思想感情上被感知、被記錄下來時才成為一個事件。因此，十分天真的馬塔拉佐和有著全部藝術改造力量的拉斐爾都是一種文化的史學家的資源，這種史學家誠如布克哈特曾經以其非哲學的方式所說，既關心「被表述的歷史」，也關心「確確實實發生的」事情，忘記了沒有任何事情是確確實實發生的——除非我們決心使我們自己的感知成為對真理本身的感知標準，決心說**眞實**發生的事情恰恰就是我們在現場就會注意到的事情。因此，布克哈特在巧妙的誇大中堅持認為，對於文化史來說，要被估量的事實和原始資料是**一致的**，這是有些道理的。聲稱對自己的方法有 *primum gradum certitudinis*（拉丁文：高度確信），他對事實崇拜者不屑一顧，認定即使對根本沒有發生過的事情的紀錄也會由於它們

虛構、歪曲、誤解的典型方式而十分重要。關於艾伊尼阿斯·西爾維烏⑥，他在他那本關於文藝復興的書中說：「你可以完全不相信關於那個人的記敘，而且你會不得不承認，並沒有許多其他人心中的時代及其智力文化的形象以如此的悟性和生動性反映出來。」⑦

　　然而，透過積累愈來愈多的資料，直至我們可以達到完整的程度，用布克哈特的話來說，就是「抓住完整的人性發展」，從而實現無可懷疑的確定性，這種想法當然就被布克哈特斥為幻想。他認為，有這種企圖就會干預目光的廣泛性。賣弄學問對他來說，是真理最狡猾的敵人之一，引誘探索進入滿是灰塵的往昔木屋，在那裡只有耗子可以希望找到吃的東西。思想和想像必然在其中窒息，他說，例如巴克爾⑧的腦癱就是由於專門著迷於十七、十八世紀的蘇格蘭布道。⑨布克哈特所謂他那個「美麗世紀」的精神貧乏驅使那個世紀的許多學術研究進入到往昔某些狹隘隱蔽之處，在那裡，精確性、完整性的理想會讓內行都看不到不存在真正的理解。正是在那些思想的洞穴之中孕育著雜亂無章、散落無序的懷疑，這些懷疑傾向於把建立在更廣視覺範圍基礎之上的*所有*歷史評估斥為模糊的歸納。因為現代思想在其某些最發出聲音的代表身上屈服於事實、數字、統計的低劣魔法，屈服於某種經驗主義，這種經驗主義充滿對具體性的激情，悖論式地將經驗降為純抽象的可測量資料觀念，把精神、想像的可靠經

---

⑥ 艾伊尼阿斯·西爾維烏（1405-1464），即庇護二世，義大利籍教皇。——譯者注

⑦ 雅各·布克哈特，《全集》，第 5 卷，第 215 頁。

⑧ 亨利·多瑪斯·巴克爾（1821-1862），英國歷史學家。——譯者注

⑨ 雅各·布克哈特，《全集》，第 7 卷，第 14 頁。

驗的「不可測量財富」拋到一邊。由於這樣的抽象所造成的瑣事
專門化不僅在認為上千個無益之事加起來就成為一大意義這樣的
算術騙局中，而且也在認為大問題都被充分探討過了，重大資源
都已經窮盡的奇怪信念中，尋求為自己辯解。然而，對於布克哈
特來說，這僅僅揭示出他在其時代中所發現和哀歎的那種削弱的
意義感，揭示出所有中心信念的破碎和庸才自發地不願意受偉大
之物影響的傾向的破滅。他說，也許「在修昔底德那裡仍然隱藏
著一個極其重要的事實，在一百年的時間裡有人會注意到這個事
實。」[10]布克哈特暫且斷言，「一個恰當選擇的單一資料似乎就
可以替代全部大量可能的其他資料，因為真正決心學習，也就是
說，決心變得精神豐富的人，可以透過他的思想的簡單功能，發
現並感受到特殊中的一般。」[11]

　　這是來自歌德世界的回聲。因為歌德知道一個從預先考慮好
的思想出發，將其細節收集起來以適合其一般原則需要的作家和
一個特殊現象中「發現和感受」普遍性的詩人之間的質的差別。[12]
像與其有很多共同之處的施蒂弗特[13]一樣，布克哈特感覺到自己
是「歌德家庭」的一員。年輕時他希望成為一名詩人——而且他
實際上發表過一些詩——而在他整個一生中，歷史對他來說，始
終是一個詩性活動。「作為一名歷史學家」他有一次寫道，「我
在我無法以 *Anschauung*（德文：直觀形象）開始的地方迷失掉
了。」[14]這是一個歌德式的詞，幾乎無法翻譯。它的內涵是視覺

---

[10] 同上，第 15、第 16 頁。

[11] 同上，第 15 頁。

[12] 歌德，《準則與反思》，40 卷週年紀念版《歌德全集》，第 38 卷，第 261 頁。

[13] 阿達爾貝特・施蒂弗特（1805-1868），奧地利小說家。——譯者注

[14] 布克哈特致威利巴爾特・拜施拉格的信，1842 年 6 月 14 日。

上可見的，它意味著我們自發地藉以透過直覺幫助下的觀察，抓住一件全面事物的思想過程。歌德用它作為分析的對立面，他害怕這樣的思想方法會自我確立為一個為牛頓物理學著迷的時代占統治地位的習慣，結果反而摧毀了所有大智者的文化。有時候，布克哈特甚至感覺很討厭的事情是，歷史學家在提出歷史敘述的時候受到編年史秩序的束縛，這種秩序迫使他講了一件事又講一件事，而真正的秩序「只能作為一幅圖畫而被描繪出來」。⑮有著這樣一種心思，難怪他會和亞里斯多德、叔本華一致，聲稱詩和藝術在領會知識的等級中，擁有比歷史所能達到的更高級別。他在 1868-1871 年間準備了一些講課筆記，這些筆記在他死後由雅各·歐里在 1905 年以《關於世界史思考》的標題發表。在這些筆記中，用一種對他的確定性程度毫不懷疑的方式：「歷史和詩之間的競爭最終已被叔本華所解決。詩對於我們了解關於人類的真理有更多貢獻；甚至亞里斯多德都說：『詩比歷史更有哲學意義，更深刻』，這是千真萬確的，因為產生詩的能力固有一種比最偉大歷史學家的秩序更高的秩序；而且，將其創造出來的目的比歷史的目的崇高得多⋯⋯因此，歷史在詩中不僅發現了其最重要的資源之一，而且也發現了其最純粹、最精緻的資源之一。」⑯

　　布克哈特這樣說，指的是叔本華《作為意志和表象的世界》中的一些明確說明的段落；它們幾乎包含了理解布克哈特哲學所需要的一切。那麼他有哲學嗎？他沒有「**歷史哲學**」；確實，如果用這個令人生畏的術語就可以理解在他時代中支配哲學歷史領域的東西：把歷史改造成哲學，甚至改造成神學，那麼這是令他

---

⑮ 雅各·布克哈特，《全集》，第 8 卷，第 5 頁。

⑯ 雅各·布克哈特，《全集》，第 7 卷，第 52 頁。

反感的。換句話說，布克哈特仇恨黑格爾的哲學。這種根本上
不尊敬地對上帝表示的親密，這種「對一項世界計畫大膽而傲
慢的預期」，[17]如他所稱，是不適合於他的。他的《關於世界史
的思考》的全部導論都是針對黑格爾的。「我們在這過程中的
任務，」他寫道，「在於將一系列歷史觀察和發現同一條幾乎任
意選擇的思想線索相關聯，然後又與另一條線索相關聯。」[18]而
且：「我們尤其不要提出任何歷史哲學。」[19]而在幾行之後，為
了要對這種拋棄所有歷史哲學之舉的促進因素不造成任何懷疑，
黑格爾的名字被引了進來：「黑格爾……告訴我們，哲學中『給
出』的唯一觀念，是簡單的理性觀念，是世界即理性秩序的觀
念：因此，世界史是一個理性過程，世界史所產生的結論**必然是**
〔世界精神……〕的理性的、必不可免的進軍。黑格爾也談論
『永恆智慧的目的』，並稱他的研究為神正論，這是由於它認可
正面的東西，負面的東西（用通俗的說法就是，邪惡的東西）臣
服於、屈從於正面的東西，消失得無影無蹤。他詳盡闡述了這樣
的基本思想：歷史是思想藉以意識到自己意義的過程的紀錄；按
照他的看法，走向自由的進步是存在的。在東方，只有一個人是
自由的，在古典時期的古代，只有一些人是自由的，而現代使所
有人都獲得了自由。於是我們發現他提出了完美性的學說，也就
是我們所熟悉的叫做進步的老朋友。」[20]

　　但是，儘管他自己否認，布克哈特當然是有一種哲學的；
也就是說，他哲學地思考歷史。但是，他沒有可以獨立於、超越

[17] 同上，第2頁。
[18] 同上，第1頁。
[19] 同上。
[20] 同上，第2頁。

於他的歷史哲學思考而被闡述的體系。因此,他的形而上信念和基本思想不得不透過他關於萬物的思考而被感知。但是有一位哲學家,他在其思想中發現了他自己結晶為一個特定體系的思想的分散因素。這就是叔本華,布克哈特在同尼采的談話中稱之為「我們的哲學家」。[21]他的《關於世界史的思考》的導論在部分意義上是叔本華關於該主題,尤其是關於黑格爾的歷史本質不得不說之話的梗概。「黑格爾學派」叔本華說,「把歷史哲學視為所有哲學的目的,他們應該接受一點有關柏拉圖的教育,柏拉圖堅持不懈地一再說,哲學的對象在於不可變的事物中,在於持久的事物中,而不在於一會像這樣,一會兒又像那樣事物中。所有那些要求這樣一些關於運動中之世界的,或者如他們所稱,歷史的解釋的人,都沒有抓住基本的哲學真理:從哲學上來說,**真正**存在的東西,是所有時候都一樣的東西……然而,傻瓜卻相信,它會發展,有一天會達到……於是,他們把旋轉變化的世界看做如他們領悟的那樣,是最終現實,並看到其在人世間的貧瘠幸福中的最終意義,這種幸福即使得到人的空前培養,並受到命運的恩寵,但它始終會是一種空洞的、欺騙的、無常的、遺憾的事情,這樣的事情,絕不會或者透過憲法,或者透過法典,或者透過蒸汽機,或者透過電報而產生本質上更好的東西。那些哲學家和歷史的美化者因此就是注重實際的傻瓜、樂觀主義者、幸福論者,也就是說,是些平庸的傢伙,是些頑固的市儈,此外,還是些糟糕的基督徒……一種真正的歷史哲學應該牢記在心的是永遠**存在**、從不**發展**的東西。它確實不可能在於把人的臨時目標提高到絕對等級,而且以一種人為的、想像的方式來構建人的進步;但是,它應該立足於這樣的深刻見解:在所有這些無盡的變化和

---

[21] 尼采致卡爾・馮・蓋爾斯多爾夫的信,1870 年 11 月 7 日。——譯者注

混亂中，我們在自己面前只有一種**本質**上一致的、不可改變的造物，今天、昨天、永遠都忙於同樣的事物……這種歷經千變萬化都保留的同一性是建立在人心、人腦的基本特質的基礎之上的，這些特質許多都是壞的，很少才是好的……對於某些將哲學意圖帶到歷史中來的人，希羅多德的研究是很充分的。這就是他將發現參與製造所有隨後的世界史的一切：人類的活動、苦惱、財富……」[22]

叔本華的哲學遍及雅各·布克哈特的全部著作，而且封封書信都顯示出他和這種哲學是多麼深深地相一致。例如，在他的《關於世界史的思考》的導論中，他說：「我們的出發點是在歷史中持久的唯一東西，是其唯一可能的中心：人，這種痛苦的、拼搏的、積極的存在，如他現在是、曾經是、永遠是的那種樣子……歷史哲學家相反地看待過去，將其看做我們作為更進化之人的準備階段；**我們**將研究一**再發生的、持久不變的**、在我們身上典型重複他人的、可以被我們所理解的東西。」[23]

在這個語境下，布克哈特好像出於偶然，說了一句一語中的地可以歸根結底稱做他的歷史哲學核心的東西。他以前斷言，人，非黑格爾式的 *Weltgeist*（德文：世界精神），是歷史的中心。這應該被看做純粹質樸的人道主義教義的宣言嗎？從某種意義上講，是的——只要它在人生的**歷史**方面的研究和所有神學之間畫出一條明確的分界線。但是，儘管他明確攻擊黑格爾式的**世俗化神學**，但是他自己不接受歸不接受，卻還承認對一種真正宗教的歷史解釋的獨特辯解，他在奧古斯丁[24]的《上帝之城》中

---

[22] 叔本華，《全集》，威廉·恩斯特大公爵版，萊比錫，第2卷，第1217-1219頁。

[23] 雅各·布克哈特，《全集》，第7卷，第3頁。

[24] 聖奧古斯丁（354-430），古羅馬帝國時期天主教思想家。——譯者注

看到了這種辯解的偉大典範。⑤然而，這跟他毫不相干。他關心人，他說，不關心上帝。因此，他簡直就是一個人文主義者？要不是因為我暗示過的那句話，那句結束布克哈特的研究中給人以中心地位的段落的話，我們也許可以更輕率地這樣來假定。那句話說：「因此從某種意義上講，我們的研究在性質上是病理學的。」換句話說：人類事務的永久媒介是一種病理學的造物，墮落是歷史的開始，原罪是歷史的驅動力，救贖是歷史的終結。雖然這也許聽起來十分像神學上防止感情爆發的防洪閘偷偷摸摸地打開，事實上，當布克哈特把歷史研究視為一種病理學嘗試時，他已經包含了這個意思。

他也許失去了他的基督教信仰，非常像「我們的哲學家」叔本華失去了基督教信仰一樣；他也許拋棄了這樣的信念：即認為救贖的提供以歷史事件的形式延伸到人，被專注於自己歷史之**繼續**的造物所拒絕。但是，又像叔本華那樣，他接受了同基督教信仰者所接受的東西相一致的一種**萬物秩序**。這是基督宗教可以在其中有意義的唯一的萬物秩序；而如果這是**真正的萬物秩序**的話，那它同時也是**沒有基督宗教的極度無意義的**典範。像叔本華和布克哈特那樣，把人看做墮落的造物，把罪和惡看做人類歷史抹不去的構成因素，把人類事務看做病理學的事情，不相信現實、生存、可能性，甚至精神健康的明確提供，必然會造成一種深刻的精神困境。比布克哈特的人文主義形式更堅強的人文主義，一種和理性主義相結合的人文主義，完全不懂得這樣的困難。但是令人驚訝的是，能夠真正達到這種堅強程度的人竟然如此之少。那些相信自己可以沒有形上學也行的人通常只是無法容忍形上學的人，他們相反，沉溺於多愁善感和其他對 *ratio*（拉

---

⑤ 雅各·布克哈特，《全集》，第 7 卷，第 3 頁。

丁文：理性）的祕密背叛，沉溺於那種僅僅由於其四散彌漫和傳統因襲的好名聲而逃避被診斷為形上學的形上學；例如，作為將科學發現等同於真理發現的形上學，或者實現完美的可能性和進步的形上學。對於其他情況來說，困境持續存在；而對於像叔本華和布克哈特那樣的人來說，在他們整整一生中，困境都持續存在。他們高貴地，以一種人類中間很罕見的精神和性格力量忍受著它。他們代表十九世紀真正的貴族。在德語範圍內，施蒂弗特、格里爾帕策 ㉖、默里克 ㉗、戈特弗里德·凱勒 ㉘都和他們相類似。他們真的為數很少；而對他們所有人來說，你可以在某種程度上使用尼采以杜勒銅版畫《騎士、死神和魔鬼》的形象來描繪叔本華的話，那位穿著盔甲的人，「他懂得不為他兩個可怕同伴所動，然而無望地隻身走上他的恐怖之路。」㉙

　　自稱反對這樣的斯多葛主義，那些在十九世紀喊出自己絕望的德國人，顯得有點莽撞和庸俗。但是，誰能夠判斷，在他們身上是否——而我正想到的是像克萊斯特 ㉚、畢希納 ㉛、尼采本人這樣的人——精神損失感還沒有滲透得更加深入？但是無論會是怎樣，它碰到的肯定不是救了叔本華和布克哈特的那種自然力量和自然傳統的內在資源。

㉖　弗朗茨·格里爾帕策（1791-1872），奧地利劇作家。——譯者注

㉗　愛德華·Ｆ·默里克（1809-1875），德國詩人、小說家。——譯者注

㉘　戈特弗里德·凱勒（1819-1890），瑞士德語小說家、詩人。——譯者注

㉙　23卷穆薩利翁版《尼采全集》，第3卷，第138頁；《悲劇的誕生》，第20節。

㉚　海因利希·威廉·馮·克萊斯特（1777-1811），德國劇作家、小說家。——譯者注

㉛　格奧爾格·畢希納（1813-1837），德國戲劇家。——譯者注

2

　　尼采有很短一段時間是布克哈特在巴塞爾大學比他年輕得多的專業同事，有一次他在一封信中把他描繪成「那位近老年的、十分有獨到見解的人，不是傾向於歪曲真相，而是傾向於悄悄忽略真相。」[32]他繼續說，他十分喜歡聽布克哈特「有著深刻思想以及一旦觸及危險點便不可思議地突然轉折、轉向」的講演。悄悄忽略真相，一旦問題接近臨界點便突然轉向：尼采似乎暗示，布克哈特事實上比他傾向於顯露的情況更是一個叛逆者，比他專業上的猶豫不決會流露的情況更對時代的知識精神狀況深深感到絕望。確實，尼采直至失去意識為止都一直相信布克哈特知道自己發現、揭示的絕望真相；相信布克哈特辭職後在巴塞爾的寧靜生活是為了自衛而戴上的一副面具。尼采從內心孤獨的深處一而再、再而三地請求布克哈特的理解和同情。他也許搞錯了。布克哈特的生存核心不受他的悲觀主義的影響。他沒有必要以尼采的方式嘗試將精神上的憂鬱變形為戴奧尼索斯的狂喜。他像尼采一樣確切知道，他熱愛的歐洲文明的滅亡已成為必然。他的一位德國朋友把很高的希望寄託在 1848 年前的革命運動和民族主義運動，他給這位朋友寫信 —— 且從大量相似的陳述中只引出一個例子：「你們還沒有人知道一個民族是什麼，沒有人知道一個民族會多麼容易地墮落為野蠻的烏合之眾。你還不知道一種什麼樣的專制統治將建立起來騎到精神的頭上……我們都會毀滅；但是舉個例說，我將選擇我因為其而會毀滅的原因：古老歐洲的文化。」[33]

---

[32] 尼采致卡爾‧馮‧蓋爾斯多爾夫的信，1870 年 11 月 7 日。
[33] 布克哈特致赫爾曼‧肖恩布林克的信，1846 年 3 月 5 日。

　　布克哈特無法容忍尼采打破傳統信仰的哲理思考。他喪失了他的宗教信仰，但是不像尼采那樣，這種喪失只是由悟性流露出來的。作為一個青年學生，他「震顫」地發現他不相信記錄在案的基督誕生細節，但是這種「震顫」沒有擾亂他的存在核心。「宗教，」他在其《關於世界史的思考》中說，「是人性不可摧毀的永恆形而上需求的表達。」[34]他將此接受為不言而喻的、以經驗為依據的真理——以叔本華接受真理的同樣方法，叔本華在其《作為意志和表象的世界》的〈關於人的形上學需求〉一章中把人稱為 *animal metaphysicum*（拉丁文：形上學動物）。而布克哈特相信世界中需求和滿足可能性之間的基本對應，他無法分享尼采的懷疑，認為人——尼采所認為的有病的動物——在一個總體上滿足所有造物自然需求的宇宙之中是永遠受欺騙的不相適應者。難道只有人會因具有無窮無盡的胃口而受到詛咒嗎？要滿足這樣的胃口，難道連整個天堂都會毫無結果地被洗劫一空嗎？尼采確實相信這一點；而他的 *Übermensch*（德文：超人）是他的想像之子，奇蹟般地靠荒野養活，最後征服了形而上的飢餓本身。另一方面，布克哈特有著更強壯的精神天性，更牢靠地扎根於歐洲的基督教傳統。他繼續吃麵包喝紅酒，稱之為文化傳統。他把宗教危機視為嵌在精神**統一體**中的唯一更具歷史性的變化與改變，沒有這種精神統一體，歷史就會對他毫無意義。所以，對於布克哈特來說，尼采硬讓自己背負起虛無主義的問題，必然顯得幾乎是有所冒犯，而且必然使他自己哲學中固有的那些絕望因素運行起來。他以幾乎非人的冷漠回應——或者更應該說，不回應——尼采希望得到一句鼓勵之言的懇求，這種冷漠幾乎不可能用任何其他方法來加以說明。我們想起，歌德在他同那些他感覺

---

[34] 雅各·布克哈特，《全集》，第 7 卷，第 28 頁。

與之有太近的接觸就會危及他已經達到的那種微妙平衡的人所打的交道中那種令人生畏的冷漠，因為那些交道體現了他自己存在中的 *alter ego*（拉丁文：第二個自我），絕望的自我。

可是，尼采始終相信布克哈特的「面具」。1875-1876 年間他寫的筆記摘要之一說：「那些像雅各·布克哈特一樣，出於絕望而受限制的人。」，㉟而當他在《善惡的彼岸》說以下這段話的時候，他心中想的是誰，應該是沒有什麼疑問的：「有一些『知識之人』，他們利用知識，因為知識給予他們一個明朗的外表，也因為學問讓人得出結論——他們想要被人誤解。」在同一個上下文裡，尼采還談到「愚蠢」，作為「不幸的、太過於確切的知識」㊱的另一種可能的偽裝。很清楚，他指的是他自己，指的是他自己對悖論式的公式化表述、鋪張的諷刺挖苦、煽動性的誇張的展示。兩種假設的絕望面具，布克哈特的學問和他自己的「愚蠢」，被再次提及：在布克哈特所預見的災難發生，臨床精神錯亂降臨到他頭上之後他寫給布克哈特的最後一封信中。這是一個瘋子所曾寫過的最非同尋常、最有啟示性的文件之一，它的開頭是這樣一些話：「親愛的教授先生，碰到這樣的情況，我也會十分偏愛巴塞爾的一個教席，而不願當上帝；但是我不敢在我私下的自我主義中因為這個原因而避免去創造世界。」在信中尼采還稱自己「註定要用糟糕的俏皮話娛樂下一個永恆。」㊲

尼采生活中有兩個人，他將其從理智上拋棄了，但是他繼續

㉟　23 卷穆薩利翁版《尼采全集》，第 7 卷，第 369 頁；選自準備寫作《理查·華格納在拜魯特》的筆記。

㊱　同上，第 15 卷，第 245、246 頁；《善惡的彼岸》，第 270 節。

㊲　尼采致布克哈特的信，1889 年 1 月 6 日，首次發表於愛德格·薩林的《雅各·布克哈特與尼采》，巴塞爾，1938，第 227 頁。

愛他們、尊敬他們、崇拜他們：叔本華和布克哈特。對於所有其他人——而最終他孑然一身——他將他們不願意從理智上追隨他等同於性格軟弱而將他們撇到一邊去了。尼采十分清楚布克哈特拒絕他的哲學思考方式，但是他卻屈從於布克哈特，似乎這是在剛才引用的那封信前兩天寫的一封全都混亂不堪的短箋中唯一用頭腦清醒的語言表達的他的屈從：「現在你是我們偉大的——我們最偉大的導師。」[38]

在布克哈特的案例中，尼采的愛甚至從屈辱中挺了過來。那麼是什麼東西以這樣一種引人注目的方式保留住尼采對叔本華和布克哈特的感情呢？無疑是歌德讚美叔本華身上的那種東西：知識上的誠實。也有別的東西：使他們繼續活下去、保持清醒的精神活力，儘管他們有著深深的悲觀主義。這正是青年尼采在其《悲劇的誕生》中在希臘人身上發現的那種力量，他充滿激情地、抒情地頌揚那種力量——確實如此充滿激情、如此抒情，以至於這部著作當然就遭到他時代的一些嚴厲學者的拒絕。絕望，透過愛美而和生活妥協：這是尼采對希臘人世界觀的解釋。這和滲透在布克哈特《希臘文化史》——他的另一個演講課程，遺稿發表在 1898 年和 1902 年之間——字裡行間的希臘古代觀是一致的。顯然他讀過了他年輕同事的《悲劇的誕生》一書。布克哈特也攻擊習慣上熱衷於古典主義的人，這些人把古希臘看做讓太陽曬黑的樂觀主義者和進行哲學思考的運動員經久不息的狂歡活動，他在他描繪的關於希臘人文化的圖像中給予悲劇悲觀主義以中心地位。

正是這種悲劇悲觀主義，在他們相識之初是布克哈特和尼采共同擁有的東西。但是尼采很快就走得更遠，他走的道路流露

---

[38] 同上，第 226 頁。

出——很使布克哈特沮喪——對他們共同擁有的立場不靠譜。尼采比布克哈特更深地因正面宗教信念的喪失而受到傷害，這實際上是說，他的天性更需要一種清晰的宗教信仰。凝視人類悲劇所提供的審美慰藉證明不足以對抗尼采的絕望。因為布克哈特的歷史，或者更確切地說，文化史，是這樣一種無私凝視的媒介。如果他的才華允許他成為一名藝術家，那麼對他來說就太好了；實際上，文化史不得不取代詩。在這裡，他至少能凝視藝術的**表現形式**。因為正是藉助於藝術品（和它在一起的，在某種程度上，還有文化本身），按照叔本華的看法，人逃離了意志規定的苦役，掙脫了自我的枷鎖。這樣，它證明人參與了超越於純歷史領域，超越於原罪領域之上的創造性智慧。因此，布克哈特相信，正是在文化領域，人類的凝視才能察覺給予所有歷史以意義的那種精神**統一體**。他主張，「人類頭腦裝備完善，」可以完成這樣的任務，因為它代表了「從一種理想意義上解釋萬物的解釋能力……我們的精神必然擁有它經歷世界各個時代的記憶。曾經是歡樂和悲傷的東西，現在必然變成理解……由此，*Historia vitae magistra*（拉丁文：史為生活之師）之說有了一個更高然而更謙恭的意義。我們希望知識使我們不是更精明（就下一次而言），而是更明智（永遠）。」最後：「可是，凝視不僅是歷史學家的權利和義務；它也是一種最高的需求。這是我們在普遍束縛的意識中，在必然事物之流中的自由。」[30]

　　這是布克哈特歷史觀的核心。這同時也是把叔本華的形上學用到了歷史研究上。而且，這也包含了布克哈特歷史客觀性的觀念，這對於他來說，不在於面對一個現象，僅僅因為它碰巧是歷史性的，就將道德判斷甚至任何其他判斷懸置起來這樣一種看似

---

[30] 雅各・布克哈特，《全集》，第 7 卷，第 6、第 7 頁。

簡單，實際卻不可能的手段。布克哈特在歷史中察覺的惡——他在歷史中察覺到的惡比善多——他坦率地稱之為惡；一如他稱美為美，稱醜為醜一樣坦率。「然而」他在《關於世界史的思考》中說，「從善也許來自惡，相對的幸福也許來自災難這一事實，並不得出惡不是惡，災難不是災難的結論。」[40]對他來說，**價值像事實和發生的事情一樣真實**。在這一點上，他和叔本華始終都是一個柏拉圖式的理想主義者，蔑視他稱之為「無意義的客觀性藉口」的東西，這種東西不會實現其目標，只會迷失在相對性的一片混亂之中。他以真正的凝視來指**自我意志的克服**，這種地地道道的哲學活動。其目標當然不是廢除判斷，無論是審美判斷，還是道德判斷，而是判斷的淨化。

有一段時間，尼采準備在這個問題上與布克哈特保持相安無事的狀態。確實，我們幾乎不知道還有任何更好的休息之處。它確實好到足以配得上我們最艱巨的努力，捍衛它免受那些吵吵鬧鬧的激進主義勢力的攻擊，那些勢力偽裝起來，以社會道德主義的信念，正從四面八方來破壞它。布克哈特在給朋友的信中，把政治、工業、社會組織中要求我們以一切和平凝視為代價去換取的所有「這些偉大成就」稱為「澈底平庸，一種討厭的東西，因為要愈來愈操心『認真工作』。」他談到「激進主義」的「可怕的精神虛無」[41]，談到那些循序漸進樂觀主義的可惡的誇誇其談之人，害怕「歐洲的狀況會在一夜之間墮落成一種道德敗壞，所有真正的保守力量會突然消失得無影無蹤。」[42]在對時代的批判中，尼采足夠堅持不懈地和他在一起。那麼，他們是在哪一點上

---

[40] 同上，第 202 頁。

[41] 布克哈特致弗里德里希·馮·普利恩的信，1888 年 6 月 16 日。

[42] 布克哈特致馬克斯·阿里奧特的信，1881 年 11 月 19 日。

分道揚鑣的呢？

　　我看是在宗教道德問題上。

　　在叔本華的（因而也是布克哈特的）凝視哲學和東方的宗教形式之間的類似經常被人強調。而我認為，我們不太理解東方寂靜無為的某些方面的性質。我們真正欣賞它的東西，我們是按照歐洲神祕主義的傳統來判斷的。這種神祕主義凝視的回報是同神或最高精神建立起來的接觸。因此，凝視的實踐不是為了凝視，而是為了這種最高的回報，它作為最高的回報，不需要進一步辯解。叔本華的凝視觀念也懂得某種回報；但是其回報是，或者至少似乎是，最純粹的審美經驗。如果生活在這個世上是罪和固執的欺騙，如果生活的苦難遠遠超過罕見的幸福時刻，如果生活全然是一個墮落造物的連續而無用的苦役 —— 而我相信，這是對叔本華觀點和布克哈特觀點的忠實總結 —— 那麼，無疑使自己從中解放出來，並在一種擺脫自我的，不是關於上帝而是就布克哈特而言關於**歷史**的幻象造成的崇高感中尋求回報的欲望，必然在這樣一種人身上引起不滿和道德懷疑：在這個世上的生活對於這種人來說就是一種痛苦，恰恰因為他無法達到最終真理的幻覺。

　　這是尼采災難境況的根源之所在，也是他最終同他「偉大的教育家」叔本華、同他「偉大的導師」布克哈特決裂的最深層原因。對他來說，上帝「死了」，他無法在對被創造者拋棄的創造的純粹凝視中找到持久的精神滿足。如果歷史，這罪與惡的居所，如是失去了其意義，它就得被廢除；如果墮落的造物不再可以得到救贖，那麼善和惡就得被**超人超越**；一個運動中的無意義世界的永恆回歸（而不是布克哈特的精神**統一體**）的憂鬱，對他來說是對第二次到來的唯一選擇。尼采直至精神錯亂的最終結局，都在拖長非信仰之線。在他精神上的前後一致性中棲息著絕望的瘋狂。然而在他身上有著一種思想傾向，這種思想傾向比那

些像黑格爾理想主義者或馬克思主義者那樣選擇了其他前後一致抉擇之人的思想傾向更高尚，那些人在人的生存的**歷史**維度中尋求，大概也發現了拯救的承諾，在他的世俗業績發現了足夠的吸引力，好讓**世界精神**定居在人類中間，帶來完美和諧的極樂，或至少一個無階級的社會。

可是，那些在精神意識最高水準上、在歷史的此時此刻的人很少有幸得到維持懸置平衡的力量。布克哈特是這樣的少數人之一。「在任何時刻」他在一封信中寫道，「我都會準備用我的生命去交換一個『從未有過』。」[43]他知道「我們這些凡人是什麼樣的乞討於幸福之門前的乞丐啊。」[44]但是他決心「在與世界的和睦狀態中死去。」然而他的表面上純審美的信仰不是支撐他靈魂的唯一源泉。在他身上，儘管始終不太清晰，但卻大量留下了一種更狹隘卻很精確的信仰。在他的《關於世界史的思考》中，凝視著權力和惡的成功（他把權力看做永遠處於主導地位的惡，他把拿破崙稱做一種人格化的荒誕），他拒絕考慮黑格爾為世界假設的一個歷史總體規劃會帶來的慰藉。「每一種成功的邪惡」他說，「至少都是一個醜聞」他補充說：「從強者成功的不端行為中得出的唯一教訓是要在此刻給予生活以更高的尊敬，比它所應得的更高。」[45]有一次，在以關於希臘諸神石像臉上表達出來的悲哀的某些思考結束他的演講時，他讓梵蒂岡博物館裡的赫爾墨斯說：「你們對我如此悲哀感到很驚訝嗎？我，生活在永久極樂和不朽愉悅之中的奧林匹斯諸神之一。確實，我們擁有一切：榮耀、天堂之美、永恆青春、經久不衰的快樂，而我們卻不

---

[43]　布克哈特致漢斯・雷根巴赫的信，1838 年 12 月 12 日。

[44]　布克哈特致阿爾伯特・布萊納的信，1856 年 3 月 16 日。

[45]　雅各・布克哈特，《全集》，第 7 卷，第 126 頁。

幸福……我們只為自己而活，把痛苦加於所有其他人……我們不善，因此我們就得滅亡。」⑯這不是美的誦詩人的語言。它聽起來更像老雅各·布克哈特——巴塞爾教堂牧師的聲音之回聲。

⑯ H·蓋爾策，《小文選》，萊比錫，1907，第 325 頁。

尼采，
「自由精靈」的教師

　　尼采的《人性的，太人性的》最初發表於 1878 年。它的副標題是「一本獻給自由精靈 ①的書」。它的作者和讀者都不可能知道，八年以後，在 1886 年，它會僅僅是同名兩卷本著作的第 1 卷。②

　　在該書大為擴充以後發表時，尼采不再擁有巴塞爾大學古典語文學的教席。他已於 1879 年他 35 歲時辭去了這個職務，表面上是因為下降的健康狀況，但是當原初的《人性的，太人性的》在 1878 年發表的時候，他仍然是一名教授。但是，該書當然不是學術團體期待其成員之一應發表的那種。尼采在此之前的著作也沒有滿足這樣的期待——甚至他關於希臘戲劇起源的第一本書《悲劇的誕生》也沒有。其風格更是頌歌式的，而不是語文學的，其思想更是顛覆性的，而不和專業行為的道德觀念相一致。尼采後來自己知道了這一點。1886 年，在第二版序言中，他稱《悲劇的誕生》為一本「不可能的書」，由一個本該說出他作為詩人而不是作為語文學家不得不說之話的人所著。雖然這不適用於隨後概括地稱為《不合時宜的思考》的四個出版物，但是沒有人會猜出這些出版物的作者是一名古典語文學教授。

　　這《不合時宜的思考》中的第一篇（1873）是未來的「反

---

① 「自由精靈」的德文是 der Freigeist，指的是自由思想家。——譯者注

② 在這期間尼采撰寫並發表的兩卷箴言《見解與箴言雜錄》（1879）和《漫遊者和他的影子》（1880）現在被一起加入該書中，作為《人性的，太人性的》第 2 卷。整部著作由劍橋大學出版社發表在 R. J. 霍林黛爾的新英譯本中，這是該著作在奧斯卡·勒維編的 18 卷版《弗里德里希·尼采全集》（紐約，1909-1911）中出版以後以 1886 年形式出版的第一個完整英語版。在這個新英譯本中，形成尼采自己最終版本的這三個部分保留了箴言的原始編號。因此，我的引文出處會是第 1 卷（原初的《人性的，太人性的》），第 2 卷，第 1 部分（《見解與箴言雜錄》），第 2 卷，第 2 部分（《漫遊者和他的影子》），隨後是具體箴言的編號。

基督之徒」同大衛‧施特勞斯所進行的一場激烈論戰，大衛‧施特勞斯影響深遠的《耶穌傳》——由喬治‧艾略特翻譯成了英語——幫助動搖了許多讀者的基督教信仰；但是這位「去除《聖經》的神話色彩的」神學家的最後一本書《新舊信仰》，以其舒適「理性的」基督教和與之相伴隨的市儈風格激怒了尼采。*Bildungsphilister*——有教養的市儈——是尼采的抨擊不斷使用的新造之詞。尼采的「不合時宜」系列的第二篇（1874）討論歷史學，討論其利弊，或者更確切地說，討論歷史研究的運用和濫用。後來在同一年裡有了第三篇，對教育家叔本華，對**他的**教育家的頌詞。這個系列最後的是第四篇，《理查‧華格納在拜魯特》，這一篇對於那些喜歡閱讀不落俗套之文、樂於見到文體上的模稜兩可的人來說是一種恩惠。這篇文章預示了尼采對華格納的愛將暗淡下去，這位華格納，是他早年以來無限讚美的老朋友，對他來說，按照《悲劇的誕生》最後一部分來看，華格納就是阿提卡悲劇對於希臘人所意味的那種東西的再創造者。

　　拜魯特的華格納和萊比錫的大學生尼采在1868年第一次遇見的華格納，或者在特里普辛的盧塞恩湖宅子中總是用一間現成房間招待尼采的華格納，不再完全是同一個人了。不，拜魯特的新主人不得不以暗諷和微妙的迂回方法，被提醒他開始時的那種精神承諾。這種期待現在也許因為華格納放縱的世俗野心、他的意識形態（包括一種尼采愈來愈反感的反猶情緒）、對王朝統治的吹捧，以及準備為任何時候被從平淡無奇的人生中提升起來而付出昂貴代價的平庸黨徒，而受到危害。尼采似乎在問，難道華格納不知道，他的年輕朋友和讚美者會厭惡一個成功的、愈來愈受到精神貧困者歡迎的華格納大神的奇觀？但是華格納在此文中聽到只有讚美。他大喜過望，以這樣的話做出回應：「朋友！你的書了不起！你怎麼會這麼了解我的內心？」很清楚，此文讓他

對《人性的，太人性的》的震驚措手不及。

　　尼采在 1878 年 4 月送了兩冊書給他和柯西瑪——很是不安。他演習了好幾封信來和這份猶豫不決的禮物放在一起，如此猶豫不決，以至於他甚至不很認真考慮用假名來出版這本書。他沒有寄出這些信。按照那些書信初稿，他說這本書揭示了他現在和華格納分享的「祕密」。把它寫出來，給了他安慰，所有其他安慰在這裡都算不了什麼：「也許只是因為我能夠把它寫出來，我才活了下來。」他第一次說，他成功地揭示出對人類世界的最深刻感悟，成功地完整圍繞他的思想走了一圈。如果他們接到他的信件，那麼這會比著作本身更讓華格納夫婦心煩意亂，尤其是因為華格納在 1 月份剛天真地把《帕西法爾》的劇本送給他「真正可信賴的朋友」，打趣地把他自己簽名為「教區委員長 R.W.」，這是路德派教會授予其最傑出教牧人員的一個頭銜。在他精神崩潰前不久寫的非同尋常的、往往不精確的自傳《瞧，這個人》（1888）中，尼采因無視這兩個郵政事件之間的四個月，從而使交流變得戲劇化了。「透過意義和機遇奇蹟，」他寫道，兩本著作同時到達各自的地址。這就像是「雙劍十字交叉」。顯然，這是應該立即和華格納決裂的時候了，尼采在 1888 年說，因為「難以置信！華格納變得虔誠起來了。」意想不到之事的這些痕跡確實很令人意想不到，因為華格納不是早在 1861 年上演他的《唐懷瑟》時就很「虔誠」了嗎？《人性的，太人性的》無論對尼采同華格納曾經有過的熱烈友情做了什麼，它肯定都無法提高他作為語文學家的聲響。語文學對他來說，從任何方面看都變成了一個「不健康的」生涯。所以不足為奇，他在第二年，即 1879 年，他結束了這個生涯。

　　然而，他仍然是一個有著非凡天賦的學者，在他師從萊比錫大名鼎鼎的弗里德里希·威廉·利奇爾的時候就已經證明了這一

點。利奇爾對他最喜歡的學生的學術澈底性和原創性印象如此深刻，以至於他推薦他到巴塞爾大學，甚至如此熱情、如此有說服力地推薦他，以至於這位幾乎還不到 25 歲的年輕人甚至名字前還沒有博士頭銜就**被**指定為教授；他一開頭就證明自己是一名傑出的學者和教師。

　　他的講課筆記和討論課筆記可以充當至少一打博士論文的基礎。出類拔萃的歷史學家，尼采在巴塞爾較年長的同事雅各・布克哈特後來說，大學絕不會有一個更激發靈感的教育家了。然而在 1872 年初《悲劇的誕生》——一本儘管有錯誤，但是現在卻算作一部重要著作，不僅就其主題而言具有開創性，而且尤其對於人類學和心理學也有開創性——發表的時候，學園正統派都很不高興。很使尼采沮喪的是，甚至行事風格溫和的利奇爾開始什麼也沒說，然後只說了相當於搖頭的話；而年輕的學者烏爾利希・馮・威拉莫維支－莫倫多爾夫做出了他自己更大有希望的學術承諾，要寫一篇犀利的評論文章，後來有一天湯瑪斯・曼將會稱之為德國思想史上的醜聞。然而，在拜魯特的華格納卻被《悲劇的誕生》感動得流下了眼淚，並把尼采放到了他一生中的第二位的地位上——僅次於柯西瑪。六年後，尼采將喪失這個地位——或者說辭去了這個地位，就如他辭去了他的教職。

　　《人性的，太人性的》完全可以是兩種「解放」的時機，如尼采喜歡解釋這兩個決裂那樣，但僅僅是時機而已。這部書當然實現了同華格納的長久疏離，由此也許也造成了尼采健康狀況的「身心失調的」惡化。這是尼采生活的悖論之一，他把他同大學的決裂，尤其是把他從華格納的精神奴役中解放出來，看做實現「*die grosse Gesundheit*（德文：大健康）」的步驟，儘管他的書信從那時候起，愈來愈多地包含他的醫療狀況的可憐的「病情報告書」。當然，這也許乾脆就是由於一種為診斷出的、顯然

連他自己也沒有懷疑到的致命疾病的漸進過程，同其他病理原因連繫起來看也許很可能是梅毒。然而如果是這樣，那麼這也許同時也是興奮活躍而深刻的創造性的來源，直至他最終在 1889 年崩潰之時，他都一直將此當做明察秋毫、頭腦清醒的徵兆。湯瑪斯‧曼在《浮士德博士》，一個有病的偉大作曲家的尼采式故事中，將此描繪得淋漓盡致。

1878 年 4 月，《人性的，太人性的》被送到尼采的朋友那裡去。在贈送名單上，理查和柯西瑪‧華格納——當然，在贈送《悲劇的誕生》和《理查‧華格納在拜魯特》的名單上他們是名列第一的——占據了第二十一和第二十二的位子。這本書從未抵達這個圈子以外很遠的地方。當尼采聽說該書印了一千冊，第一年裡卻只賣出了 120 個樣本，他寫道，這是一個「可怕的失敗」。人們一點也不知道，這位作者在不久以後會和馬克思、佛洛依德一起被承認為現代思想的締造者之一。他自己似乎暫時做了有利於有才智的歷史學家的事情，他們把這本「獻給自由精靈的書」的作者和伏爾泰一起相提並論。

1876 年 4 月，在《人性的，太人性的》的醞釀期間，他花了幾天時間在日內瓦，去朝拜了伏爾泰晚年在附近的凡爾納的居所，向法國啟蒙運動的天才表示敬意。尼采渴望讓他的新作出版，來紀念伏爾泰逝世一百週年。他成功地做到了這一點，獻出此書來紀念腓特烈大帝的這位朋友，因此也獻給獨一無二地表明理性與權力意志之間結盟的友誼。此外，尼采在 1886 年版扉頁背面添加了另一個證明他新的理性主義熱情的明證。他寫道，該書「在 1876-1877 年冬季期間形成於蘇連多，」要不是為了向「人類精神最偉大的解放者之一」表示敬意，該書「現在也許還沒有出版。」在同一頁上，他引用了笛卡兒《第一哲學沉思》中的一段話。引文讚美理性「以這樣一種歡樂」充滿十七世紀哲學

家的靈魂，「以至於它變得不受世上萬物的傷害。」

　　但願尼采後來的生活真是這樣。而且，值得一說的是，在《人性的，太人性的》第 1 卷的 638 節中，伏爾泰的名字只是很少地出現在五節中：在第 26、第 221、第 240、第 438、第 463 節中。尼采在該書第 2 卷，第 1 部分，第 408 節「我也像奧德修斯一樣到過陰間……」中所求助的知識群星中，伏爾泰並沒有被提到。尼采在這一節中把自己比做下到地獄中去供奉祭品，好像是向「四對人」祈禱的奧德修斯，他寫道，他在每走完一段漫長的孤獨旅行之後，就必須和這「四對人」很好相處，檢驗他們和他自己的內心想法，從而發現他們是否證明他有道理。這四對人是伊壁鳩魯和蒙田，歌德和斯賓諾莎，柏拉圖和盧梭，帕斯卡和叔本華。伏爾泰不在其中。

　　他怎麼會呢？凡爾納和拜魯特？伏爾泰和戴奧尼索斯？伏爾泰的風趣和文學上的優雅不可能真正占據尼采精神陶醉的上風。不可能。同尼采的戴奧尼索斯相比，伏爾泰是一個百科全書的農牧之神，是人類精神光輝燦爛的鋪張浪費，而尼采則受到詛咒，有幸被指派到接近精神的重力中心的地方（也有幸天生有天賦適應思想上的過分充裕）。尼采所有對「法國式」輕率多變的嘗試，對被解放的感官享受的嘗試，對使比才 ③ 或奧芬巴赫 ④ 來對抗華格納的嚴厲的嘗試，他的所有以忒奧克里托斯 ⑤（或者就此而言，海涅）的方式寫的詩，都是到了狼狽地步的仿作。不，他的真理是查拉圖斯特拉午夜之歌的深層世界，在那裡甚至歡樂愉悅都產生於悲劇的深處。伏爾泰是一個偉大的悲劇家嗎？《人

③　喬治・比才（1838-1875），法國作曲家。——譯者注
④　雅克・奧芬巴赫（1819-1880），法國作曲家。——譯者注
⑤　忒奧克里托斯（西元前 310？－前 250？），古希臘詩人。——譯者注

性的，太人性的》中只有一節（第 1 卷，第 221 節）真正讚美
了伏爾泰。它把他描繪成法國戲劇的實踐者中堅持形式分寸原
則的**最後一人**，這些原則會抵制萊辛讚美莎士比亞「野蠻的」偉
大所培養起來的德國走向「原始天才」混亂的傾向。然而《悲劇
的誕生》的作者尼采必然懷疑喜劇——伏爾泰大大疏忽的一種樣
式——的書寫會是一種對法國人偉大才華的更自然應用。

　　伏爾泰僅僅充當了尼采用來抽打華格納的棍子。這位作曲
家只要看一眼這部著作給伏爾泰的獻詞，就會懷疑這是針對他的
一種侮辱，或者如果不是一種侮辱，那就是挑釁性的獨立宣告。
尼采在蘇連多過冬的同伴和尼采稱之為他的新 "Réealism"⑥的支
持者、猶太心理學家保爾・李，成為柯西瑪・華格納對這部著作
敵對反應的目標。在一封給朋友的信中，她寫道，她拒絕讀尼采
的新書；在翻看書頁時讓她受折磨的一些段落使她把它放到了一
邊。她相信，這是她朋友智力發展的可悲結局，她曾盡力阻止，
但是徒勞。「最終，以色列以李博士的形式取得主導地位，非常
圓滑，非常從容……代表了猶地亞 ⑦和日爾曼尼亞 ⑧的關係……
這是惡對善的勝利。」也許是她偶然看到了尼采新書關於猶太人
所說的話（第 1 卷，第 475 節）？尼采說，猶太人幫著使歐洲歷
史成為「希臘歷史的一種繼續」。然後，柯西瑪哀歎該書對他們
的朋友所造成的影響。人們儘管拒絕該書的訊息，「卻發現這正
是尼采所寫過的最漂亮的東西了。」而華格納本人呢？他僅讀了

---

⑥ 這是尼采生造出來的一個詞，前三個字母「Rée」即保爾・李的姓，而整個詞
　的發音聽起來又像是英語的「現實主義」的意思。——譯者注
⑦ 古巴勒斯坦的南部地區，包括今巴勒斯坦的南部地區和約旦河的西南部地
　區。——譯者注
⑧ 羅馬人和古希臘人對主要由日爾曼人居住地區的稱呼。——譯者注

幾行就放下了。他說，他不想讓它損壞了尼采先前的著作給予他的愉悅。似乎只有李和雅各·布克哈特很高興。李寫信給他「最親愛的朋友」說他像飢餓的猛獸一樣撲到書上，快樂地將它吞食下去；而布克哈特則稱之為上乘頭腦的上乘之書。

　　今天的讀者難以理解《人性的，太人性的》引起的激烈爭論。尼采在語文學家中最智慧的朋友歐文·羅德，在《悲劇的誕生》「醜聞」中唯一捍衛他的出色專家，用了從羅馬浴場衍生出來的隱喻來描寫該書對他的影響。從尼采原先的著作來到該書就像被驅趕著從 *calidarium*（拉丁文：熱水）立即進入到冰冷的 *frigidarium*（涼水）中，「一種相當令人震撼的體驗」；一位熱誠的年長朋友寫信給他說，她絕不會忘記她用來閱讀這本新作的那一天 —— 一場可怕的雷暴肆虐於空中，也肆虐於她的靈魂中，「但是現在我感覺某種東西已經在我內心中死去。」有許多信件都描述了這樣的暴風雨般的反應。這是怎麼樣的呢？該書的許多光輝總是一如最初那樣清新、那樣令人朝氣蓬勃，而它的**見解** —— 只是為了贊同或不贊同這些見解的人不過是拙劣的讀者 —— 則大大失去了它們的驚人效果。這些年間心理學、文化人類學的發明或推測的發現都留意到了那樣的情況。

　　是什麼東西如此深深地震驚了尼采原先著作的那些讚賞有加的讀者呢？尼采本人有時候相信，一種新的感覺伴隨《人性的，太人性的》的出版而出現，這種感覺十分不同於寫了《悲劇的誕生》、為理查·華格納歡呼的那位作者的感覺。這種感覺也不同於大衛·施特勞斯「開明宗教觀」的詆毀者、「紀念碑式的」 —— 也就是英雄的 —— 史學著作的偏心眼鼓吹者、「重新評價」叔本華形上學悲觀主義的戴奧尼索斯福音傳播者的感覺。而如果他翻轉了叔本華的「反對」，那麼他這樣做卻沒有拋棄他的教育家的形上學，事實上把它保留在遠超越於《人性的，太人性

的》的表面形上學懷疑主義或甚至實證主義之上的地方，未加觸動。甚至他在兩卷版箴言集發表僅僅五年之後的 1885 年寫的最無顧忌的形上學筆記中宣告，「**這個世界就是權力意志 —— 除此之外什麼也不是！而你們自己也是這權力意志 —— 除此之外什麼也不是！**」一個斷言，僅僅把「權力」加到了叔本華的意志形上學上。⑨

　　尼采本人認為十分難以解釋為什麼《人性的，太人性的》如此使他的許多讀者不安。1886 年，他寫出了一個又一個序言的綱要，想要介紹他這本書的新版 —— 其中大部分都給丟棄了。在這些未使用的 1886 年導論之一中，他承認，看著這書，他感覺相當難堪，很想問是不是真的是他生產了這本書 ——「是我嗎？不是我嗎？」可是兩年後，在他在《瞧，這個人》的自我介紹中，他聲稱《人性的，太人性的》顯示了他的「真正自我」。他在一種嚴格自我規訓的練習中，擺脫了他允許暗中引誘他的「更高欺詐行為」，擺脫所有的「理想主義」、「令人快樂的思想感情」和「其他女人氣質」。現在他專注於否定作為真理條件的邏輯。而且，他相信他已經棄絕了人和形上學的絕對。所有這些絕對都是空的。有趣的只是**謬誤和幻覺**。它們本身就有機會是「深刻的、奇蹟般的、孕育著極樂和災難。」「形上學的克服」是他的目的，最終是翻轉所有只給人類思想造成負擔和誤導人類思想的傳統價值判斷。正是《人性的，太人性的》中的這一點引起了巨大震驚。因為他在譴責曾經引誘他的東西為欺詐行為的時候，他也暗示他引誘了他的讀者。然而他只能以這種方式談論該著作原先的 1878 年的版本。這種批評在 1886 年不再有效，這時候

⑨ 23 卷穆薩利翁版《尼采全集》，第 19 卷，第 373 頁及隨後頁；《權力意志》，第 1067 節。

他稱《人性的，太人性的》只不過是一塊「*Denkmal*（德文：紀念碑）」，獻給他始終嚴陣以待精神的「勝利」之一。

真的，在一封在《人性的，太人性的》的最終版時期寫的信中，他相當不含糊地把自己描繪成只嚮往每天都失去某種撫慰性的信仰，並恰恰在這中間尋求和找到自己幸福的人。而在被丟棄的導論和導論殘篇中，他宣稱這部「冒犯人的」書功能就是幫助他「整體上吸收實證主義，卻仍保持做一名理想主義者。」

尼采在 1886 年這一盛產導論之年寫的導論之一，是為新版《悲劇的誕生》寫的。這很可能是曾寫過的最奇怪，同時也是最有分量的序言。因為這基本上廢掉了他在 1872 年發表的這本書。他在 1886 年計畫的另一個導論的殘篇，也許還是為《人性的，太人性的》而寫的，可能會在那裡找到它合適的位子：「我要通知我原先著作的讀者，我已經放棄了主導那些著作的形上學藝術觀：這些觀點吸引人，但是站不住腳。早年允許自己公開說話的人，通常在不久以後被迫公開反駁自己。」儘管如此，他仍然再次發表了《悲劇的誕生》──大概作為另一塊**紀念碑**。

如果這是一塊紀念碑，那麼至少它像《唐璜》終場的騎士長石像活生生的；雖然它沒有把它的讀者－犧牲品拽進地獄，但是它至少把他第一本書的形上學舊贋品送給他們，甚至把它們送到了拜魯特。很顯然，憑理智和尼采相處很不容易。

為什麼是「贋品」呢？他自己回答了這個問題，在發表的《人性的，太人性的》1886 年導論中回答得非常漂亮。他斷言，他為自己**創造**了精神夥伴，為的是不感覺如此難以忍受的孤獨。他甚至在本應該了解得更清楚的時候也設法**相信**這些夥伴。他甚至不顧叔本華這悲觀主義者頑固的道德主義而設法相信同叔本華的夥伴關係；也不顧音樂家華格納根深蒂固的浪漫主義而設法相信同華格納的夥伴關係。他還「偽造」或發明了「自由精靈」，

《人性的，太人性的》就是用來獻給這些「自由精靈」的。如果他們還不存在，那麼他就說服自己，說看到了他們的來臨。但是他的視力很差，這種視力是另一種自我欺騙，是所有其他幻覺中的一種，它們全都是針對孤獨和孤立的治療措施：心理上的必然性。

心理學是武器——他相信是致命武器——尼采在隨後對氣味相投的贗品、理想主義、形上學發起的戰爭中揮舞的武器。他的新心理學策略是建立在堅持不懈的懷疑基礎之上的，這種懷疑認為，所有「更高價值」都只是心理需求的滿足，是為阻擋空的洪流、「無」的洪流、「上帝之死」所造成的精神空虛的洪流而建築起來的堤壩。尼采之眼是現在看透了一切的眼睛，對它來說，還有沒有看透的東西就是空空的虛無；甚至那時候，這眼睛也會童話般地轉個方向，看透觀看者。

《人性的，太人性的》之後的尼采著作中的大多數心理「揭示」都是以該書中構建的工具輝煌地進行的。例如，在《善惡的彼岸》中有一個著名的段落（第 269 節），在其中，心理學確實滅掉了所有偉大詩人的威風，同時也滅掉了傳統建立起來的所有價值觀：

> 造假統治著擁有歷史價值觀的世界。拜倫、繆塞、愛倫·坡、萊奧帕爾迪、克萊斯特、果戈理一類的偉大詩人（我不貿然提到更偉大的名字，但我心中想到了這些有著更偉大名字的人）……有著通常要隱瞞某種破損之處的靈魂；經常以自己的作品為內心受到的一種玷汙而實施報復，經常以自己的升空翱翔而在一種太忠實的記憶面前尋求遺忘，經常迷失在淤泥中，而且幾乎愛戀上淤泥，直至他們變得像是沼澤地帶的磷火，卻冒充是星星……對於曾經猜到個中奧妙的人，

這些偉大的藝術家，亦即一般而言的更高之人，是何等的折磨啊！⑩

「猜到」或「看透他們」。只有本人也是這些詩人之一的藝術家才會寫得這麼好。可是尼采的思想在這裡迴避了奇蹟，或者至少迴避了神祕變化，因為即使崇高的卑劣起源的學說是正確的，這樣的神祕變化也會起作用：汙泥變成寶貴、美麗的東西，或者這樣一些清醒的洞察以光輝燦爛的散文表達出類。《人性的，太人性的》的箴言，尤其在討論藝術家、作家心靈的那一節，是這種令人震驚的精神分析診斷的前奏，往往也領其風氣之先。

　　對於自由精靈來說，該書仍然缺少的是後來尼采對「虛無主義」心理的厭惡。例如，這出現在《善惡的彼岸》中緊隨論被看透的詩人那一節之後的一節中。在那一節（第270節）中，他提到了一個不同種類的「自由、狂妄的精靈」，這樣的精靈相反，害羞地希望隱藏起他在得到他「不幸的、太確定的知識」時受到的痛苦。他明白，「敬畏『面具』，不在錯誤的地方用到心理學和好奇心」⑪也許是更高尚感覺的標誌。書中隔著不遠的地方（第275節），我們甚至讀到了無疑是以滲透在《人性的，太人性的》中的那種對「科學的」冷靜的最初迷戀寫出來的東西：「不**想要**看到一個人高明之處的人，必然格外敏銳地尋找這個人身上低微、表面的東西 —— 並因此而把自己暴露出來。」⑫然而，我們完全可以問，究竟**什麼時候**用到心理學會是錯誤的呢？這也許仍然是現代心理多疑歷史的最後時刻，這時候，它仍然有一些話

---

⑩　23卷穆薩利翁版《尼采全集》，第15卷，第243頁及隨後頁。
⑪　23卷穆薩利翁版《尼采全集》，第15卷，第245頁。
⑫　同上，第248頁。

和《查拉圖斯特拉如是說》第 4 卷中所列舉的那種虔誠的餘輝一起發光：查拉圖斯特拉在這裡被叫做「所有不相信上帝的人中間的最虔誠者。」這種虔誠彌漫在《善惡的彼岸》同一第 275 節的結尾那些句子裡 ⑬：

> 很可能，在耶穌生平的神聖寓言和偽裝之下隱藏著關於**愛的知識**殉道的最痛苦案例之一：最無辜、最渴望之心的殉道，這顆心對人類之愛從不饜足，**要求**愛和被愛，此外一無所求，嚴厲地、瘋狂地對那些拒絕給予它以愛的人出言不遜；一個未得到愛的滿足也無法得到愛的滿足的可憐靈魂的故事，它發明了地獄，要把那些不願意愛他的人送到那裡去，——他最終開始了解人類之愛，不得不發明了一個上帝，他就是全部的愛，全部的愛之**能力**，——他憐憫人類之愛，因為這種愛如此可憐、如此無知！任何如此感覺的人，任何如此懂得愛的人——，都**尋求**死亡。——可是為什麼沉浸於這樣痛苦的事情呢？假定：人是不必這樣做的。⑭

用不了很久，這樣一個愛者就會找出一位精神分析家，而不是發明地獄和神靈，而且不會更接近尼采自由精靈的級別。

當然，尼采沒有解釋他為什麼不得不「偽造」。在 1886 年為《人性的，太人性的》寫的未發表的導論之一 ⑮中有一段話，

---

⑬ 根據 Giorgio Colli 和 Mazzino Montinari 編的《尼采著作全集》，第 275 節只有上面引用的那一句話，而接下來的引文則是第 269 節結尾的句子。——譯者注

⑭ 23 卷穆薩利翁版《尼采全集》，第 15 卷，第 248 頁。

⑮ 同上，第 8 卷，第 410 頁及隨後頁。

它使人很想知道卡夫卡在寫他的〈飢餓藝術家〉的時候是否也許已知道並記得它。說在某種意義上他確實知道它，這是可靠的，儘管在他的時代它還沒有發表：時代精神確實把它讀給他聽了。尼采寫了一個因為幾乎從沒有「發現**他的**桌子擺好，**他的**飯菜已準備好」而處於餓死危險之中的人。他被拋進了一個「他不得不拒絕其膳食」的時代，因此他會「死於飢渴——或者死於噁心，如果最終他吃了廚師給他拿來的東西的話。」尼采繼續說，這就是他早年的危險，當時他的靈魂營養不足，充滿渴望和孤獨；而

> 當有一天我認識到我受我靈魂之飢餓的誘惑而選擇了**什麼樣的**食物時，危險變得最有威脅性了。我在 1876 年夏天明白了這一點。正是在那時候，出於強烈反感，我推開了我通常用過的所有桌子，發誓我會像牲口一樣靠吃草生存，或者乾脆不活了，而不是和「一幫演員」或「更高的精神馬戲雜耍人」分享膳食——是的，當時我使用了這樣的難聽之詞；因為我似乎覺得自己掉進了吉卜賽人和騙子們中間，掉進了江湖騙子們和天生的偽造者們中間，享受著他們誘人的奢侈品。⑯

使用複數有點誤導，因為尼采不可能把叔本華包含在江湖騙子們中間。不，他指的只有一個人：理查·華格納。他 1876 年在蘇連多最後一次看見他。尼采和一幫朋友，其中有李，在 10 月底搬進了盧比納齊別墅，很快就計畫建立一種自由精靈的免費學院。華格納夫婦一直待在一家附近的旅館裡，兩週後去羅馬。這兩週時間似乎足以加強尼采同這「更高精神」的雜耍人分手的決

---

⑯ 23 卷穆薩利翁版《尼采全集》，第 8 卷，第 244 頁。

心了，因為華格納談到《帕西法爾》和耶穌最後晚餐的象徵主義
在他心中引起的催眠狀態。而且，很可能他警告尼采提防他的猶
太朋友李。李在蘇連多是要完成他自己的書《道德認識能力的
起源》，這個標題無疑啟發尼采想到了他自己的《道德的系譜》
（1887）。

　　在 1876-1877 年的秋冬和早春期間，盧比納齊別墅變成了
《人性的，太人性的》第 1 卷的實際上的誕生地。該書由大量箴
言構成。這些箴言就是在那裡寫成的。其中第一個宣告了尼采和
他形上學－理想主義的過去決裂，同時描寫了他現在信奉的那種
「科學主義」。它的標題是「觀念與感覺的化學」。當然，化學
並不意味著化學，「科學主義」也和「科學」沒有多大關係，這
些詞在今天的用法有些不同。儘管如此，尼采在這一節裡像在該
書其他地方一樣，仍然驚人地以黑格爾的方式假定，**藝術**的領
域、潛力、功效都必然因現代愈來愈依靠**理性**而縮小。當然，
雖然他不會接受黑格爾的歷史形上學，但是他在該書第 1 卷，第
222 節末尾說「科學家是藝術家的繼續發展」，也就是說，是歷
史指定的在《悲劇的誕生》和《不合時宜的思考》中統治精神領
域的藝術家的繼承者，他的這種說法就是重複了黑格爾《美學》
的觀點。

　　然後，化學意味著心理分析和那種極端的歷史相對主義，對
此尼采用了「視角論」這一術語。這建立在完全可以被看做不爭
「事實」的基礎之上的，這不爭「事實」就是，在雅典衛城的石
頭中所表達的關於生命、諸神、美所抱有的信念顯然十分不同於
例如在威尼斯的聖馬可大教堂中採用了建築形式的信念。在這兩
種基本不同的「信念」中有**真相**嗎？所以，真相只是「真相」，
一個視角問題。在遺稿《權力意志》第 481 節中，尼采斷言「沒

有事實，只有解釋。」[17]由於這肯定不是說給那些習慣上在「解構」運動中引用它的、只講究實際的人聽的，所以提醒他們和我們自己注意它的語境——極端虛無主義的語境，是可取的。因為那段遺稿第一次反叛只有事實的幻覺。絕非如此，尼采回答——不存在的恰恰是事實。只存在解釋。「主觀的」解釋？他繼續問。當然不是，他回答說，並堅決越過邊境，進入虛無主義。因為「主體」的概念不是一個「既定事實」；它本身就是一種解釋性的發明。然後：「只要『知識』一詞還有任何意義，世界就是不可知的。」你會很想要補充說：在唯一真正的知者上帝死了以後。而不可知的世界則「是**可**以做出各種各樣**解釋**的，在它背後沒有**唯一**的意義，而是有無數的意義——這便是『視角論』」，而門在任何聲稱有任何可靠「知識」的人面前砰然關上。你會很想知道，這包括關於沒有知識的知識嗎？

留下的是後來尼采堅持不渝的問題，「*Rang*（等級）」的問題；因為儘管眾多解釋不再可以關於「真」有不同說法，但在「**等級**」上是有差別的。決定其「**等級**」，也就是說，決定「真」在「價值」順序和等級中的地位，是尼采現在的最高任務，一種不考慮任何哲學答案的任務。因此，尼采不得不創造出「**超人**」或至少他的預言家查拉圖斯特拉來轉移「價值」判斷。他們輕率地做出了貴族式的決定。

從來不是一個系統思想家的尼采，藉助《人性的，太人性的》的箴言，發現了最適合於他的智慧本質的形式。他就此再不會拋開這樣的形式，甚至在《查拉圖斯特拉如是說》他這本令人不安的、不明智的、斷斷續續放光的預言之書中，他也沒有完全拋開。他想要讓自己的哲學家生活獲得一種**權力意志**的系統解

---

[17] 23卷穆薩利翁版《尼采全集》，第19卷，第13頁。

釋，或者至少如他有時候想要稱呼的一**切價值的重估**的榮耀，他的這種意圖始終沒有實現——這是理所當然，也是很幸運的。因為這種受挫導致了大量預寫的筆記，其中有許多有著那種只有箴言的簡明扼要才能提供的確定性。作為一種不同風格在《查拉圖斯特拉如是說》中出現的東西只是他的——極大程度上是**他的**——「模仿之作」，用來翻轉福音書的訊息。

　　哲學系統？甚至其中最印象深刻的東西也很不舒服地被安放在有著「愚蠢」這種岩石基礎的寶座上，一種加於自身的想像力的匱乏，它使人相信，它（無疑它本身就是廣袤世界的一**部分**）可以絕對前後一致地使人**全部**理解它。尼采太有才智，太充滿懷疑，是德國哲學史——一種既光榮又災難性的歷史——上太過於晚來的遲到者，因而無法構建一個哲學系統。在這樣的追求中，甚至像叔本華那樣老實的思想家，也會因為「突發」的緣故而成為某種「假冒」的東西，尼采晚至 1888 年還特意指出。從其智慧本質來看，尼采就是「系統分類者」的對立面。他的輝煌是突然啟示的光輝，往往是深入思考的悖論的智慧；有時候，當然，是愚人耀眼的愚蠢。在最好情況下，他的箴言像布萊澤・帕斯卡的一樣好，尼采深刻地讚美過帕斯卡的思想（儘管他有一次說，基督教對帕斯卡的思想造成了很大損害）；或者改一種說法，像法國**道德家**的一樣好，像利希滕貝格（1742-1799）[18]的一樣好，尼采把利希滕貝格稱讚為德意志散文大師。他在《人性的，太人性的》第 2 卷，第 2 部分，第 109 節中非常顯著地這樣做了，在那裡，利希滕貝格的格言在那張非常短的仍然值得一讀的德意志散文書的書單上，利希滕貝格的格言緊隨歌德同**艾克曼的談話**之後。在 1885 年，尼采說：「最深刻的……書也許始終是某種有

---

[18] 利希滕貝格，德國學者與作家。——譯者注

著帕斯卡的《思想》那種箴言式的、意料之外的特質的東西。」（《權力意志》，第 424 節）

　　在為《人性的，太人性的》做準備的一篇相當無害的、只是作為遺稿發表的、不無諷刺的文章中，尼采稱讚箴言形式尤其適合經常旅行而不得不打斷他們閱讀的人；現代工作條件必然變得愈來愈單調，人們就會愈來愈想要旅行。因此，「希望影響一般公眾觀點的作家，將不得不對旅行者說話。」但是尼采並沒有認為他的讀者僅僅是在旅行；他希望他們前往一個更密切同命運有關，而不是同商務或觀光有關的目的地。而且，他的箴言往往是對未來的簡明預言，例如他認為（第 1 卷，第 473 節），社會主義是專制主義的小兄弟，「社會主義想要當它的繼承者」，所以從深刻意義上看是「反動的」：「因為它渴望大量的國家權力，就像唯有專制主義曾經擁有的那樣。」在 1878 年，他是怎麼知道的？

　　構成一個箴言大師的突出天賦是一種確定的語言感，甚至一種對詞語的激情在最明顯案例中，正是一個詞產生了一種思想。箴言作家中的奧地利天才卡爾‧克勞斯甚至說，語言是引導他找到隱藏的真理寶藏的占卜杖。這指明了詩人那種同語言的關係，詩人對語言的充滿激情的愛。詩人之一施特凡‧格奧爾格甚至竟然說出了「絕對命令」，即事物只有藉助表達它們的詞語的權力，才獲得存在的權利：*"Kein Ding sei, wo das Wort gebricht"*，意思是在沒有語言的地方就會一無所有。這種思想傾向恰恰是幾乎所有現代主義或「後現代主義」的語言理論所採取態度的對立面。（「後現代主義」是一個衰弱的時代所能想到的最無想像力的「時期劃分」術語。）因為「後現代主義者」為不為語言驕傲而感到驕傲。對他們來說，語言畢竟是一種幾乎任意的「能指」：「太初有能指。」或者這是所指？一種語言，一

種被認為或多或少對意義的隨意選擇，應該將其驚人的持久性歸功於人的保守惰性及其說服自己的努力，人讓自己相信「在語言中掌握了關於世界的知識」，尼采在第 1 卷，第 11 節和別的什麼地方就是這麼說的。[19]尼采著作中這樣一些對語言的懷疑言論被急切地用於「解構」的課程中，被帶著專門的熱情使用的，還有尼采在該書（第 2 卷，第 2 部分，第 55 節）中關於對語言的相信會使知識自由受到的危險所做的箴言式宣告：「每個詞都是一個偏見。」

麻煩是，那些喜歡引用尼采的人很少真正了解他，而且許多人不知道他是一座大廈的大建築師，而這座大廈不是一個系統，而是用清晰的矛盾建造起來的。他們不知道他就是在《人性的，太人性的》第 2 卷導論中說他已經變得「很不相信」自己的那個人，他站在**反對**自己的立場上，**贊成**任何碰巧傷害他、讓他很難堪的事情——例如，反對浪漫主義音樂，尤其反對華格納；或者反對對語言的信任，這信任往往是他激烈言辭的目標。而他正是每一位箴言作家的，當然也是每一位詩人的樣子：一位詞語愛好者。可是，他身上的思想家經常無法抵擋地被驅使去惡意對待他身上的詩人：「在知識問題上，詩人總是錯的」，有一次他說。[20]確實，在《查拉圖斯特拉如是說》中他甚至說詩人說謊太多，並使查拉圖斯特拉本人悲哀地補充說，他也是一個詩人。[21]那麼，是不是正是詩人、說謊者，或語言愛好者，對作為真理信

---

[19] 我在《藝術家進入內心的旅行》（紐約，1965；倫敦，1966；現收入本書）中的〈維根斯坦與尼采〉一文裡，討論了幾次這樣對語言「形上學」的尼采式攻擊。

[20] 23 卷穆薩利翁版《尼采全集》，第 11 卷，第 82 頁；寫作《朝霞》時期的筆記。

[21] 23 卷穆薩利翁版《尼采全集》，第 13 卷，第 166 頁；《查拉圖斯特拉如是說》，第 2 卷，〈關於詩人〉。

使的言辭的愛好者查拉圖斯特拉，在他的〈回家〉的孤獨中說：
「在這裡，一切存在的話語和話匣子都一下子為我打開；一切存
在都想要在這裡生成為話語，一切生成都想要在這裡向我學習說
話。」[22]或者，難道是尼采本人有一次不和傷害他的東西站在一
起了？

[22]　同上，第 237 頁；《查拉圖斯特拉如是說》，第 3 卷，〈回家〉。

查拉圖斯特拉的三
個變形：
尼采知識傳記面面觀
及對無辜的美化

　　《查拉圖斯特拉如是說》（1883-1885）在尼采的著作中，有很長時間都是他的名聲最大規模所依賴的書，就好像依賴某個法國新藝術運動或 *Jugendstil*（德文：青年風格）①藝術家設計的寶座；而如果尼采本人按雷奧納多・達・芬奇在杜林的紅鉛粉筆自畫像的形象設想他的有鬍鬚的預言家，那麼這肖像最後卻更多是按照前拉斐爾畫家的方式刻畫出來的。而尼采把他的《查拉圖斯特拉如是說》視為第五福音書，一部撤銷前四部福音書甚至抹去其痕跡的福音書，尼采還認為它就是他的詩意哲學天才最真實的孩子。他在 1888 年寫了自傳《瞧，這個人》，其標題就流露出剛開始的輝煌錯覺，但是在充滿激情的輝煌及其語言的精確中，它仍然見證了他的天才（一個偉大思想者的妄自尊大——什麼樣的一種災難性的奢望啊！）——在《瞧，這個人》中，他記錄了五年前伴隨著《查拉圖斯特拉如是說》第 1 卷的誕生的精神激變。尼采在他的自傳中問，生活在十九世紀末的人當中，有誰對詩歌更強大時代的詩人所謂的靈感有一種清楚的概念嗎？「好，我來描述它。」這是這樣一種東西，以至於如果在一個如此獲得靈感的人身上有最微不足道的迷信殘餘，他就幾乎不可避免地會相信，他是更高權力的化身、喉舌、媒介。尼采寫道，「啟示」——一個用來傳達以下意思的詞：某種以前未被人見過的東西突然之間變得可見了——會是用來表達他所經歷之事的未加誇張的名詞。因為他突然發現了他尚未尋求，未問來源就到手的東西，自己送上門來的東西。一些光輝的思想「閃電般襲來，它們的形式由必然性預定好了，不留下任何猶豫的餘地——我沒有辦法。」②

---

① 新藝術運動在德國被稱做 *Jugendstil*。——譯者注

② 23 卷穆薩利翁版《尼采全集》，第 21 卷，第 251 頁及隨後頁；《瞧，這個人》，〈查拉圖斯特拉〉。

　　雖然在閱讀和再讀《查拉圖斯特拉如是說》的時候，你會一再希望少點閃電，多點猶豫；少點必然性，多點謹慎；尤其少點那種永恆性的說話方式——這種說話方式像鷹和蛇以及所有其他福音傳播的、象徵的、比喻的稟賦一樣，很可悲地已經過於年老（儘管，僅舉一例，《人性的，太人性的》的語言特色隨著每一次閱讀都會有一次更新）——，但是卻仍然可以真實地說尼采思想的光輝往往成功地穿透其笨重的預言盛裝，有時候甚至因其以預言形式表達的描述而更加有力。確實，《查拉圖斯特拉如是說》中的這個或那個形象化描述恰好不管那些障礙，而以一種任何推論式的哲學思考都達不到的直接性傳達了其意思。例如，查拉圖斯特拉的言論的第一篇〈關於三種變形〉（儘管其開頭接近於一種比喻的災難）：

> 我想你們說出精神的三種變形：精神如何變駱駝，駱駝如何變獅子，最後獅子如何變小孩。

　　確實，在試圖想像這些幾乎難以想像的變形時，很難抑制一種極端的動物加精神的不適感：你會很想知道，精神會不會感覺由於不得不變成駱駝而感到丟了面子，獅子會不會抵制不合適地迫使它變成如此無助的人類形狀的操作？但是，預言家的靈感仍然在隨後的話裡變得更加令人信服，也許因為前後不一致的，但是不太苛求的「如駱駝一般」現在取代了獸類象徵性現實的完全在場。我們讀到，在精神的旅程中有一個階段，精神在這個階段中除了想要測試自己承受沉重負擔的能力以外不嚮往任何東西，「如駱駝一般跪下，要滿載十足的重量」，要求最終的擔子：「我承載得起，並為我的強健而高興。」但是何為最重？精神獨具特色地問——「英雄們」。自貶以刺痛自己的高傲？顯出愚鈍

以嘲弄自己的智慧？告退於我們的事業慶祝勝利之時？「登上高山而誘惑誘惑者？」③

> 或者是：以食知識之果、知識之草為生，為真理而遭受靈魂之飢餓。
> 或者是：生病卻把安慰者打發回家，而結交永遠聽不見你想要什麼聾子。
> 或者是：假如髒水是真理之水，就跨入其中，而不拒絕冷冰冰的青蛙、熱烘烘的蟾蜍？
> 或者是：愛那些輕蔑我們的人，向想要使我們敬畏的鬼魅伸出手去？
> 負重的精神將所有這些最重的東西擔負於身，像滿載的駱駝匆匆走入沙漠一樣，它匆匆走入它的沙漠。④

如果產生這一切的靈感如它在尼采的經驗中十分強大那樣而在其文學效果中十分成功；如果它如尼采希望的那樣，實現了將思想和經驗都融合為一則偉大的詩的寓言，那麼它就會是小而無意義的，就會將它分裂成它的構成元素。實際上，如果你短時間內無視精神的動物變形，而談論尼采本人，談論他的個人生活和智力生活——對於尼采來說，兩個比許多其他哲學家的情況都更加密切相關的傳記方面——那是談不上不虔誠的問題的。他本人

---

③ 參見《聖經・馬太福音》第 4 章第 1-9 節：「當時耶穌被聖靈引到曠野，受魔鬼的試探……魔鬼又帶他上了一座最高的山，將世上萬國與萬國的榮華，都指給他看，對他說，你若俯伏拜我，我就把這一切都賜給你。」——譯者注

④ 23 卷穆薩利翁版《尼采全集》，第 13 卷，第 25 頁；《查拉圖斯特拉如是說》，〈查拉圖斯特拉的言論〉。

知道這一點，儘管如他的慣常做法那樣，他立即把他個人的洞悉變成了普遍的洞悉：他一再說，所有哲學，在某種意義上講，都是自傳性的，因為將哲學和「學者」或科學家區分開來的東西是「沒有任何關於他的非個人的東西」，他的思想在每一點上都證明了「他是誰」。⑤（亞里斯多德可能說過此話嗎？聖多瑪斯・阿奎納呢？康德呢？差不多是沒有。但是柏拉圖說過；聖奧古斯丁可能說過，帕斯卡或齊克果無疑說過。這很有可能標誌著思想和思想家的一種分類法的出發點。）

　　如果《查拉圖斯特拉如是說》是一部哲學著作，那麼尼采把哲學等同於自傳的做法無疑就適用於查拉圖斯特拉這位哲學家加預言家的這第一篇言論；它到了這樣的程度，以至於寫一部尼采作為生在「駱駝」標誌下之人的傳記也不會不可想像。「孤獨而痛苦地懷疑自己……我……採取了**反對**我自己的立場，而**贊成**那些恰恰使我痛苦和艱難的東西，」⑥他說，這是他人生從頭到尾的基本真理，不僅僅是在查拉圖斯特拉指給精神一條帶它超越駱駝階段的道路之前的基本真理。確實，如果我們假定尼采本人相信自己已通過了查拉圖斯特拉駱駝、獅子、小孩變形的全部測試，那我們就錯了。遠遠不是這樣，如果他想要把查拉圖斯特拉**表現**成一個這樣做了的人，那他就是不成功的，因為，只舉一個例子，指責詩人說謊太多，然後被他的自知之明所打敗，說「可是查拉圖斯特拉也是一位詩人……**我們**確實說謊太多」⑦的，當

---

⑤ 同上，第25、第26頁及隨後頁。

⑥ 同上，第9卷，第7頁；《人性的，太人性的》，第2卷，第1部分，序言，第4節。

⑦ 23卷穆薩利翁版《尼采全集》，第13卷，第166頁；《查拉圖斯特拉如是說》，第2卷，〈關於詩人〉。

然既不是一頭擺脫了顧忌的獅子，也不是一個沒有自覺的孩子。（難道獅子不該問「為何不說謊」嗎？他沒有問。相反，這些話傳達的如果不是輕蔑，至少也是形而上的不適，或者更糟糕，是查拉圖斯特拉無法相信他自己。）

說這些變形的想法「給人以閃電的印象」或者不用搜尋就被發現，這也是不真實的。就如寫作《查拉圖斯特拉如是說》之前的筆記所說，這想法是被認真敘述過的。尼采在這篇遺稿中還沒有談到三種變形，但是談到了「*drei Gänge*（德文：路上的三個階段）」，並沒有讓他的意思穿上象徵的外衣，而是僅僅指出了思想和靈魂的三種不同的態度；雖然把三個階段分開的界線還沒有像在查拉圖斯特拉的第一個言論中那樣有力地畫出，但是旅程的相同性尚可察覺。非同尋常地讚美他人，非同尋常地服從與學習，是第一階段的特徵，此外還有「承擔重負」、讓自己被矛盾的奉獻精神撕碎、全然培養出一種激進的「精神禁慾主義」。第二階段，「沙漠時期」——「像馱著重負匆匆走進沙漠的駱駝一樣……」，將由查拉圖斯特拉在為精神的第二次變形安排場景的時候宣告出來——這第二個階段要求讚美之心即使破碎了，也要否認它曾最為讚美的東西，透過把它至今為止都**沒有**愛過的東西「理想化」，透過使自己依附於「相反的價值觀」，而獲得自由和獨立。而在第三階段中，它學會無限地「肯定」，既不知道神，也不知道高於它自身的人，最終達到那種本能的無辜——查拉圖斯特拉說，「獅子最終變成了小孩」——那就是一種新的創造性的條件。

「我採取了**反對**我自己的立場，而**贊成**那些恰恰使**我**痛苦的東西……」有多少尼采自己的思想和自傳在查拉圖斯特拉對「駱駝」階段的精神的召喚中被描繪出來，這是很令人驚奇的。「自貶以刺痛自己的高傲」——入迷地密切關注尼采同華格納關係的

充滿變故故事的人完全有理由相信，不僅僅從《查拉圖斯特拉如是說》的觀點來看，就是在《悲劇的誕生》的年輕作者，尤其明顯地在《理查‧華格納在拜魯特》中給予這位作曲家的那種最熱情的效力中，也始終有一種自卑因素。說在《悲劇的誕生》中尼采以其自己深刻的形上學直覺和古典學問，甚至以他的天才，「跪倒」在華格納面前，就好像書中的戴奧尼索斯神和阿波羅神行使他們的神聖職責，僅僅是要為沃旦神 [8] 在音樂中的歸來鋪平道路。難道那本「有問題的」書——如尼采在寫了該書十八年之後自己稱呼它的那樣 [9] ——由於其不太順暢的發行而變成了一種對那位作曲家、戲劇家的形而上廣告？而如果在尼采對戴奧尼索斯心醉神迷的讚美中，看到他自己對柯西瑪－阿里阿德涅 [10] 的戀歌和對華格納－忒修斯的譴責，是對尼采這樣的一些讚美的正確解讀，那麼特里普辛，尼采和華格納、柯西瑪曾經的逗留之地，對他來說，就一定是一種靈魂迷宮狀態的名稱，他在其中被讚美、欲望、嫉妒和自我謙避扯來扯去。

而且，把他那種身為門徒的熱情火焰仍然熠熠放光的文章《華格納在拜魯特》和他在同時期寫的關於華格納的最可疑的，甚至充滿敵意的那些筆記——作為反華格納的諷刺文《華格納事件》中許多內容之先導的言論——放在一起，我們可以猜到，查拉圖斯特拉透過公開讓尼采的愚蠢顯得刺眼——稱讚一個尼采甚至在當時就具備其無可非議藝術能力的人，這種能力接近於判斷性災難——而以駱駝精神來嘲諷他的隱蔽智慧，究竟是什麼意

---

⑧ 又叫奧丁，北歐神話中的主神，世界的統治者，持長矛。——譯者注

⑨ 23 卷穆薩利翁版《尼采全集》，第 3 卷，第 5 頁；《悲劇的誕生》1886 年序。

⑩ 阿里阿德涅是希臘神話中克里特島國王米諾斯的女兒，給了戀人忒修斯一個線團，幫他走出迷宮。——譯者注

思。而他確實在華格納真的很得意之時，而且不再需要尼采擁護其「事業」之時，和他分道揚鑣了。相反，如果他維護他的友誼，他也許就分享了一點現在大量照耀在作曲家華格納身上的光鮮，尼采在一封給露‧莎樂美的信中談到了華格納的作品，尼采說自己「*erliebt*（尼采生造出來的德文詞，含有『體驗』、『愛上』的意思）」他的作品。那封信是在 1882 年秋天寫的，當時《帕西法爾》第一次在拜魯特上演，這是一個尼采明確避開的事件。他的信繼續說，他對華格納音樂的愛好曾是一種「長期的激情：我沒有其他詞來表達它」；然後說，他和華格納分道揚鑣是一種宣布斷絕關係的行為，雖然這種行為是必要的，如果他最終自己能發現的話，但是卻是他一生中「最艱難、最憂鬱的事情」之一。

2

尼采爬上或者他覺得爬上他的「高山」，意圖是要挑戰他的敵人上帝——他的劊子手，如查拉圖斯特拉的巫師在尼采借他人之口說出的一種最懷惡意的語言中稱呼**他**的那樣，他的劊子手，他的痛苦，然而也是他最終的幸福。[11]確實，這樣做從而「誘惑誘惑者」——最高的挑戰者路西法[12]——的欲望，也許是他的精神存在的最內在核心，是他的心靈的最深層次的祕密。就湯瑪斯‧曼的《浮士德博士》也是一部關於尼采的小說而言，正是尼采尤其將其主人公作曲家阿德里安‧萊沃庫恩呈現為這種「誘惑」的既得意又悲慘的犧牲品；當然，萊沃庫恩會被發現與那

---

[11] 23 卷穆薩利翁版《尼采全集》，第 13 卷，第 321 頁；《查拉圖斯特拉如是說》，第 4 卷，〈巫師〉。

[12] 明亮之星，早期基督教文獻中對墮落以前的撒旦的稱呼。——譯者注

些最有創造性、最孤獨、最受打擾的人為伍，尼采借他們的口說出了下面這些話：「啊，蒼天在上，賜予瘋癲吧！瘋癲到我最終自己相信自己！……懷疑把我撕碎，我殺死了法……如果我不大於法，那我就是萬物中最墮落的。」[13]因為正是萊沃庫恩要求瘋癲，也要求天才的勝利自信，並被賦予了這兩者，雖然不是由蒼天的力量，而是由魔鬼，由他所誘惑的誘惑者賦予的。那種對瘋癲的祈求的始作俑者尼采自己完全有權利說那些話；有一次他以更清晰的自傳意圖發明了一個他稱之為「思想的唐璜」的人物，暗指誘惑者形象的最臭名昭著的誘惑者，他在被一切可獲得的知識搞得幻滅之後，發現自己最終在尋求「最傷人的知識」，最終渴望著地獄本身，「仍然可以引誘他的唯一知識」[14]。

　　正如一種既有毀滅性又有創造性的深不可測的內在強制使他在他經歷過的生活中把那些也許安慰過他受折磨的心靈的人——例如他愛過的露·莎樂美——「打發回家」，讓他自己被他妹妹那樣的「朋友」支配，充耳不聞他真正的心靈的聲音，於是他在自己的智力生存中被迫放棄一切維持他精神天性的牧場（例如，《悲劇的誕生》和《不合時宜的思考》的形而上領域），是要「為了真理的緣故」而以《人性的，太人性的》被神遺棄的田野上生長的「知識的橡果和草」為生。但是，他寫他的反形上學宣言，十九世紀實證主義產生的最輝煌、最有靈感的文件，這是「為了真的緣故」嗎？這樣來看這個問題，就是失之粗陋了。因為《人性的，太人性的》，他這個精神挑戰的偉大實驗，已經彌漫著**沒有任何真理**，當然也沒有精神的真理的意識，彌漫著一種懷疑，認為所謂真理，不過是「一種謬誤，沒有這種謬誤，某種動物就

---

[13] 23 卷穆薩利翁版《尼采全集》，第 10 卷，第 22 頁；《朝霞》，第 14 節。

[14] 同上，第 247 頁及隨後頁；《朝霞》，第 327 節。

會認為無法生存」。⑮知識感受性範圍之內的這種直覺和強大手段既富於詼諧可歎的悖論，又在邏輯上很虛弱，一旦它們占據了一個人的心思，那麼對知識誠實的要求——尼采不斷地、堅持不懈地「為了真理的緣故」而對自己提出這種要求——就只能遭遇諷刺，看起來像命運而不像規避行為的那種諷刺，就他而言，往往呈現極端的、極端矛盾的信仰的非諷刺性外表，這些信仰被同時說出或迅速地連續說出。

在有這樣一種真理乾旱的地方，真理之水就變醜了，仍然決定要踏進水中去的人可能發現自己在一片沼澤地帶，追趕著磷火。「冒充是星星」的「沼澤地帶的磷火」：這就是尼采如何在緊隨《查拉圖斯特拉如是說》之後的那本書中，那本叫做《善惡的彼岸》的書中稱呼「這些偉大的藝術家，亦即一般而言的更高之人」的。他寫道，他們所有人都有某種東西隱藏在他們的靈魂中，某種可怕的東西，「某種內心的褻瀆神聖」；而他們「迷失在泥中，幾乎愛上了它」，可他們從泥中爬起來，經過他們作品的「偽造」，來到那些崇高的高地，天真無邪的觀眾帶著純粹的崇拜朝那高地望去。尼采有著把偉大成就看做對受傷害、受羞辱的靈魂的補償性策略之能力，完全可以是他曾經聲稱自己是的那種樣子：歐洲第一心理學家，他不會不喜歡「青蛙或蟾蜍」或不潔水域的其他造物，只要它們的棲息地允諾某種「真理」。但是，知識誠實真的要求追求者應該在泥漿般的池塘裡追求真理嗎？在沼澤地之行之後的幾頁，《善惡的彼岸》的作者回到了更乾爽、更潔淨的地面上：「由此得出結論，敬畏『面具』，不在錯誤的地方用到心理學和好奇心，屬於更高尚的人性。」⑯這不

---

⑮ 23卷穆薩利翁版《尼采全集》，第19卷，第19頁；《權力意志》，第493節。

⑯ 同上，第15卷，第246頁；《善惡的彼岸》，第270節。

再由駱駝精神說出，而是由一個知道「真相」不是真理的唯一標準的思想者說出。然而他說到了面具。但是在沒有真正的面孔的地方，可能也沒有面具，或者是只有面具。而心理學「在錯誤的地方」？在沒有正確之處的地方，就沒有錯誤的地方。或者正確之處仍然在「沼澤地帶」的附近，在我們讀到：「不想要看到一個人高明之處的人，必然格外敏銳地尋找這個人身上低微、表面的東西 —— 並因此而把自己暴露出來」⑰這樣一段明顯是心理學宣言的地方？

對於從世界出發的每一條真理，都會有一個幽靈到來。但是尤其有一個尼采－查拉圖斯特拉所結識的幽靈，一個使他驚恐的惡魔幽靈，而他卻向這幽靈伸出了友誼之手，好像這手中握著最快活的消息。《快樂的知識》第 4 卷就以這種同魔鬼的相遇而告結束。這是「永恆回歸」的那種奇怪、美好、仍然猶豫不決的「如果……將會怎樣」的演練，「永恆回歸」的思想和「超人」的預言將成為查拉圖斯特拉最響亮的訊息。而似乎為了要十分確保那種訊息和那本預言之書之間的關聯不被忽視，在《快樂的知識》中和魔鬼的遭遇接下來的文字就是《查拉圖斯特拉如是說》的開頭 —— 兩段文字一字不差；確實是一字不差，但是加了一個標題：「*incipit tragoedia*（拉丁文：悲劇開始）」；而「永恆回歸」的悲劇性、災難性的潛在性確實最清楚地從「最重之重」的那一節中湧現出來。這個「重」好在最接近於駱駝最重的負重。以下就是「最重之重」的全文：

> 如果某一個白天或夜晚，一個魔鬼偷偷尾隨你進入到你最孤獨的孤獨中來，對你說：「你現在過的、曾經過的這種生

⑰ 同上，第 248 頁；《善惡的彼岸》，第 275 節。

活，你將不得不再一次並且繼而無數次地去過；其中將沒有
任何新東西，而是每一種疼痛、每一種喜悅、每一種思想
和歎息，以及你生活中非語言所能表達的大大小小的一切，
都必然回到你這裡來，而且一切都以同樣的次序、順序回
來——甚至這隻蜘蛛、甚至這道樹蔭之間透過來的月光、甚
至這個時刻、甚至我自己都同樣回來。生存之永恆沙漏被一
再顛倒過來——而你，一小粒塵土，伴隨它一起！」——你
難道不會撲倒在地，咬牙切齒，詛咒如此說話的魔鬼嗎？或
者你經歷了一個非同尋常的時刻，你會回答他說：「你是一
位神，我從未聽說到過比這更神聖的話呢！」如果那種思想
支配了你，它就會改變，也許搗碎，你現在的模樣；在任何
事情上都會有這樣的問題：「你想要這事情再一次並且繼而
無數次地發生嗎？」這個問題會作為最重之重讓你的行為來
背負！要不然，你得如何善待你自己和生活，以便更多地渴
望虛無，而不是渴望這最終的永恆確認、渴望打上最終的永
恆印記？[18]

　　後來查拉圖斯特拉帶著極明顯的信念，沒有「如果」與「何
時」，宣告「永恆回歸」時，不必說任何東西，沒有東西會像這
些詩意的條件句一樣可靠，沒有東西會一樣清楚易懂。確實，
透過這些散文詩而閃閃發光的東西便是悲劇虛無主義的土壤——
「永恆回歸」的宣告就是從這土壤中迅速生長出來的；便是那使
人驚恐的「要不然」，它將狂喜入迷規定為生存可以被忍受的唯

---

[18] 23卷穆薩利翁版《尼采全集》，第12卷，第253頁及隨後頁；《快樂的知
識》，第4卷，第341節。

一條件。[19]因為在一次又一次地嚮往自己的「非同尋常的時刻」和對魔鬼的詛咒之間，橫亙著不過是黑暗的虛無。因此，「最重之重」的作者只好懷疑，除了「**超人**」以外，沒有人能把永恆的印記打在只知道時間、時間、時間的一種生存上：時間，因而只有無意義和死亡。

　　當然，尼采自己不擁有把他的時間變成永恆的能力。他寫道：「此生——就是你的永生」[20]，但他承認，「我不想**再生**，」並補充說：「我如何忍受了生活？透過創造。是什麼東西使我忍受的呢？是肯定生活的『**超人**』的幻象。我試著自己肯定生活——可是唉！」[21]他說：「我做偉大的實驗：誰能忍受『**永恆回歸**』的思想？——無法忍受『**沒有靈魂拯救**』這句話的人**應該死掉**。」[22]這就是在他的筆記本裡，而且似乎在《查拉圖斯特拉如是說》讀者的背後，他是如何解釋為什麼「永恆回歸」的惡魔般低語會碾碎在微弱的否定狀態中接受它的人的。或者，他甚至更可怕地寫道：「讓我們考慮這種想法的最可怕形式：實際情況的存在，沒有意義或目標，但是必然一再出現，沒有進入虛無前的終曲……」[23]而毫無疑問，在《快樂的知識》的構成中，把「最重之重」那一節放在尼采關於蘇格拉底臨終遺言的出色思考之後，絕非出於偶然；而如果我們考慮到尼采在全部著作中對蘇格拉底做出的對前後矛盾毫不在乎的判斷，那麼「出色」就是 *mot juste*（法文：合情合理之言）了。在這段思考中，蘇格拉底

---

[19]　狂喜入迷的最原始形式是由毒品提供的。——譯者注

[20]　23卷穆薩利翁版《尼采全集》，第11卷，第187頁；寫作《朝霞》時期的筆記。

[21]　同上，第14卷，第121頁；寫作《查拉圖斯特拉如是說》時期的筆記、計畫、殘篇。

[22]　同上，第14卷，第187頁。

[23]　23卷穆薩利翁版《尼采全集》，第28卷，第45頁；《權力意志》，第55節。

在他所做、所說以及未說的一切事情中，都被稱為勇敢而智慧；被稱為寧靜的、平衡的、愛挖苦人的、惡作劇的、色瞇瞇的，尤其是對他最終的所知謹慎地保持沉默。然而，他在飲下毒汁前所說的臨終遺言儘管「可笑而又可怕」，卻透露出：「克里托㉔，我欠阿斯克勒庇俄斯㉕一隻公雞」；而尼采寫道，正確理解這臨終遺言的人突然發現，在公眾面前像真理之士兵一樣生活的蘇格拉底私下裡竟然是厭倦生活、將生活視為一種疾病、將死亡視為其治療之藥的悲觀主義者。（雅典的厭倦者為恢復健康而求助於偉大的信仰療法術士阿斯克勒庇俄斯的精神，他獻祭給他一隻公雞。）尼采由此而發出最終的指令：「朋友們，我們甚至得戰勝希臘人！」而這種戰勝，將透過永恆回歸的魔鬼訊息所要求的那種對個人生存的完全肯定來完成。

在這裡尼采關於蘇格拉底所說的話，當然同時又是他的自傳的另一個殘篇：「我不想再生。」讓這樣一個人來宣告一種肯定是無所不包的、極端的、狂熱的，就像包含在永恆回歸的教義中的那樣，這確實就是「採取了反對」他自己的立場，而「贊成那些恰恰使」他「痛苦和艱難的東西」；就是向使他驚恐的「幽靈伸出了友誼之手」。「負重的精神將所有這些最重的東西擔負於身，像滿載的駱駝匆匆走入沙漠一樣，它匆匆走入它的沙漠。」而在這裡，在「最寂寞的沙漠中」，「發生了第二次變形」：「精神在這裡變成了獅子，它要爭得自由，統治它自己的沙漠。」外部場景儘管引人注目，卻仍然是沙漠，在某種意義上，獅子也仍然是駱駝。它仍然背負重負：生活。但是在他的靈

㉔ 柏拉圖對話集中《克里托篇》中和蘇格拉底對話的人，是蘇格拉底富裕的朋友。——譯者注

㉕ 希臘神話中的醫神，太陽神阿波羅和塞薩利公主科洛尼斯之子。——譯者注

魂中，他如此深刻地接受了它，以至於曾經是壓迫的東西現在變成了輕，變成了貓一般的優雅輕捷，「最重之重」變成了失重，對卑賤的創造物的奴役變成了無負擔的獅子的自由，獅子：

> 尋找它最終的主人：它要敵對於他，敵對於它最終的神，它要與巨龍一爭高低。
>
> 精神不再喜歡稱之為主人和上帝的那條巨龍是什麼呢？那條巨龍叫做「你應該」。然而獅子的精神說「我要」。
>
> 「你應該」，一條長著鱗甲的動物，金光閃閃，躺在它的路上，每一個鱗片上都閃爍著「你應該」的金色字樣。
>
> 這些鱗片上閃爍著千年的價值，所有龍之中最強大者如是說：「萬物的一切價值——在我身上閃爍。」
>
> 「一切價值都已創立，一切創立的價值——那便是我。真的不應該再有『我要』了！」巨龍如是說。
>
> 我的弟兄們，需要精神的獅子來做什麼呢？那忘我而忍辱負重的動物難道已不夠用了嗎？[26]

這裡的文風過於矯飾，過於奢華，而不適合一個沙漠，假聖經的腔調就像駱駝的重負一樣難以承載，華格納式的巨龍只是驚人明顯地在等待著一個齊格菲來把它殺死。然而，意思很清楚，太清楚了，不會因為它的比喻式點綴而攪了渾水：沒有道德法則，因此也沒有道德義務。曾經產生出法律和義務的舊神已經死了，他事實上或更應該說是從比喻講，是用「你應該」來製造所有蛇的鱗片的製造者。因此，所需要的東西是新碑文、新價值。

---

[26] 23卷穆薩利翁版《尼采全集》，第13卷，第26頁；《查拉圖斯特拉如是說》，〈查拉圖斯特拉的言論〉。

於是尼采的寓言繼續說，創造這些東西並不在獅子的職責範圍之內。當然，獅子確切地講並非建設性的動物；它可以為自己建設洞穴，但不是人類的西奈山 ㉗。而它所能做的 —— 保持在反道德寓言方式的範圍內 —— 是征服自由領域，精神則需要自由來獲得一種新的創造性。走向這種自由的第一步，是在駱駝點頭表達其褻瀆神靈的贊同之處說出「一個神聖的不」：面對現在不再出自任何地方的義務，面對喪失了其立法者的無盡的「你應該」。這種對自由的征服在食肉猛獸的權限之內。

在這裡，查拉圖斯特拉的最初言論再次成功，即使不在別的事情上，至少也在於縮簡，尤其是它顯得純樸，一個複雜而又悲慘的長篇故事。它的焦點主題是：什麼是道德本性？尼采的全部精神存在都受到這個問題的支配，他一而再、再而三地與之拼搏 —— 在《查拉圖斯特拉如是說》時期之後，具體是在《善惡的彼岸》中和《道德的系譜》中 —— 然後失敗。說這是一種因為進入到對難以捉摸目標的追求中去的知識激情而區別於大多數失敗，這是絕對確鑿無疑的 —— 這樣的激情似乎總不過是大規模失敗的別名。這樣的籌畫不是產生了最輝煌的洞察力嗎？它沒有給人以這樣的印象：它是用來推動歷史必然性本身的嗎？然而……

就某一種道德傳統而言，尼采是基督徒，他自己的基督徒，在顯示其墮落，因而也顯示其衰減的可靠性，在顯示其遲緩的活力，因而也顯示其精神上的阻礙，在顯示其對真正信念的缺乏，因而也顯示其文化上的弱化效果時，特別有悟性；為他的精神不滿所驅使，他有無窮無盡的創造性，來分析基督徒「駱駝精神」的心理：在背負其十字架的重負中所獲得的快感，在禁慾的自我克制中所達到的興奮，在把愛神從神降為邪惡找到的性

㉗ 按照基督教的說法，西奈山是耶和華給摩西十誡的地方。——譯者注

快感，在頌揚無能為力和謙恭之美德從而以負罪感折磨天真的強者時所享受到的力感。然而，儘管他在這些主題愈來愈微妙，最終愈來愈強調，愈來愈震撼的改變中出類拔萃，但是他卻並未觸動和回答主題背後的問題：深深扎根於人類之中，也許扎根於做人之中的那種強制力的意義何在？那種強制力迫使人做出道德區分，懂得善惡——以至於任何「惡」，任何惡行，任何欺騙，任何無恥，任何仇恨，不經過他將其「重新評價」為善，在道義上對於人來說都是不可接受的。如果有任何東西值得被稱為「人性」的話，那麼從以下考慮，它就是道德的：沒有從道德上來區別的能力，甚至內在的需求，這是不可想像的（而審美判斷在結構上如此接近於道德判斷，以至於有時候審美判斷變得無法區別於道德判斷）。甚至偉大的基督教訓喻「你們不要論斷人，免得你們被論斷」在譴責自以為是的時候也做出了一個道德判斷，並以靈魂最終必須面對的判斷來威脅靈魂。而尼采關於一個「在善惡的彼岸」的領域的幻想，則洋溢著他對一種全新之善的希望。這是他實際上從不承認的東西。通常他就像一個醫生一樣說話，這個醫生在診斷人們往往沉溺的不衛生飲食所造成的傷害時無視對食物的必然需求。

　　或者他是這樣嗎？不盡然，例如，當他讓他的查拉圖斯特拉說到「新價值觀的創造」，即絲毫不是「非道德」的價值觀（這樣的價值觀並不存在），只不過**在道義上**不同於基督教傳統；當然在他的預言家預言**超人**的時候，就完全沒有不同了。因為這種新的更高人性的典範，這種幻覺和發明物的混合體，在暗示中是尼采對緊隨臭名昭著的上帝之死之後必然到來的人之死的承認；人之死的奇怪原因是人的本性的那種「荒誕」，尼采雖然既不是其發現者，也不是其發明者（在基督教傳統範圍內，先於他的有帕斯卡和齊克果），但是他卻以著了魔似的堅持不懈精神，憑著

直覺和足智多謀來加以探討和分析。那種「荒誕的」事物狀態在於人之精神道德需求和人所進入之世界性質的不一致，這種不一致又被上帝之死所戲劇化了。天生對「意義」有著不知饜足的胃口，人陷入到無意義的生存機械中；人始終急於為自己的生存方式辯解，卻發現自己處於判官和獎懲的生活中；渴望使他的出生和不得不死亡有一點點意義，他從周圍漫無邊際的無意義之中接收不到任何徵兆和信號。

　　在上帝死後無可救藥和無法忍受的，正是這種荒誕的意識。尼采將此視為虛無主義情感，這樣的思想靈魂狀況有一段時間將由於過去遺留下來的點滴精神而仍然是可忍受的，但是註定要災難性地終結。因為大地給予，「荒原增長」，「很快在我們生活的地方，將沒有人能夠生存。」[28]也就是說，除非人最終變為既不是神也將不再僅僅是人的**超人**；因為他將克服掉虛無主義的大虛弱，將上升到荒誕命運之上；將不出去搜尋真理的水域，卻把生命之水本身從沙漠的乾沙子中擠壓出來；將過上善之生活，不需要不可獲得的善之知識；將存在於榮耀之中，不必從曾經讓光芒照耀在人身上而現在不再存在的上帝那裡借來榮耀。然而要遇上這樣光輝的幸運，他將必須比查拉圖斯特拉最初言論和寓言中的獅子更勝一籌，更勝不可想像的一籌；因為「創造新的價值——甚至連獅子也還做不到」。要做到這一點，精神將必須是一個孩子。「除非你……變得像小孩子一樣，不然你將進不了天國。」查拉圖斯特拉在這裡用聖馬太的聲音說話，這是可能的嗎？可能的；在這裡，在書中大量對聖經的模仿中間，書的言論以適度的可靠性涉及了聖經的美德主題：

---

[28] 23卷穆薩利翁版《尼采全集》，第28卷，第3、第52頁；《權力意志》，序，第58節。

可是……小孩還能不能做連獅子都不能做的事情呢？猛獸獅子為何還不得不變成小孩呢？小孩是無辜與遺忘，一個新的開端，一場遊戲，一個自轉的輪子，一個最初的運動，一個神聖的肯定。……做創造的遊戲，需要一個神聖的肯定：精神現在要有它自己的意志，喪失世界者贏得了自己的世界。⑳

這就是查拉圖斯特拉如何談論獅子最終變成了孩子。甚至差不多在十年以前── 當時尼采是巴塞爾大學的古典語文學教授──已經在關於赫拉克利特的一種非常不專業的、詩一般任性的解釋中，對他的學生談起了玩耍的小孩。在那種解釋中，小孩充當了原始力量的楷模形象，這種原始力量透過「以永恆泰然自若的天真」玩耍其造物主遊戲來造就世界，目的僅在於對遊戲創造物的純「審美凝視」所提供的快感。⑳就在此前不久寫的《悲劇的誕生》中，正是如此把生活看做一種純「審美現象」，才是對世界的唯一「永恆辯解」。㉛但是，現在是獅子變成孩子，對**超人**的寓言式的、烏托邦式的界定。

3

涉及的問題使讓它受歷史侷限的一切嘗試成為不可能。因為要講開始的話，它在神話時代就開始了：始於人的頭腦向神、向

⑳ 23卷穆薩利翁版《尼采全集》，第13卷，第27頁；《查拉圖斯特拉如是說》，〈查拉圖斯特拉的言論〉。

⑳ 同上，第4卷，第183頁，第310頁及隨後；《希臘人悲劇時代的哲學》和〈前柏拉圖時代的哲學家〉；關於赫拉克利特的演講。

㉛ 同上，第3卷，第46頁；《悲劇的誕生》，第5節。

柏拉圖的理念領域告別之時，始於它落入黑暗中之時，這種黑暗將只是朦朧地被很少散發著理念之光的東西所照亮。人從那個時候起，就只是模糊地了解他自己，嘿，而不是了解他的現實。他從此就感覺不自在。或者用不同的說法，用《創世紀》的語言：由於他吃了知識之樹的果子而遭受詛咒，聖馬太和其他拯救福音傳播者都認為這種詛咒只有透過屬於孩子的信仰才能去除。沒有這種信仰，就只有自覺意識的折磨，成熟之人對作為他的赤裸裸的單獨自我所感到的恥辱和難堪，被稱為墮落的普遍懲罰範圍內的特別懲罰。然而只要上帝存在，就有救贖的希望。只有在尼采所診斷的那種源於上帝之死的病降臨的時候，人的頭腦才會被運用於把**歷史性的**未來設計為復樂園的巨大任務：這個世界隨著自我意識的克服，隨著無辜和天真的自發性的恢復或者有了一種新的創造而產生。當盧梭要求人回歸自然的時候，他指的就是這樣一種伊甸樂園；而黑格爾看到「不愉快的意識」在其每一次轉彎之處都被一再重複的發現拋入悲哀中，這種重複的發現就是：「客觀現實」絕對是由不同於精神的材料構成的，他相信現實的東西最終會如此極其豐富地被神所照亮，甚至變形為神，以至於意識的痛苦會在它和世界合而為一，甚至它**即**世界的最終完成中終結。（正是黑格爾的這種世俗彌賽亞主義，馬克思將其從精神，從「頭」，轉變成無階級社會的物質之「足」，這是一個沒有矛盾的社會，不再對真正的人類精神有所冒犯。）

盧梭的「回歸自然」和黑格爾的「前往精神」的混合所產生的思想與幻象的結構是無限的，也是無限地改變著的，但是全都有的共同之處是對一種存在狀態的渴望，甚至預期，在這種存在狀態中，自我意識，靈魂努力爭取自己自由所遇到的持久障礙，被消除掉，消融到最終恢復或達到的那種「天真」和「無辜」中。這種恢復或達到可由是**實際存在**還是**似乎存在**，是是還是**為**

的定位來區別，自然在不斷提醒你這種定位，「孩子」則是對這種定位的承諾。席勒在其了不起的〈論素樸的詩與感傷的詩〉一文中，說自然萬物都是我們**曾經是**的東西（再一次說到盧梭，他認為這是自然狀態的失樂園），但也是按照理性和自由的方式我們應該成為的東西（再一次說到黑格爾，他認為這是自由和理性的不二自然法則，復樂園）。這就是自然之所以「代表我們失去的童年……因而使我們充滿某一種憂鬱」的原因（因為童年是我們的文明狀態下可以遇見的「未被肢解之自然」的唯一剩餘物），但是，在提供給我們以「我們最高完美的理想」的同時，也「使我們倍感崇高」。[32]

華茲華斯在〈非道德的宣示〉一詩中頌揚的，克萊斯特將其漂亮的哲學對話〈關於木偶劇場〉——在那裡，一位舞蹈家，一位芭蕾舞大師，在尋求優雅動作完美典範的時候，回歸到超脫於童年的地步，甚至超越有機性的領域，到了木偶的機械裝置的地步——所奉獻出的，正是這種「崇高感」，這種孩子的純潔而非自我意識存在的哲學。因為在其對自然法則——重量法則和平衡重量法則——絕對的、無意識的服從中，木偶在自己的運動中顯示了一種完全**不受影響的**——也就是說，甚至不受最輕微的一點點自我意識影響的優雅——，任何男人或女人都不可能達到的一種優雅：「只有神在這方面才配得上這種優雅。」只有神，孩兒之神；舞蹈家補充說，這就是在我們的圓形世界中兩端相遇的那一點：無意識的和完全有意識的。而當他的夥伴帶著表示懷疑的驚訝，對這樣的教訓做出反應時，他問他是否專心讀過《創世紀》的第三章：只有掌握了這種人類歷史之初意義的人，才能明智地談論人類歷史之末：「……我們將不得不再次吃知識之樹的

---

[32] 弗里德里希‧席勒文〈論素樸的詩與感傷的詩〉。

果子，以退回到無知狀態中去」── 一種無限的意識會和無意識的木偶或者和蛇領其進入誘惑、羞恥及自我意識中以前的天堂兒童一起分享的優雅狀態。

　　克萊斯特關於木偶的對話提供了里爾克《杜伊諾哀歌》之四中最具哀悼因素的戲劇景象和知識景象。在《杜伊諾哀歌》之四中，舞臺 ── 人類內心世界的舞臺 ── 布置好了「名花園」背景前演出的告別；那位舞蹈家出現了，觀眾詩人憤怒地加以拒斥：「不，不是**這一個**！」因為無論他如何努力地試圖擺出優雅和輕快的姿勢，他總是沉重地意識到自己**不是**自己所**扮演**的人物。他不過是一個偽裝的布爾喬亞，很快將卸妝回家，「從廚房經過」：「我不要這**些**半鼓脹的面具。讓木偶跳舞吧！至少它們是分不開的。」可是最終的，最終**真正的**演出，只有在天使 ── 里爾克的「存在的豐富性」的體現 ── 手中掌握著木偶的線繩時，才會上演。「天使和木偶！」── 只有在這時候，我們生命的各個時節才會合起來成為有序的週期，成為那種生存的完整性，童年時代就是這種完整性的先兆。第四哀歌是克萊斯特木偶劇場上演的最後一幕的里爾克版本，是對尼采的兒童**超人**的哀歌式頌揚。

　　克萊斯特和里爾克在拙劣的舞蹈者身上體現的東西，尼采再三稱之為「**演員的問題**」：「『掩蓋真相』，改造自己的典型能力」是「他性格中的一個缺點，」1888 年的一個隨筆缺乏連貫性地這樣說。[33]可是，迷住他的當然不僅僅是，甚至根本不是，專業演員；不僅僅是藝術家有意識持有和培養的觀念，即認為他是一名藝術家，必須表現得像一名藝術家 ── 一個對於席勒來說

---

[33] 23 卷穆薩利翁版《尼采全集》，第 18 卷，第 236 頁；《權力意志》，1888 年（春夏）的計畫。

使現代藝術「感傷」（他用這個詞有其特殊的意義，意味著「反省」或「自覺」），對於黑格爾來說標誌著「藝術的終結」，對於尼采來說使一切藝術——例如，而且尤其是，理查・華格納藝術——成為戲子手法變種的現代藝術意識的事實。[34]不，在尼采後來的歲月裡像厲鬼一樣糾纏著他的是一種無處不在的懷疑：悟性的自我意識竟然發展到這樣一種程度，以至於剝奪了**任何信仰**的真誠：信仰現在是一種自我欺騙的形式，解釋一種信仰若是沒有修辭上的不誠實成分，就會變得不可想像，這就是查拉圖斯特拉稱之為詩，稱之為詩人和他自己的詩的東西，他將此等同於說謊。[35]在尼采瘋了的時候，他給巴塞爾的歷史學教授雅各・布克哈特寫了（1889年1月6日）那封古怪的、神祕地透露真情的信，在信中，尼采，這位同一所大學的古典語文學離職教授，諷刺而又瘋狂地承認，他也會寧願保留他的教席，而不必去做上帝，而且做一個註定「用拙劣的俏皮話娛樂下一個永生」的神。這是尼采最後一次談到那種「插科打諢」，那種「絕望的面具」，這已經成為他對現代智力生活、藝術生活、宗教生活中許多東西堅持不懈的描述——而且在精神錯亂中將其用於自己。

他在筆記中兩次問到，為什麼這個文明中的一切作為一種戲子表演，作為「演出」而終結；他兩次以回答自己問題的方式說，作為有意識意志的產物，任何事物都必然缺少完美；[36]因為一切**是**完美的東西，在任何時候都是——如他在《反基督之徒》中所說[37]——一種根深蒂固的堅定本能的「機械行為」的結果。

---

[34] 參見同上，第62頁及其後；《權力意志》，第78節。

[35] 同上，第13卷；《查拉圖斯特拉如是說》II，〈關於詩人〉。

[36] 同上，第18卷，第57、309頁；《權力意志》，第68、434節。

[37] 同上，第17卷，第249頁；《反基督之徒》，第57節。

這種本能不再會在現代人中間被發現。查拉圖斯特拉有意嚮往的 *leonitas*（拉丁文：獅性）因此必然創造不了一種新人類的新價值。在一個尼采從知性角度所表達的世界範圍內，在《杜伊諾哀歌》、先驗理想主義、浪漫主義的期待的世界內，精神將成功地完成其第三個也是最後一個變形，將成為在自我遺忘中遊戲的、給我們立下新法的孩子嗎？或者在這樣一個世界上，決定性的話語不可以是為預言者的瘋狂而做的可怕祈禱嗎？這種瘋狂使預言者最終相信了他自己及其預言。

Chapter ⑥

里爾克和尼采及
一次關於思想、
信仰和詩的交談

1

　　「我們談論起《塔索》，談論起歌德在其中試圖表現的**觀念**，」愛克曼在日期為 1827 年 5 月 6 日的談話紀錄中說。「觀念？」歌德說——「我似乎不知道什麼是觀念！——我有塔索的生平，有我自己的生平，我把這兩個奇特人物……融匯在一起，我心中就浮起塔索的形象……德國人真是些奇怪的傢伙！——他們在每件事物中尋求並且塞進他們的深奧的思想和觀念，因而把生活搞得不必要地繁重。——哎，你且拿出勇氣來完全信任你的**印象**，讓自己欣賞，讓自己受感動，讓自己振奮昂揚，受教益，讓自己為某種偉大事業所鼓舞！不要老是認為只要不涉及某種抽象思想或觀念，一切都是空的……一部詩作愈莫測高深，愈不易憑知解力去理解，也就愈好。」同一年內不久以後（1827 年 7 月 5 日），談論到他在《浮士德》第二部中對海倫場景的處理前後不一時，歌德說：「我倒想知道德國批評家對此會怎麼說，他們有足夠的自由精神和膽量去繞過這個彎子麼？對法國人來說，知解力是一種障礙，他們想不到想像有它自己的規律，知解力對想像的規律不但不能而且也不應該去窺測。想像如果創造不出對知解力永遠是疑問的事物來，它就做不出什麼事情來了。這就是詩和散文的分別。在散文領域裡起作用的一向是，而且也應該是，知解力。」①

　　有一次，T. S. 艾略特②似乎和歌德看法一致，他總的來說對

---

① 參見朱光潛譯《歌德談話錄》（1823-1832），人民文學出版社，1980 年，第 150-151 頁。——譯者注

② 我的批評火力集中針對艾略特，說明這篇文章是在一段時間以前寫的。但是這也提醒大家認識到權威沉浮的速度。我希望減緩沉降速度；不是因為我不喜歡這種沒頭腦的向前運動，而是要尊重 T. S. 艾略特的偉大批評才華。他將它奉獻給了持久的問題。

歌德相當不友好。在他的論〈莎士比亞和塞內加的斯多葛主義〉③
的文章中，他說起莎士比亞及其哲學解釋者，完全和歌德關於他
的《塔索》和德國批評家所說的話一樣。艾略特引用了某個人的
話，那人寫道：「我們對莎士比亞如何思考軍事榮譽和戰事擁有
大量證據。」「我們有嗎？」艾略特問道，有幾分歌德說「我似
乎不知道」的味道，充滿信心地認為，任何一個哪怕對詩人創作
室活動略知一二的人都會喝彩叫好。因為確實，證據中我們擁有
的東西有助於有說服力地表明，莎士比亞的想像力極其精確地理
解例如安東尼在愛上克利奧佩特拉前後關於軍事事件的意義所思
考、所感受的一切，和軍事榮譽對於諸如亨利五世、埃阿斯或瑟
賽蒂茲等各不相同的人物所具有的意義之間每一絲一毫的差別。
事實上，貴賓席上優雅風度所體現出的禮貌，每一個人都準備看
到除自己以外每一個人的觀點，這是最高水準想像力成就基礎上
戲劇作家成就的主要美德；他的想像領域愈寬，他將留下愈少的
證據來表明他自己關於這個或那個有爭議的問題是如何考慮的。
他深入到如此多各不相同的頭腦中，相信了如此多互相衝突的信
仰，很可能在完成所有開明教育的第一戒律時行動遲緩：形成他
自己的見解。啊，他甚至可以因為不知道他自己相信什麼，或不
相信他自己所信的，剛一開始就打住了。

　　而到現在為止，T. S. 艾略特的「我似乎不知道」恰恰都博
得了普遍的讚同，這在修辭問題上被認為是想當然的。然而，其
中有一些東西，當他繼續說「或者應該問，莎士比亞究竟想到什
麼東西了嗎？他一心想著把人類行為變成詩」④──恰恰是和歌
德用的同樣的方法，歌德在不熱衷於觀念的情況下，用這樣的方

───────────

③ T. S. 艾略特《文選》（1917-1932），倫敦，1948，第 141 頁。
④ T. S. 艾略特《文選》（1917-1932），倫敦，1948，第 135 頁。

法把塔索和他自己的生活變成詩——的時候，也許就被抽離出去了。還有，艾略特完全和歌德所說其全部作品構成了一種偉大懺悔的名言相一致，但是又帶著一種明顯的重點轉移，離開了早先關於〈傳統與個人才能〉[5]一文中主題的思考，他現在斷言，「每一位詩人都是從他自己的情感出發」；「莎士比亞也全神貫注於鬥爭——僅僅這一點就構成了一個詩人的生活——要把他個人的、私下的痛苦變成某種豐富而陌生的東西，某種普遍的、非個人的東西。」[6]而在討論詩人是否必然相信他也許為達到他的詩歌目的而借用的那種理論，那種神學或哲學——但丁是否真的相信他自己在《神曲》如此動人地使用的多瑪斯‧阿奎那的神學體系，或者莎士比亞在詩意地釋義馬基雅維利、蒙田、塞內加等思想家的思想時是否和他們相一致——的時候，艾略特得出一個結論，這個結論似乎盡闡述了歌德式形象：「詩人做詩，形上學家做形上學，蜜蜂做蜜，蜘蛛分泌細絲；你幾乎不可能說，任何這些行為者都相信：他（它）僅僅是在做。」[7]正是歌德的塔索拒絕考慮勸他歇一歇，不再寫詩的勸告，他喝道：難道讓春蠶停止吐絲嗎？

　　很清楚，這等於說：透過在主要訴求是做一名**思想家**的尼采和名氣有賴於自己**詩歌**創作的里爾克之間進行比較，批評家似乎犯下了文學批評的原罪。而如果我現在著手說明里爾克如何利用尼采的某些思想，並且無論信與不信，他都把這些思想變成了詩，就像歌德有可能利用斯賓諾莎，莎士比亞有可能利用塞內加、蒙田、馬基雅維利一樣，那我應該是有可靠依據的。這將會

---

⑤　同上，第 13 頁。
⑥　同上，第 137 頁。
⑦　同上，第 138 頁。

是一種不錯的文學操練，經得起時間考驗，而在這次實際上預示
著高度樂趣的場合下，則是潛藏在連接里爾克和尼采的「和」字
背後的一首 *chercher la femme*（法文：尋找女人）之歌：盧·安
德瑞亞斯－莎樂美太太，這個女人在尼采的生活中起了並非無足
輕重的作用，當然在里爾克的生活中是起了舉足輕重的作用的。
如果我能拿出當然肯定是在盧和里爾克之間進行的關於尼采談話
的可靠紀錄；或者發掘出一本有著里爾克手寫評注的《查拉圖斯
特拉如是說》，那麼這樣的操練會更有意義。那時候我會繼續說
明尼采思想在轉化成里爾克的詩歌過程中發生了什麼變化，因為
如艾略特先生所說，詩人「並不必然對思想本身感興趣」，而僅
僅是對表達「思想的情感對應物」感興趣。可是，因為我應該挑
戰的正是這種思想、信仰和詩歌之間關係的理論，所以我在萬一
嚴格意義上的學者道路由於明顯缺乏來自有關人物的證據而被堵
塞的情況下，不得不遵循一條不同的路線。也許由於里爾克習慣
於控制住自己，不承認自己任何更詳盡的知識來源，所以即使里
爾克和盧之間的通信發表，也不會產生任何有用的資訊，因為里
爾克也相信，這些來源在他藝術的獨一無二媒介中的同化和變形
是唯一重要的事情。

2

　　青年里爾克的寫作表明尼采既沒有被同化也沒有被變形，而
是被模仿，有時候還被庸俗化了。在《使徒》（1896）[8]、《埃

---

[8] 首先發表在柏林的文學報刊上，在《里爾克早期小說與隨筆》中重印，萊比錫，1930，第 347-356 頁。

瓦爾特·特拉吉》[9]和《救世主幻象》（1896-1897）[10]中，尼采的敲擊、爆破效果是很明顯的；但是卻沒有一點點尼采思想感情的深度與複雜性痕跡。1897 年初里爾克在慕尼黑遇見盧·安德瑞亞斯－莎樂美太太的時候，他一定仍然處於他的尼采迷的這個「*Wie er sich räuspert und wie er spuckt*（德文：像他那樣咳嗽、像他那樣吐痰）」的階段。我們不知道他是否讀過她那本 1894 年發表的關於尼采的書[11]，這本書儘管有各種不精確之處，但是同《使徒》或《埃瓦爾特·特拉吉》的那種尼采式的故作姿態相比，那簡直就是太深刻了。可是，即使里爾克真的讀過這本書，他在下一年的春夏之際（1898），主要是在義大利，完全在盧的親眼過目之下寫下的文件 —— 他所謂的《托斯卡納日記》[12] —— 仍然是其痴迷的藝術家－預言家幻象中相當天真的青年尼采式的風格。但是，在回顧中，《托斯卡納日記》的讀者會在其中清楚地發現，所有線索都將進入到《杜伊諾哀歌》和《獻給奧菲斯的十四行詩》的豐富神韻中去，比里爾克的早期寫作中大量顯示的所有尼采式的聲音和狂熱都要更加緊密得多地同尼采相關聯（正如我希望表明的那樣）。他在 1900 年寫的關於《悲劇的誕生》的頁邊注釋就更少喧囂得多，卻有更多的思考。然而，這些邊頁注釋幾乎不包含任何對尼采那本書的批評意見，卻只有里爾克自己關於這個題目的評論。無論如何，這些都表明了一個終點，

---

[9] 《埃瓦爾特·特拉吉》，慕尼黑，1929-1930。

[10] 未發表，但是在路特·牟維烏斯的《萊納·瑪利亞·里爾克的祈禱書》（〈產生和內容〉，萊比錫，1937）和 M. 西佛思的《萊納·瑪利亞·里爾克詩歌中的聖經主題》（柏林，1938）中被部分引用。

[11] 盧·安德瑞亞斯－莎樂美《尼采著作中的尼采》，維也納，1894。

[12] 里爾克《弗羅倫薩日記》，和其他日記一起在《早年日記》（萊比錫，1942）中發表。

就我所知，所有對尼采的相關參照或明顯的借用都在這一點上終結了。到 1904 年，尼采的名字偶爾出現在文章或書信中，有時候，但很罕見地，可以聽到早先對尼采中心思想的粗陋運用，當然絕不是要引起注意。然而，儘管查拉圖斯特拉式的見解和姿態從里爾克的寫作中消失了，他自己的觀念與內在態度和尼采的觀念與內在態度之間的相似性卻仍在不斷加深，而且哪兒都沒有像在《杜伊諾哀歌》和《獻給奧菲斯的十四行詩》中那樣深刻，這兩部作品都是在接近詩人生命終點的 1922 年在穆佐城堡如此戲劇性地創作出來的。

我們絕不可以被表面現象所蒙蔽；初一看，在里爾克和尼采之間所有的明顯差別和確切相似性一樣多。它們既被連根拔起，又無家可歸。一個人寫道：「現在沒有家的人，就不再有自己的家」，另一個說：「無家可歸的人受罪去吧！」各自都哀歎自己無家的生存。他們在人群之中卻很孤獨，被一種內在的強制力驅使著，因為無拘無束地沉湎於他們的一種強烈激情的緣故而避開所有有約束力的人際關係：用艾略特先生關於一般詩人的話來說，也就是說：「把他們個人的私下痛苦轉化為某種豐富而奇特的東西，某種普遍而非個人的東西。」因為對他們時代平民庸俗性的厭惡，他們兩人都渴望建立他們自己的貴族血統。這些並非單純的生平中意外因素。它們跟他們共同獻身於那些以前從未說出來的信仰，共同獻身於想要沒有人曾敢想要的東西，有著同樣的意義：

Ich glaube an alles noch nie Gesagte.
Ich will meine frömmsten Gefühle befrein.
Was noch keiner zu wollen wagte,

Wird mir einmal unwillkürlich sein.[13]

（德文：我相信以前從未被說過的一切。我想要釋放我最一心一意的感情，尚沒有人敢於想要的東西有一天將不由自主地來到我的身邊。）

里爾克的這些詩從查拉圖斯特拉訊息的中心蹦出來。而且，傳達了克服孤獨、在對和解的享受中將內在衝突和諧化、透過神聖客人的到來將一變二和諧化的形象，已達到接近同一性的程度，里爾克的詩行

Wer seines lebens viele Widersinne
versöhnt und dankbar in ein Sinnbild fasst,
der drängt
die Lärmenden aus dem Palast,
wird anders festlich, und du bist der Gast,
der er an sanften Abenden empfängt.

Du bist der Zweite seiner Einsamkeit,
die ruhige Mitte seinen Monologen;
und jeder Kreis, um dich gezogen,
spannt ihm den Zirkel aus der Zeit.[14]

（德文：成功地調和了他生活中的許多矛盾的人，將它們收在一起變成一個象徵，把喧囂的人群推出宮殿，將成為不同意義上的節日接受你作為他溫柔夜晚的客人。

---

[13] 《里爾克作品選》，萊比錫，1938，I，第 14 頁。
[14] 同上，第 17 頁。

然後你將成爲擁有他的孤獨的第二人，他的獨白的安靜
中心；你周圍畫出的每一個圓圈都使他的圓規脫離了時間。）

聽起來就像對尼采的查拉圖斯特拉詩歌的極強音段落中失去控制
主題的慢板處理：

um Mittag war's, da wurd Eins zu zwei. . . .
Nun feiern wir, vereinten Siegs gewiss,
das Fest der Feste:
Freund Zarathustra, der Gast der Gäste!
Nun lacht die Welt, der grause Vorhang riss,
die Hochzeit kam für Licht und Finsternis. . . .[15]
（德文：一變二的時候是中午……現在我們在一起確信我們
的勝利，我們慶祝萬節之節：朋友查拉圖斯特拉來了，萬
賓之賓！世界歡笑，可怕的幕布被撕開，無論有光還是有黑
暗，婚禮都已到來。）

　　正是在寧靜溫柔的夜晚，里爾克的孤獨的第二人來到了他唯
一的門徒那裡，這個門徒已經十分溫柔地設法將喧囂的人群從神
殿驅趕出去。另一方面，查拉圖斯特拉在耀眼的中午時分到來。
中午和夜晚——這個例子將必然代表里爾克和尼采之間在他們全
部著作中十分明顯的最顯著差別。尼采的腔調是傲慢的。他接受
了偉大的戒律，曾經面對他的上帝，從此以後他要坦率地發表意
見。里爾克的秩序有著更累積的性質。他的腦袋專注於一個專
心傾聽「*das Wehende*（飄然而過的東西）」，傾聽不斷從寂靜

---

[15]　23卷穆薩利翁版《尼采全集》，第20卷，第158頁：《詩集》，〈從高山上〉。

中形成的東西之人的態度。但是這必然是一種事實上的差別嗎？否，縱然小聲說出的訊息最終等於尼采接受的戲劇性地具有雷霆萬鈞之力的啟示。但是，有些人相信，這全然是別的訊息，而我則認為他們是受到他們信仰的誤導；因為他們似乎不知道，一個主題會持續經歷許多變體，一個靈魂會保留它的同一性經歷許多時期；儘管尼采和里爾克也許僅僅是同一顆心表現出的兩種情緒，但是他們往往被認為具有基本上不同的確定性。一個花園裡的萬紫千紅是很難看全的。但是，如果我們確信里爾克的宗教和在最高傲的日光中，「先知額頭上戴著玫瑰花花冠」宣告的查拉圖斯特拉的宗教之間的深刻差別，那麼除非我們喜歡把夜間發出芬芳的植物所產生的狂喜當做明確的精神指引。然而，我們也許應該記得，聖保羅以先知的熱忱服務於其他人以更卑微的獻身精神熱愛的同一個上帝。我們將會把里爾克看做權力意志的聖法蘭西斯。

這個斷言將只是對那些大眾誤解的犧牲品而言才似乎是過分的，這種大眾誤解暗示，權力意志是一種認可暴力和無情的道德學說，不是形而上的靈感，這種靈感事實上是理解或試圖理解歐洲在其整個現代歷史的戰爭與和平中具有代表性的信仰和非信仰、各種活動和哲學背後的意義。里爾克同尼采的關係也許就像奧菲斯和戴奧尼索斯的關係一樣；里爾克的奧菲斯和尼采的戴奧尼索斯由於那種對靈魂的更現代態度的獨特調整而成為兄弟，這種靈魂本是被對現代性的精神需求和渴望強加給希臘神話的。但是，在我們確立這種等式之前，我們將必須留意他們還有什麼其他的共同之處。

他們兩人都是有過孤獨、痛苦之神祕變化經驗的內行。里爾克像尼采一樣，在傷心之國的中心發現了歡樂的源頭。快樂對於他們來說，不像對叔本華那樣，處於痛苦的缺席狀態中；它是

如此從根本上接受痛苦而形成的結果，以至於大量快樂都從對這種結果的肯定中湧現出來。因為對痛苦的否定意味著對生存的否定。生存就是痛苦，歡樂不在叔本華所說的生存虛無之中，而是在其悲劇性變形之中。這是尼采的《悲劇的誕生》也是其《查拉圖斯特拉如是說》的主題，在其中這個主題是以一個人愈來愈增強的信心來處理的，應該記得的是，這個人寫信給一個朋友說：「我的生活所受之可怕且幾乎無休止的折磨使我渴望終結……就痛苦和自我克制而言，我在最近這些年間的生活可以和任何時候的任何禁慾主義者的生活相提並論……然而，痛苦都不能或者將不能誘惑我就我所認識的生活去做偽證。」[16]而這種認識便是讚美。從最黑暗的靈魂之夜發出了查拉圖斯特拉的「醉歌」，他的世界深沉痛苦的戴奧尼索斯之歌，然而這種痛苦在深處被那種歡樂的狂喜表示所超越，不想要讓有著痛苦的世界逝去，而希望它持久存在直至永恆：

doch alle Lust will Ewigkeit——,
—— will tiefe, tiefe Ewigkeit!——

一種並非歡樂的永恆（如尼采被人誤解的意思那樣），而是**有著**其全部悲傷之事的世界之永恆，在意欲永恆的行為中變形。

　　如果我們心中記著關於里爾克和尼采之間語調和姿勢上的差異曾經說過的話，那麼尼采對痛苦的接受和改造中保持的因素，就幾乎沒有一個因素不會也在里爾克的身上被發現。相似之處甚至似乎很精確。早在其《托斯卡納日記》中，他就寫道：「想一下吧，我自己曾經就在那些懷疑生活、懷疑其力量的人中間。現

---

[16] 尼采 1880 年 1 月 14 日致瑪律維達‧馮‧梅森布克的信。

在，我無論如何都會愛它⋯⋯它的任何東西都是我的⋯⋯我會溫情脈脈地愛，會在我自己心中把對它的擁有所提供給我的一切可能性都變得成熟起來。」⑰很久以後在第十支哀歌中，我們碰到了哀歌版的《悲劇的誕生》主題：里爾克的《悲歎》，哀傷的體現，引導死亡的青春穿越隱藏著大量哀傷的其祖先國土，直至其抵達《悲歎》和青春必須分手的終點，那峽谷

> *wo es schimmert im Mondschein:*
> *die Quelle der Freude. In Ehrfurcht*
> *nennt sie sie, sagt: "Bei den Menschen*
> *ist sie ein tragender Strom."*
> （德文：它在月光中閃爍：快樂之源。青春畏懼地命名它說：「對人而言，它是一條載人的河流。」）

甚至不是一種和尼采語調格格不入的聲調，而**僅僅**是天使們的在場似乎（而僅僅是**似乎**）使里爾克第十哀歌的開頭不適合做尼采的墓誌銘：

> *Dass ich dereinst, an dem Ausgang der grimmigen Einsicht,*
> *Jubel und Ruhm aufsinge zustimmenden Engeln.*
> *Dass von den klargeschlagenen Hämmern des Herzens,*
> *keiner versage an welchen, zweifelnden oder*
> *reissenden Saiten.*
> （德文：但願有朝一日，出於敏銳的洞察，我歡呼並讚譽附和的天使們。但願清晰敲擊的心臟之音錘，沒有一下不擊中

⑰《早年日記》，第 92 頁。

柔和、猜疑或急促的琴弦。）

尼采有一段時間相信自己是一位音樂家，也是一位哲學家。他有一次作了一曲〈生命讚歌〉，其詞作者竟然是盧・莎樂美——最奇特的人生巧合。在《瞧！這個人》中他說，他選擇這個文本是因為它的最後幾行很了不起；這幾行的意思是，痛苦不是反對生活的理由：「*Hast du kein Glück mehr übrig mir zu geben, wohlan! noch hast du deine Pein.*（德文：開始吧，你不再把剩餘的幸運給我。你還擁有你的痛苦。）……」[18]這是一首拙劣的詩。女詩人的未來情人本來會把詩寫得更好的。如果尼采無疑為那些讚美主題所折服而在那些詩文中發現了某種了不起，那麼《獻給奧菲斯的十四行詩》的了不起的說服力就會把他淹沒。

例如，十四行詩「我的心兒，歌唱你所不認識的花園吧！」它聽起來幾乎就像盧的〈生命讚歌〉配上了里爾克的音樂（雖然也許在這首十四行詩中，音樂並不比尼采的好太多）：

Meide den Irrtum, dass es Entbehrungen gebe
für den geschehnen Entschluss, diesen: zu sein!
Seidener Faden, Kamst du hinein ins Gewebe.

Welchem der Bilder du auch im Innern geeint bist
(sei es selbst ein Moment aus dem Leben der Pein),
fühl, dass der ganze, der rühmliche Teppich gemeint ist.

---

[18] 23卷穆薩利翁版《尼采全集》，第21卷，第248頁；《瞧！這個人》，〈查拉圖斯特拉〉，第1節。

（德文：不要錯誤地認爲，你將被你的決心剝奪掉某種東
西：生存。絲線啊，你已經變成了織物。無論你內在地同哪
一個圖案結合起來〔即使是痛苦生活中的一個片刻〕，你都
會感覺到這指的就是整體，就是那光彩奪目的掛毯。）

而以以下漂亮詩句開始的十四行詩：

Nur in Raum der Rühmung darf die Klage
gehn, die Nymphe des geweinten Quells

（德文：只有在讚美的空間裡，悲歎 —— 這淚泉的仙女，才
可以轉得開身子。）

確實是里爾克的「**醉歌**」，這是對查拉圖斯特拉的戴奧尼索斯之
歌的抒情詩迴響。因為在這首歌裡，悲哀也在認知歡樂的確定性
中超越了自我，把星雲般完美無瑕的歡樂提升到雲霄：

Jubel weiss, und Sehnsucht ist geständig, ——
nur die Klage lernt noch; mädchenhändig
zählt sie nächtelang das alte Schlimme.

Aber plötzlich, schräg und ungeübt,
Hält sie doch ein Sternbild unserer Stimme
In den Himmel, den ihr Hauch nicht trübt.

(I, VIII)

（德文：歡樂知道，渴望供認不諱，—— 只有悲歎還在學
習：它用少女之手整夜整夜數著磨難。可是突然間，它怪異
而不熟練地把我們各種各樣的聲音提高到了天上，它的氣息
沒有使天空陰暗。）

　　儘管尼采會對這些十四行詩感到很高興，但是他必然會承認奧菲斯是這些詩的靈感嗎？他自己全神貫注於更有充分地位的神：戴奧尼索斯和阿波羅。他早年的《悲劇的誕生》把阿提卡戲劇解釋為一場古老鬥爭的結果，這場鬥爭是這兩位神在希臘靈魂之內進行的。在悲劇中，兩位敵對的神最終走到了一起，成就了和平：戴奧尼索斯，混沌中的狂喜之神，在狂喜中擯棄了一切形式、形態主張，一切個體性，歸於生命中無固定形態的「一」；而阿波羅這位攜帶著里拉⑲樂器的神，在其召喚之下，萬物被羈留在它們自己的外形之內和它們自己有明顯特徵的秩序之內。在希臘的「悲劇」時期結束之後，歐洲還會再次知道這樣一種調和，還會再次在人類靈魂最內在、最衝突的衝動之間實現如此深刻的一種和諧嗎？我們將會創造出一種秩序，它不像我們所有的秩序那種樣子，以生活的充實為代價，而是生活最豐富的展開；一種不是被強加到混沌上的模式，而是超越它、超過它，它的美仍然因古代的恐怖而震顫？或者古代的狂喜之神註定要恥辱地生存於陰暗的罪與墮落的角落，而秩序之神則被囚禁於古典主義與道德的石頭結構中？或者戴奧尼索斯和阿波羅**將**被結合在一起，就像他們在阿提卡悲劇中的情況那樣？

　　這是尼采在《悲劇的誕生》中所問的充滿年輕人熱情的問題。當時他同樣熱情的回答是：古老的神祇又出現了；他們活在理查・華格納的作品中。這將證明是一個令人痛苦的臨時性答案。也許里爾克的奧菲斯會履行華格納的帕西法爾⑳所打破的承諾。

　　學者們想要闡明在現代德國文學和思想中構成戴奧尼索

---

⑲　里拉是古希臘的一種弦樂器。——譯者注

⑳　華格納同名歌劇中的人物。——譯者注

斯、阿波羅、奧菲斯故事的歷史記憶、形象、洞見、感情的複合
體，然後將其同可以是這些神之造物的希臘現實的東西連繫起
來，這種嘗試儘管勇氣可嘉，但還是註定要失敗的。因為一名學
者謹慎小心的步子不可能跟上圍繞那些名字旋轉、只有短暫片刻
被羈留在無數輪廓中的心中激情的飛奔與舞蹈。尼采從《悲劇的
誕生》起，一直在尋求在精神上藉助於一個綜合了戴奧尼索斯和
阿波羅的神的幫助。在這個合成的尼采之神身上，阿波羅真的愈
來愈把自己的名字輸給了另一位神，可是絕沒有失去他藝術創造
性的權力，永遠以清晰的形態、聲音、形象，明確表達出戴奧尼
索斯的混沌，這種混沌之所以是戴奧尼索斯的，僅僅因為它仍然
炙熱地散發著原始之火的熱量。在他最新的一些筆記中，也就是
說，在他頭腦的生命到了終點的時候，尼采再次回到希臘靈魂內
部戴奧尼索斯因素和阿波羅因素的敵對中，再次歡呼一位神的凱
旋，這位神從混沌激情的巨大恐怖中搶奪了最增添光彩的美。這
位凱旋之神遠沒有遭受古典主義的寒冷之苦，卻好像擁有了阿波
羅的眼睛、戴奧尼索斯的心。在尼采成熟的年代，真正的對立不
是戴奧尼索斯對阿波羅，而是阿波羅的戴奧尼索斯對基督。[21]

　　而里爾克呢？在《獻給奧菲斯的十四行詩》的十四年前，也
許寫於 1904 年春，自羅馬發出的一封信中，里爾克沉溺於一種
阿波羅最終對戴奧尼索斯的混沌領域取得勝利的末世論幻覺中。
這封信的用語不僅有那種語氣，而且幾乎有尼采召喚阿波羅－
戴奧尼索斯的精確措辭。里爾克說，正是混沌本身，最終將抵擋

---

[21] 23 卷穆薩利翁版《尼采全集》，第 19 卷，第 359-365 頁；《權力意志》，第
1049 節及其後；還請參見尼采論戴奧尼索斯式的歌德，23 卷穆薩利翁版《尼
采全集》，第 17 卷，第 149、150 頁；《偶像的黃昏》〈一個不合時宜之人的
爭論〉，第 49 節。

住，不被變成「上百萬成熟、精巧的黃金形式」，一種「阿波羅式的產物，發酵成熟，仍然放射其內在的光輝」。而沒有什麼會比里爾克的阿波羅世界那種不眠的、清醒的熱情更是尼采式的了。[22]

這是一位藝術家的末世論；而且是這樣一位藝術家：他的職責不僅是用他自己的創作提高一個本身就美、就有意義的世界的美，而且要為自己創造出存在或可能存在的唯一美的、有意義的世界。看到一個恰好存在於詩人生涯之初的想法用了多長時間才成熟為詩，是令人吃驚的，也是有教育意義的。我們也會觀察到，這同樣的想法，原先是關於人類進化的一種準歷史的或達爾文的理論的一部分，卻最終成了不是對一種未來狀態，而是對生存本身的永不改變的斷言。1898 年，里爾克在《托斯卡納日記》中記下了這樣的話：「藝術家並非總是和普通人肩並肩生活在一起。一旦藝術家——他們中間更可變通、更深刻的一種類型——變得富有和具有男子氣，一旦他**過**上了對他現在來說僅僅是**夢想**的生活，人類便會退化，並漸漸消亡。藝術家是伸向時間的永恆。」[23]在《獻給奧菲斯的十四行詩》中，這種永恆不僅僅伸向，而且它已到達。這就**是**世界本身；一個僅僅生存於歌中並透過歌而生存的世界。歌是生存——"*Gesang ist Dasein.*" 一位神很容易做到這一點："*Für den Gott ein Leichtes.*" 但是，如果沒有神呢？那麼我們必須自己成為神。我們？我們幾乎不**存在**？「*Wann aber sind wir*（德文：我們何時存在）？」是的，人必須改變、美化自己；在美化自己的時候，它將成為所有生存的救贖者和

---

[22] 里爾克致艾倫‧基的信，在保爾‧蔡希的《萊納‧瑪利亞‧里爾克：其人與作品》（德勒斯登，1930）中被引用，第 118、119 頁。

[23] 《早年日記》，第 38 頁。

美化者：「*der Verklärer des Daseins*（德文：生存的美化者）。」[24]

　　這個由逐字逐句的里爾克和尼采引文構成的對話是關於十四行詩的奧菲斯的。這 "*der Verklärer des Daseins*" 的另一個名字——這是尼采的公式——是戴奧尼索斯－阿波羅：

Du aber, Göttlicher, du, bis zuletzt noch Ertöner,
da ihn der Schwarm der verschmähten Mänaden befiel,
hast ihr Geschrei übertönt mit Ordnung, du Schöner,
aus den Zerstörenden stieg dein erbauendes Spiel.

O du verlorener Gott! Du unendliche Spur!
Nur weil dich reissend zuletzt die Feindschaft verteilte,
sind wir die Hörenden jetzt und ein Mund der Natur.

(1, XXVI)

（德文：可是你，這位神聖者，你，直至最後也還是發出聲音的人，因爲成群結隊的酒神女祭司抓住了你，你有秩序地蓋過了她們的喊叫，你這美麗的人，從毀滅者中產生出你那令人振奮的遊戲。

　　哦，你這徒勞的神！你這無盡的痕跡！只因爲敵意最終將你撕扯開，我們現在是傾聽者和自然之口。）

　　這種合成之神更明顯地出現於以下的十四行詩中，其中多次暗示第三哀歌中重複出現的里爾克想像的家譜，這些暗示匯合成

---

[24] 參見里爾克《獻給奧菲斯的十四行詩》1，III 和尼采 23 卷穆薩利翁版《尼采全集》，第 12 卷，第 156、157 頁；《快樂的知識》，III，第 125 節；第 19 卷，第 228 頁；《權力意志》，第 820 節。

一種具有普遍意義的戴奧尼索斯－阿波羅人類學：

Zu unterst der Alte, verworrn,

all der Erbauten

Wurzel, verborgener Born,

den sie nie schauten.

Sturmhelm und Jägerhorn,

Spruch von Ergrauten,

Männer im Bruderzorn,

Frauen wie Lauten. . . .

Drängender Zweig an Zweig,

nirgends ein freier. . . .

Einer! o steig. . . o steig. . . .

Aber sie brechen noch.

Dieser erst oben doch

biegt sich zur Leier.

(1, XVII)

（德文：在最下面，老人有著雜亂無章的所有勃發根基，
他們從來看不到的隱藏的源泉。衝鋒用的鋼盔和獵手的號
角，老人之言，有著兄弟間惱怒的男人，像撥弦琴一樣的女
人……枝椏擠著枝椏，沒有足夠空間……一個人！哦，上
升……哦，上升……可是它們還是折斷了。這最初在上面的
枝椏彎曲成了古琴。）

還有一些十四行詩，在其中奧菲斯的形象會全然消退，沒有
把任何細微的質量強加到詩歌或我們的想像上，為查拉圖斯特拉

本人留下了空間；例如，這樣開頭的十四行詩：

Rühmen, das ist's! Ein zum Rühmen Bestellter,
ging er hervor wie das Erz aus des Steins
Schweigen. Sein Herz, o vergängliche Kelter
eines den Menschen unendlichen Weins.

(1, VII)

（德文：讚美吧，就是這樣！一個受讚美的人，他像礦石從
靜默的石頭中出來。他的心，哦，短暫的榨汁機，榨出一杯
人們飲不盡的飲料。）

更有十四行詩：

Wolle die Wandlung. O sei für die Flamme begeistert

(2, XII)

（德文：意欲改變。哦，爲火焰而激動吧。）

在這首詩中，幾乎每一個詞——「改變」、「火焰」、「克服
世俗氣的那種草創精神」、「自我封閉於不變之中，這就是僵
化」、「錘子」、「最堅硬的東西」——都作為其萬無一失的特
性，屬於查拉圖斯特拉的先知家庭，儘管可能毫無疑問，它們透
過完全合法的管道為里爾克所擁有。證書上的印鑑是可信的。它
表明了一座廢墟大教堂中的一位孤獨的神父。屋頂沒有了。看上
去有點像聖靈傳統形象的東西經過巨大的開口降下來。但是，因
為模糊不清，這也許會是太倉促的一種解釋，僅僅來自於大教堂
的暗示。這也可以是雨。因為它從一座廢墟的開放屋頂降下來，
我們也許可以就叫它「開口」，"*das Offene*"。這似乎可以得到

印在印鑑圓周上的那些詞的印證。這些詞說：「*Denn offen ist es bei dir und hell*（德文：因為在你家裡，一切都是開放和明亮的）」和「*Mit allen Augen sieht die Kreatur das Offene*（德文：造物世界用其全部眼睛觀看開放者）」。

　　最後一句句子是里爾克第八哀歌的開頭；但是第一句是查拉圖斯特拉回家來到他孤獨的洞穴時說的。他再次離開了喧囂的城市──我們禁不住要說到里爾克第十哀歌的「悲傷之城」：

wo in der falschen, aus Übertönung gemachten
Stille, stark, aus der Gussform des Leeren der Ausguss,
prahlt, der vergoldete Lärm, das platzende Denkmal.
O wie spurlos zerträte ein Engel ihnen den Trostmarkt,
den die Kirche begrenzt, ihre fertig gekaufte:
reinlich und zu und enttäuscht wie ein Postamt am Sonntag
（德文：那裡，在超高音構成的虛假寂靜中，洗滌槽子從空洞的鑄模中強烈地發出自吹自擂的聲音，鍍了金的噪音，破裂的紀念碑。哦，一位天使會多麼毫無痕跡地踐踏他們的慰藉市場，與之相鄰的教堂，他們已買到的東西：像星期天的一個郵局一樣，整潔，關門，絕望。）

因為里爾克的詩完全就是尼采關於查拉圖斯特拉為了同自己的孤獨對話而離開的城市所做的描寫：

　　你在這裡是在自己家裡……在這裡，萬物愛撫你，同你交談，奉承你；因為它們想要騎在你的背上。在這裡，你也騎著每個比喻奔向每個真理……
　　在這裡，一切存在的話語和話匣子都一下子為我打開：

> 一切存在都想要在這裡生成爲話語，一切生成都想要在這裡
> 向我學習說話。⑤

里爾克也要騎著萬物的話匣子產生的許多比喻，奔向查拉圖斯特
拉的許多真理。里爾克青年時代《托斯卡納日記》版本的尼采同
「萬物」的祕密相會如以下的文字：「……我感覺我正愈來愈成
爲萬物的門徒（不僅僅是它們的傾聽者），一個透過包羅萬象
的問題而給它們的答案和告解增加強度，並在誘使它們用盡它
們的勸告和智慧之時學會如何用門徒的謙恭來回報他們慷慨的
愛。」⑥

萬物的面貌按照尼采的、里爾克的孤獨的新「開放性」而變
化。在這種擴張然而如我們將要看到的那樣更澈底的幽閉空間視
角範圍內，似乎物與名實際上都不爲人所知。它們必須以一種新
獲得的意識和領悟力，被重新命名、受洗，就好像加入了一個新
的教會。因爲言語的另一個維度被打開，萬物願意再次聽到它們
的名字，以一個迴響在整個新空間的響亮聲音發出。話還是一如
既往地說出，但在這改變的聽覺條件下卻達不到效果。

在文藝復興之初發生於事物**形式**與**形狀**的東西，現在似乎
發生到它們的**名稱**上了。由於第三維度被**有意識地**領悟爲一個基
本的視覺方面，所以所有物件都要求被看見，被重新塗上顏料，
甚至幾乎全新的物件也大呼小叫地要求得到承認。查拉圖斯特拉
談到有些事物愛撫地進入你的談話，奉承你，因爲這些事物想要
騎在你的背上，這些話若是從話變成畫就會對第一位偉大的文藝

---

⑤ 23卷穆薩利翁版《尼采全集》，第13卷，第237頁；《查拉圖斯特拉如是說》
　第3卷，〈回家〉。

⑥ 《早年日記》，第89頁。

復興畫家很有意義。如果中世紀的聖母像和天使形象似乎抱怨畫家們以二維平面刻畫了糟糕的形象，那麼同時其他形象的豐富性則使畫家的想像力頗感壓力，因為它們要求有權在新的視閾中獲得意義。柱子、塔樓、大門、樹木、罐子、窗戶無不以前所未有的強烈程度要求*被看見*——「*wie selber die Dinge niemals innig meinten zu sein*（德文：如萬物本身前所未有地誠摯意味的那樣）」。

里爾克的新維度是誠摯。萬物走近里爾克，就像它們以自己的新要求走近查拉圖斯特拉一樣，要求被教會如何變成言辭，如何使自己在開闊的空間真正被感受到；反過來它們向他表明，這恰恰是他在世界的真正任務：將它們同化到新的內在維度中去：

——*Sind wir vieleicht hier, um zu sagen: Haus,*
Brücke, Brunnen, Tor, Krug, Obstbaum, Fenster,——
höchstens: Säule, Turm . . . aber zu sagen, verstehs
oh zu sagen so, wie selber die Dinge niemals
innig meinten zu sein. . . .

（第九哀歌）

（德文：—— 我們在這裡，也許為的是說：房屋、橋梁、泉水、大門、罐子、梨樹、窗戶，—— 至多：柱子、塔樓？……但是說，記住，哦，如萬物本身前所未有地誠摯意味的那樣地說……）

關於尼采和里爾克經常有人說：他們是新的細微差別的大師，一個是思想的細微差別的大師，另一個是感覺的細微差別的大師。確實，他們兩人都感覺到他們的靈魂和思想如此前所未有地受到感覺和啟示的支配；他們都是樂器，料想不到的空

間之風在樂器上演奏出最初的嘗試之曲。在這好像是由我們正常的思想和感覺這樣的概念之間的，以及圍繞這些概念的「空距離」所構成的未經勘察之空間裡，有著我們同真實存在之間的「wirklicher Bezug（德文：真實關係）」。像一首針對尼采的精神友誼讚歌，里爾克的十四行詩這樣說：

> *Heil dem Geist, der uns verbinden mag;*
> *denn wir leben wahrhaft in Figuren.*
> *Und mit kleinen Schritten gehn die Uhren*
> *neben unserm eigentlichen Tag.*
>
> *Ohne unserm wahren Platz zu kennen,*
> *handeln wir aus wirklichen Bezug.*
> *Die Antennen fühlen die Antennen,*
> *und die leere Ferne trug. . . .*
>
> （I, XII）

（德文：向您歡呼，將我們凝聚起來的精神；因為我們真的生活在形象中。時鐘小步行走，伴隨我們實際上的一天。不知道我們的真實地位，我們按真實關係行事。觸鬚感覺觸鬚，空距離之負載……）

尼采的回應是：

> *Jenseits des Nordens, des Eises, des Heute,*
> *jenseits des Todes,*
> *abseits:*
> unser *Leben,* unser *Glück!*
> *Weder zu Lande*

noch zu Wasser

kannst du den Weg

zu den Hyperboreren finden:

von uns wahrsagte so ein weiser Mund.[27]

（德文：在北方、寒冰、今日的那一端，在死亡的那一端，
離開那一切：**我們的生活，我們的快樂**！走陸路和海路，你
都找不到去極北方人那裡的道路：智慧之口說出了關於**我們**
的預言。）

里爾克在卡普里的皮柯拉‧瑪麗娜的孤獨形象感受到

uraltes When vom Meer,

welches weht

nur wie für Urgestein

lauter Raum

reissend von weit herein. . . .[28]

（德文：海上吹來的原始陣風，就像為了原始頑石而吹拂，
從遙遠地方湧入的純粹空間……）

很容易就和威尼斯傍晚倚靠在橋上的尼采形象合而為一：

Meine Seele, ein Saitenspiel,

. . . unsichtbar berührt[29]

---

[27] 23 卷穆薩利翁版《尼采全集》，第 20 卷，第 248 頁；《戴奧尼索斯頌歌》第
120 首。

[28] 《里爾克作品選》，I，第 176 頁。

[29] 23 卷穆薩利翁版《尼采全集》，第 20 卷，第 152 頁；1882-1888 詩歌，〈威
尼斯〉。

（德文：我的靈魂，一陣撥弦樂演奏……無形的觸摸。）

這些話的後面也許就是里爾克的話：

Und welcher Geiger hat uns in der Hand?
O süsses Lied.[30]

（德文：哪一位小提琴手將我們拿在手中？哦，甜蜜的歌。）

然而這只是偉大主題的抒情開場白或伴奏：人類經驗範圍內的所有新領域的澈底修正。對這個主題的充分理解以心醉神迷的靈感狀態降臨他們兩個人身上。尼采和里爾克兩人都知道自己有了靈感，情不自禁地寫作，一位寫出了《查拉圖斯特拉》，另一位寫出了《杜伊諾哀歌》。他們的作品是我們在現代靈感狀態文學中擁有的唯一個人描述。描述幾乎是可以互換的，除了尼采的書是在有點遠離經驗本身的情況下寫的，比里爾克在等待了十年之後，終於在 1922 年完成整個系列的哀歌時對勝利的屏息宣告更為清醒。「在十九世紀末，有誰清楚知道更強健時代詩人管靈感叫什麼嗎？」尼采在他的自傳《瞧，這個人》的〈查拉圖斯特拉〉章節中這樣問道，並繼續道：「如果一個人一點也不迷信，他就不會知道如何拒絕接受這樣的暗示，說人只是一種道成肉身，只是一種傳聲筒，只是上級權力的一種工具。」[31]里爾克談到「極大服從的日子」，談到威脅要消滅身體的「一場精神風

---

[30] 《里爾克作品選》，I，第 143 頁。

[31] 23 卷穆薩利翁版《尼采全集》，第 21 卷，第 251 頁；《瞧，這個人》，〈查拉圖斯特拉〉，第 3 節。

暴」。「哦，我被允許活到今天，經歷一切。奇蹟。優美。」[32]
尼采和里爾克都感覺到這些聖靈降臨節的精選場景非常有形的環
境是神聖之地。尼采用來描寫他在查拉圖斯特拉陪伴下走在熱
那亞山坡上，並沿著聖瑪格麗特灣穿過地中海松樹林的散步的那
種多愁善感，堪與里爾克從哀歌的猛烈衝擊中活過來時的情況相
比，當時里爾克走出去進入清冷的晨曦中，輕撫「穆佐小城堡」
的牆壁，就好像城堡是「一隻古老的動物。」

　　這不是單純細微差別被發現的方式。「細微差別」
（nuance）一詞預先假設了一種牢固確立的觀念與物體的秩序，
在這兩者之間無限數量的微妙色彩差別會頑皮地發揮中介作用，
而尼采的多愁善感和里爾克的多愁善感都趨向於對那種真正的分
離原則——哲學上說是在上帝的無處不在和超越性雙重方面情況
下領悟到的世界範圍內的 *principium individuationis*（拉丁文：
個體化原則）——的澈底否認，我們的智力感悟在許多世紀以來
就是建立在這個基礎上的。尼采斥責其在我們思想方面的結果為
我們仍然遠未充分認識到的「概念的野蠻」，而里爾克則哀歎其
對我們感情的影響為那種心的貧窮，這種貧窮是我們人獸一律成
為天使中間的被逐出者，成為被殘酷地解釋的世界之悲傷流浪
漢——

dass wir nicht sehr verlässlich zu Haus sind
in der gedeuteten Welt.

（德文：在一個被解釋的世界中我們並不真正在家園。）

因為所有人都犯太強烈區分的錯誤——

---

[32] 《書信》，威斯巴登，1950，II，308-311。

. . . Aber Lebendige machen

alle den Fehler, dass sie zu stark unterscheiden.

（第一哀歌）

（德文：……可是活人都犯太強烈區分的錯誤。）

但這是里爾克成熟作品固有的真正譴責的哀歌式低調陳述，這就
是，我們傳統的區分方法在我們整個系列中的超越與無處不在，
上帝與人，人與物，外部現實與內在性，樂與苦，愛的共用與
分離，生與死——這一個系列，尼采對其的主要貢獻是：善與
惡——之間的基本區分中是錯誤的。里爾克在《杜伊諾哀歌》和
《獻給奧菲斯的十四行詩》的一年之後寫道，「要預先假定生死
合一，」還有，「要知道恐懼與極樂的**同一性**……是我兩本書的
基本意義和思想。」㉝

3

　　我們似乎跋涉了相當的距離而沒有被我們一開始的顧慮搞得
心緒不寧，這種顧慮應該已經在將**詩人**里爾克和**思想家**尼采關聯
起來的整個計畫上投下了陰影。似乎我們既沒有勇氣也沒有智慧
按照歌德的勸告行事，「使自己陷入到印象中」，使自己無拘束
地被里爾克的詩「所消遣、所感動、所教化」；我們也不分享艾
略特先生的信念，或者按這個信念行事，他的信念就是：「『思
考』的詩人僅僅是能表達思想的情感對應物的詩人。可是他並不
必然對思想本身感興趣。」㉞因為滲透在這篇文章中的深信不疑
是，里爾克作為一個詩人，對「思想本身」感興趣，尼采作為

㉝　同上，第382、第407頁。

㉞　T. S. 艾略特《文選》，第135頁。

一個思想家也表達了「思想的情感對應物」；而尼采從頭到尾始終是一個思想家，而並非如他自己有時候相信的那樣，如他的哲學批評家斷定的那樣，「僅僅是一個詩人」，里爾克也沒有停止做一名詩人，儘管有些人抱怨他在成熟階段「太深思熟慮」。相反，我相信，尼采和里爾克反對傳統的區分方法——有些方法甚至還是**有效的**，這是扎根於他們對極度**無效**區分——思想和感覺之間的區分——的敵意，他們的時代卻以幾乎宗教的激情堅持這種無效區分。理性主義和浪漫主義的繁榮正是建立在這種區分的基礎之上，它們將力量花費在建立其中之一優越性的最終無益的鬥爭中。然而設法在兩種不合適的東西之間進行選擇是不好的。在引用的實例中，歌德和 T. S. 艾略特都試圖透過使用思想工具來清除混亂，而這種思想工具恰恰是在要為這種混亂負責的工廠裡製造出來的。

　　這一點，如果我們看一下歌德和艾略特兩人用詩來反對的概念，就會變得很明顯。歌德說，它和「觀念」無關。「觀念」總是**令人討厭的事情**，也是歌德的弱點。他告訴我們，他有一次差點對席勒大發雷霆，因為席勒指責他的《原始植物》屬於那個既壓迫又被壓迫的階級。可是，席勒當然是對的，歌德惱怒只是因為「觀念」一詞向他暗示了某種「抽象」的東西，某種他習慣於稱之為「*Verstand*（理解力）」的事物「想出來的」東西：論證分析理性。而在本文開頭引用的同愛克曼的全部談話中，正是這種分析理性，這種「*Verstand*（理解力）」，被用來反對詩。歌德將其視為詩的——甚至科學的散文之敵。對他來說，它在牛頓的形象中採納了神話形式。†

---

† 一部歌德搖擺不定地使用「觀念」一詞的詞典會揭示理性主義和浪漫主義時代困擾「思與詩」問題的充分程度的歧義性和一個反對兩者之人的困難。我

　　另一方面，T. S. 艾略特知道，「思想」的意義不允許如此漫不經心、如此受限制的定義。他哀歎「不得不用同樣的詞來表示不同事物」⑤的困難。但是，當實際上遇到按他的意思使用「思想」的時候，這就是發生的事情：「宣導把莎士比亞看做偉大哲學家的人關於莎士比亞的思想能力有許多話可以說，但是他們沒有說明，**他有目的地思考，他有任何條理清晰的生活觀**，或者他**推薦任何可以遵循的程序。**」⑯換句話說，這種意義的「思想」似乎是一群人的先入之見，在這群人中間職業上令人討厭的事情占大多數。三個標準等於一個某種類型理性主義的定義。這是這樣一種定義，它首先排除這樣的思想家：對他來說，思想不是達到目的的手段，而是一種激情；其次排除這樣的思想家：他知道，不知道構成整個系統結構的不容忽視數量的無條例，沒有一個思想體系可能是完全有條理的；第三排除這樣的思想家：他的思想不是造成行動的方法，而是造成對思考的號召。總之，它排除思想家。

　　作詩是思考。當然，**僅僅**是思考而已。但是沒有「僅僅是思考」這樣一種活動，除非我們將這個詞侷限在單純邏輯或數學運作範圍內。語言不完全像我們的某些語言哲學家似乎假定的那樣愚蠢。它知道在它允許我們說我們「想起某人」時，在它稱行動缺乏仁慈或想像「缺乏思想」的時候，它是在做什麼。在這些片

的書《被剝奪了繼承權的思想》中的〈歌德與科學真理的觀念〉一文包含了一些歌德引文顯示了比他關於《塔索》的談話課程可能會暗示的更加多得多的對「觀念」的實證態度。關於《浮士德》，他在 1806 年 8 月 19 日對盧登說，其「更高趣味」在於「激發詩人靈感，能夠將詩的所有細節編織成整體，為詩的個體成分提供規範和意義的觀念。」

⑤ T. S. 艾略特《文選》，第 134 頁。

⑯ 同上，第 135 頁（黑體為作者所加）。

語裡的「想」和「思想」是意味它們所說之事的詞：想和思想。而如果我們讓它立足於比歌德或艾略特更高的權威，即一開始就是**邏各斯、詞、思想、意義**，那麼我們在回答詩人是否思考的問題之前就要三思而後行了。在德語中，「*Dichter und Denker*（德文：詩人和思想家）」形成押頭韻的一對，是一種快樂的巧合。

T. S. 艾略特暗示，莎士比亞在使哈姆雷特有時以蒙田的方式思考時，自己並不思考，而僅僅是「用」思想來達到戲劇目的。這聽起來是足夠真實的，而如果可能「用」思想而不在使用過程中思考，那就更加真實了。因為思想不是一個物體，而是一個活動，不可能「用」一個活動而不變得主動。一個人可以用一張桌子而不貢獻於它的製造；但是一個人不可能用思想或感覺而不思考或感覺。當然，一個人可以以一種缺乏思想的方式來使用思想的結果。可是在這種情況下，一個人不是用思想而僅僅是用似乎沒有意義的詞語。

在哈姆雷特的思想有意義的範圍內，莎士比亞必然一直在思考它，儘管不必作為第一個這樣做的人，當然也不必以比理性深思熟慮更富有想像、更直覺的思考方式來這樣做。以這樣一種方式進行「思考」，以至於莎士比亞在構思哈姆雷特，或尤利西斯，或李爾王的發言時從事的活動不得不被斥為「非思想」。而要界定這樣的「思考」，就是讓思考陷入理性主義的陷阱，從這個陷阱裡有可能爬出一個跛子，充滿對同樣軍事行動中被砍足的毀形之人的敵意：浪漫主義情感。如果思想被抽去了富於想像力的感覺、情感，抽取了富於想像力的思想，從而成為占支配地位的思想方式和感覺方式，那麼結果就成為「*Leid-Stadt*（德文：悲傷之城）」，尼采、里爾克、艾略特的精神在其中感到不悅的那個不堪的悲傷之城或荒原。足夠自相矛盾的是，正是思想和感覺之間的這種截然分離，在一方面將「荒誕」強加在現代哲學

上，作為它的主要主題之一，在另一方面將一種過分程度的**智力複雜性**強加在現代詩的頭上。

詩並非像歌德在同愛克曼的談話中所暗示的那樣，與思想相對立，也不是像艾略特所說，僅僅給出了思想的「情感對應物」。但丁、莎士比亞、歌德、里爾克、艾略特在作詩時都有思想；他們思考。只有在「純」抒情詩和「純」敘事詩裡，觀念和思想可以如此忽略不計，以至於對審美欣賞和批評欣賞無關緊要。如果但丁的思想是多瑪斯・阿奎納的思想，那麼這仍然是但丁的思想：不僅是由於富於想像的投契和同化，當然更不是作為對提供了「情感對應物」的回報。這是但丁與生俱來的財產。他在自己內心裡──詩意地──再創造了它。因為詩不是思想外面的衣服，也不是其審美映射。它是某一種思想，在思想「僅僅」是思想，詩「僅僅」是詩的時代無望地對自己不能全然理解，因此，引用艾略特的《東科克》，「沒有關係」：

> 因為人們不過學會了戰勝描述
> 人們不必再說之事的詞語或者
> 人們不願用以再說此事之方式。

如果這樣的事情發生，思與詩的問題就會採取一種全新的模樣。因為這樣的詩人是幸福的：他的唯一工作就是學會如何戰勝描述他不得不說之事的詞語。他是用他時代的思想思考的詩人，就像但丁用聖多瑪斯的思想思考一樣。詩人是否按他時代的思想模式思考不一定取決於他時代思想的優秀或深度，當然也不取決於其有系統的條理性。更應該說，問題是這種思想是否來自詩藉以形成的精神體驗的同樣水準；以及它是否同基本知識確定性的寶庫相關聯（無論是疑慮的確定性、懷疑的確定性，還是斯多葛

主義的確定性），從那種寶庫裡，詩的衝動如果不會面臨在其纖細結構吃不消的過重壓力下被摧毀的危險，就必然持久。當詩人迫於他時代的特有精神貧瘠而不得不為聞所未聞、想所未想體驗的詩意表達而鬥爭時，這種危險就會出現。正是在這時候，他不得不自己進行**所有的**思考，因為他作為詩人不得不為其找到適當**詩意**思考的體驗，即使在**智力**思考中也還沒有變得很清晰。

在智力思考中變得清晰的東西是如此平庸的體驗，以至於只要對其觀照一下就會麻痺詩意的想像。這就是黑格爾在其《美學》一書中寫下以下這段話時心中想到的情況：「如果散文方式吸收了思想的所有概念，並給它們打上平庸的散文烙印，然後詩不得不面對平庸者的不屈不撓大眾，承擔起如此澈底的重新澆鑄、重新塑造的任務，那麼它就會發現自己到處都陷入各種各樣的困難中」；而這導致他得出悲觀的名言：所以「藝術……對我們來說是，而且將始終是，一件過去的事情。」[37] 在這樣的狀況中，一種詩將會產生出來，足夠反常的是，為了這種詩，**智力**思考不得不在事後完成。成群結隊的闡釋者會衝進來，在智力上為已經長成的東西——歉收的農家小廄——準備場地。

而我懷疑，T. S. 艾略特與其說關心詩中的思想問題，不如說關心信仰問題。他文章中潛在的假設是，思想家對思想的**真實性**感興趣，但是詩人只對其適當的表達感興趣。換句話說，思想家邀我們**相信**他說的話，而詩人的目的僅在於我們被他說話的方式所**感動**或**愉悅**。在一個愈來愈多的人相信詩像相信宗教一樣的時代，這確實是一個有意義的問題。例如，在里爾克周圍，一個龐大的文學團體發展起來，它的目的似乎不在於為詩人贏得廣大

---

[37] 《黑格爾著作集》，柏林，1835，第 10 卷（3），第 243 頁；第 10 卷（1），第 16 頁。

讀者，而在於造就改宗者。

　　然後的問題是：詩人是一個值得信任的顧問嗎？他自己相信他說的話嗎？我會說，不進入到這個問題的無盡錯綜複雜中去，就同詩或思想本身的本質毫無關係，而是同任何具體詩人或思想家的性格有關，或者同任何具體的詩或思的特色有關。有一些詩創作帶有詩人深深抱有之信念的明顯烙印；而這種詩在**審美上的**成功，難分難解地同其中所表達的個人信仰的真誠捆綁在一起。例如，這適合於聖十字若望的詩。但是它也在各種層面上，在不同程度上，適用於較少極端的例子：適用於喬治‧赫伯特、約翰‧多恩、彌爾頓、安德雷亞斯‧格呂非烏斯、克勞狄烏斯、荷爾德林——以及 T. S. 艾略特。這樣一位詩人是否在寫作的時候**先入為主地關注**其信仰，絲毫無關緊要。當然，在寫作行為中他關注的任務就是盡可能寫好。但是重要的是以下這個事實：這樣的詩人如果準備為了提供更貼切措辭的一時之邪說而透露他們的信仰，那麼他是不可能產生出好詩的。在一個更深刻的層面上，說一個詩人在寫詩時**發現**了這些信仰的準確本質，甚至是符合事實的。是否他始終是一個信仰者，透過他的行動明白他的信仰是什麼，這是另外一個問題，再一次同詩的具體問題全然無關。很少有人像帕斯卡，而甚至他也不得不總是靠一張縫在上衣裡的紙才想起他在一個神聖時刻認識到的完全真實的東西。

　　自然，這樣一位詩人的信仰，如他在詩中所表明的那樣，也許屬於如此微妙、如此難理解甚至如此古怪的種類，以至於設法靠這些信仰來生活會是不明智的。但是他作為一個真理的預言者並不必然比任何其他類型的預言者更不「可信」。困難不在於他是詩人這樣一個事實，而是具有一種普遍性。這是把精神信念轉化為活的信念的困難。如果這是一個容易的問題，那麼基督教會就會沒有「歷史」。它的實踐就會像它的精神信仰的核心一樣不

變和不可改變。人們之所以應該或不應該接受里爾克較晚期詩歌中固有信仰的理由，在種類上並沒有不同於人們之所以應該或不應該接受馬克思主義信仰或牛津團體信仰或人智學信仰的理由。說「可是他只是一位詩人」（而不是，我假定，一個宗派小販，一個思想理論家，或一個政治宣傳家）就是暗示，從他的職業來看，他比其他人更不能領悟真；說「可是他的詩太美而不可能是真的」是要含沙射影地說，詩愈接近真，它作為藝術就愈成功不了，因為所有真都必然是粗劣的。這對較晚期的尼采是極其重要的一點。我們在〈尼采關於藝術相對於真的最終之言〉一文中將回過頭來再討論這一點。

我不關心提倡里爾克的信仰。但是我關心一種異乎尋常類型的審美謬誤：里爾克的思想無關緊要，因為這些都是一位詩人的思想。如果我能在我相信事實上沒有思與詩之間選擇的地方見到一種選擇，那麼我認為我就更應該傾向於和艾略特一起說，正是詩「無關緊要」。可是沒有這樣的選擇。在《杜伊諾哀歌》中，詩即思，思即詩。如果思全是騙局，或者如果像德國批評家 H. E. 霍爾特胡森在其論里爾克的書中所暗示的那樣，思在同告訴我們何為關於人的真實或虛假圖像的那種「直覺邏輯」相矛盾的意義上都是「錯的」，[38] 那麼詩就會沒有機會成為他所相信的真正的詩：**偉大的詩**。

對詩的欣賞不像觀看一隻美麗的蘋果；它更應該說像看與吃。如果心子爛了，外面的美很快就會被感受到是一種嘲諷。在使霍爾特胡森譴責里爾克的思的基督教信仰和迫使他承認里爾克的詩之偉大的異教徒陶醉之間有一種兩難境地，他走出這種兩難境地的方法，我認為，是一種精神膽怯的方法。它的比較粗糙的

---

[38] 《萊納‧瑪利亞‧里爾克》，劍橋，1952。

象徵物，是梵蒂岡博物館的無花果葉。讓我們欣賞異教徒的美，但又不走得太遠。多遠呢？不像全部的詩那麼遠。因為《杜伊諾哀歌》的詩是不可分的。如果我們感覺「思」謬誤到了成為對人真實形象的歪曲，那麼就沒有詩會留下。另一方面，如果我們僅僅知道這一點，不是由於霍爾特胡森談到的「直覺邏輯」，而是由於神學考慮，那麼我們就無法免於分享《杜伊諾哀歌》的信仰。為何不接受對於歐洲大多數基督徒來說至少像文藝復興一樣古老的一種局面呢？那個漫長的歷史時期——我們是這個時期的不知所措的繼承人——的獨特精神品質不僅僅是一種信仰與知識的分離；這是一個比較無害的插曲，從十七世紀持續到維多利亞時代，將信仰與感受性切割開來的那場更強大地震的純表面迴響。正是這種裂縫使大多數基督徒不可能不感覺，或者至少也不感覺許多與他們接受的、宣稱的信仰之真理不相一致的「真理」是真實的。如果這是痛苦，那麼它就必然由那些不可能擁有濟慈的「否定的能力」的人來承受，「也就是說，當一個人能夠處於不確定事物、神祕事物、各種懷疑之中而沒有急躁地伸手去抓事實和理由的時候。」這樣一種「急躁地伸手去抓」是一首詩的「真」及其「審美吸引力」之間，「思」與「詩」之間的太輕率而淺薄的區別了，一種只可能損害資源的區分。這種資源儘管貧瘠，我們卻不得不用它來繼續盡我們的綿薄之力，以更多一點接近精神健全。在這種精神健全的範圍內，用尼采的話來說，「宗教、審美、道德的感悟是一致的。」暫時來說，這卻似乎不是上帝的好時光：

Jede dumpfe Umkehr der Welt hat solche Enterbte,

denen das Frühere nicht und noch nicht das Nächste gehört.

（第七哀歌）

（德文：世界的每一次麻木回頭都有這樣一些被剝奪了繼承權的孩子，以前的東西，未來的東西，都不屬於他們。）

這又不僅是從尼采的內心，而且幾乎是用他的舌頭說出來的，暗示我們應該重新開始關於具體詩人和具體哲學家的討論。†

---

† T. S. 艾略特在寫了〈莎士比亞和塞內加的斯多葛主義〉的兩年之後，於 1929 年寫了論但丁的文章。他在其中再一次討論了信仰和詩的問題。他說，「在哲學信仰和詩的贊同之間有一種差異。」（《文集》，第 257 頁）這在一個「宗教、審美、道德的感悟」不一致的時代無疑是真實的。然而，我們也許不理會艾略特那句話中的「哲學的」一詞，因為他的語境更嚴格地說是一種宗教的或神學的語境。一個不可知論者可以把他的詩的贊同給予但丁，而一個基督徒則摁住它，不讓它同他教堂裡星期天唱的每一首頌歌有關係。然而在這樣一種局面中，將有某一種極度緊張。讀者對但丁詩的愛愈認真，他就愈會受誘惑接受但丁的信仰，要不然就被詩人抱有這些信仰的錯誤判斷或者他自己無能分享這些信仰所激怒；惱怒減損了愉悅。見解的不同在戀人之間比在表面的熟人之間更讓人擔憂；事實上，這樣的不同傾向於成為或揭示某種別的東西：相互理解中的裂隙。而因為這是如此，T. S. 艾略特關於這個具體問題的討論一無結果。他在 258 頁說：「你不被要求相信但丁相信的東西，因為你的信仰不會再多給你一點點理解和欣賞的價值。」此話在後記（第 269 頁）裡得到更強有力的強調，但是卻又被以下的話勾銷了：「所以我實際上無法完全將我的詩欣賞同我的個人信仰分離開來。」（第 271 頁）問題是極其困難的，如此困難，以至於兩個明顯矛盾的斷言在某種程度上都是真實的。我似乎覺得，可以增加兩點來使它們在一些程度上更真實，更少不一致：1. 哪裡在詩中體現的信仰像在你可以叫做懺悔詩的那種東西中一樣重要，哪裡我們就無法充分欣賞詩而不被誘惑也接受信仰。我們欣賞的尺度將是我們體驗詩的說服力和我們在挑戰面前的弱點所到的程度。有這樣的詩在我們面前，完全免於感染會證明要麼我們感悟力的遲鈍，要麼詩毫無價值；2. 有些思想和信仰，其核心如此平庸、如此古怪、如此執迷不悟，以至於沒有偉大的詩或好詩可以從中產生出來：例如，希特勒的種族主義。正是這種負面的考慮，在我看來，最終證實信仰、思和詩之間親密的正面關係。如果沒有

4

我們觀察他們，各自以自己的方式，工作、思考、感覺，朝向一個在傳統表達的思想概念和好像是感覺「單位」之間邊界的澈底修正。關於他們為何來從事這樣一種思想與感覺的驚人勞動——里爾克稱之為 "Herzwerk"，即心的工作。答案已由尼采給了他們兩人：因為上帝死了。而上帝是一個如此強大、如此有效、如此諱莫如深的地主，以至於全由我們自己來照料他的財產，使我們陷入巨大困難。在他管理下通常被清楚界定的東西，現在成為混亂而矛盾主張的對象。我們被強有力地說服而接受為真實的許多東西化成為純粹的幻覺。因為所有土地似乎都被大量抵押出去了。我們曾生活在輝煌中，但是輝煌只是被放貸放了出去。上帝死了就得付款，陌生的超凡債權人分秒必爭地要求付款。必須付出巨大努力來恢復榮耀。

尼采和里爾克兩人都使自己成為貧窮產業的管理者。他們著作的巨大複雜性不必欺騙我們；它背後的設計始終很簡單；它有著那種巨大的率真之質樸，他們有意識地或直覺地用來將自己的生命獻給唯一的任務：重估和重新界定思想和感覺中的全部經驗；說明傳統的思維方式和感覺方式在被基督教超凡信仰所決定、所決定性改變——這一點不適用於它們中間的哪一個方式呢？——的範圍內，已被上帝之死搞成無效了；取代它們；透過新的愈來愈大的榮耀和讚美的力量克服上帝之死引起的巨大精神沮喪；按照一個絕對無處不在世界的現實來調整思想和感覺，甚至將其革命化；實現這一點而沒有精神偉大的任何損失。「確

關係，那麼就會沒有最執迷不悟或白痴的信仰會不可能轉化為偉大之詩的理由。它們沒有被轉化。

實」，尼采（1884 年 5 月 21 日給歐佛貝克寫信時）寫道，「誰能和我一起感覺，和一個人之存在的每一塊碎片一起感覺萬物的重量必須重新界定意味著什麼」，而里爾克（1923 年 2 月 22 日寫信給伊爾澤·雅爾）說：「不再可說的上帝正在被剝奪其屬性；他們回到他的創造」；[39]而在〈青年工人來信〉（調換了債務人－債權人關係，將帳單呈給天堂）中說：「這恰是貧窮的大地要回所有那些貸款的時候，這些貸款是為了裝備某個超未來而以她自己的天賜之福為代價籌措的。」[40]尼采在寫《查拉圖斯特拉》時在筆記中寫下以下一段話時，對他自己也對里爾克說道：「不再在上帝那裡找到偉大東西的人不會在任何地方找到它——他必然要麼否認，要麼創造它。」[41]這是宗教上被剝奪繼承權的宗教情懷之人最精確的準則。

尼采和里爾克以最高度的始終如一，體驗並探究了這種局面，勇敢面對這種如一導致的悖論：從否定中肯定，從否定中創造的悖論。因為對上帝的否定，對尼采和里爾克來說，都涉及對人的**實際狀況**的否定。甚至在查拉圖斯特拉宣布**「超人」**法則之前，尼采知道，在殺死上帝——「世界至今所擁有的最神聖、最強大者」之後，人變得「不可能」了，就問道：「此事之大，對我們來說，是不是太大了？要證明此事值得，我們不是自己得成為神嗎？」[42]而里爾克則這樣談論他的《瑪律特·勞里茲·布列吉》：它幾乎「證明這種生活懸在一個無底的坑中，是不可能

---

[39] 《書信》，II，第 395 頁。

[40] 《選集》，II，第 297 頁。

[41] 23 卷穆薩利翁版《尼采全集》，第 14 卷，第 80 頁；《查拉圖斯特拉》時代的筆記，單一筆記。

[42] 同上，第 12 卷，第 157 頁；《快樂的知識》，第 125 節。

的。」⁴³

　　這種不可能的生活要如何又會變得可能呢？從一位超凡神那裡發出的消失榮耀要如何才會被一個幽暗地囚禁在它自己的無處不在中的世界重新創造出來呢？在這一點上，尼采和里爾克沉湎於同樣的煉金術中，我們已經看到這種煉金術被用在他們對痛與痛苦的轉化中。甚至為了增加最終的天賜之福賴以持續的資源而加深存在痛苦的思想，對他們兩個人都很熟悉。尼采曾經引用卡達努斯⁴⁴，說是卡達努斯說過，一個人應該為了加強從征服痛苦中獲得的快樂而盡可能多地找出痛苦；⁴⁵而里爾克則寫到了「殉道者的神聖狡猾，」飲下「最集中劑量的痛苦」以獲得對不斷的天賜之福的豁免權。⁴⁶現在，他們再次在無處不在的最大可能強化中尋求從不光彩的囚禁中得到拯救。他們幾乎愈來愈多地發明出超越性的喪失，來加大煉金術士容器內的壓力。在其中，尼采的永恆回歸和里爾克的「一次而不再」只是在言辭表達上形成對照，但是意義上卻是一致的。這種一致性在於這兩種象徵對此時此地片刻之**永恆**的強調，獨一無二的機會和生活考驗的**不可取消性**。

　　永恆回歸的思想試圖把一種有限時間的永恆之悖論給予短暫的片刻，這種短暫片刻，輪到里爾克來在煉金術士的內在體驗之火中將其永恆化，消耗掉我們世界中只是腐化墮落的事物和具體性，留給我們一種不朽本質，有如它是無形的一樣。里爾克早在他的《托斯卡納日記》中就以明確的準確性說到他成熟作品的

---

⁴³《書信》，II，第 480 頁。

⁴⁴ 吉羅拉莫・卡爾達諾（1501-1576），義大利博學家，在數學、物理、生物學、化學、星相學、哲學等領域都很博學。——譯者注

⁴⁵ 23 卷穆薩利翁版《尼采全集》，第 14 卷，第 234 頁；價值重估時代的筆記。

⁴⁶《書信》，II，第 405 頁。

這個主題:「我們需要永恆;因為只有永恆才能為我們的示意動作提供空間。然而我們知道我們生活在狹隘的有限中。於是,在這些邊界之內創造無限,就是我們的任務,因為我們不再相信無邊無際。」[47]而尼采和里爾克都分娩了象徵的創造物,以完美的優雅和悠閒在一個領域內運動,人類只有在其精神力量的最高實現中才能到達這個領域。這些無處不在的創造物,在一個更深刻無處不在的成就中超越無處不在,這就是尼采的「超人」和里爾克的天使。兩者對於人來說都很可怕,以毀滅威脅人深情地、懶洋洋地用自己建立的形象,一個依賴超凡幻覺的形象,現在在偉大的解除騙局行動中被粉碎:「在我們根據人自己而思考甚至使整個自然變得能思考以後創造『超人』,」然後「以『超人』的形象破壞所有你關於人的形象 —— 這便是查拉圖斯特拉的意願……」[48]尼采在《查拉圖斯特拉》時代的筆記本之一說;而里爾克的《杜伊諾哀歌》是以對天使恐懼的召喚開始的:

Wer, wenn ich schriee, hörte mich denn aus der Engel
Ordnungen? und gesetzt selbst, es nähme
Einer mich plötzlich ans Herz: ich verging von seinem
Stärkeren Dasein. . .

(第一哀歌)

(德文:如果我哭泣,誰會在各級天使中聽到我?即使其中之一突然將我摟在他心口,我也應該消失在他更強大存在的強大中……)

---

[47] 《早年日記》,第 71 頁。

[48] 23 卷穆薩利翁版《尼采全集》,第 14 卷,第 121、第 125 頁;《查拉圖斯特拉》時代的筆記、計畫和殘篇。

和

Jeder Engel ist schrecklich. Und dennoch, weh mir,
ansing ich euch, fast tödliche Vögel der Seele,
wissend um euch. . . .

（第二哀歌）

（德文：每一位天使都很可怕。但是，仍然，嗨！我歌頌你們，幾乎喪命的靈魂之鳥，知道你們的情況……）

　　對無處不在的最高實現及其變形為永久的內在是人在里爾克的天使統治的世界裡的任務，以尼采用來把永恆回歸看做必須破壞人而造就「**超人**」的可怕規訓的同樣方法。只有他在他自己強勢、歡樂和讚美之力的榮耀中，才能一而再、再而三地意欲一種生活，這種生活即使只經歷一次，一旦他受到生活中絕對無神性、無感覺性的充分影響，不再受到他存在其中的基督教廢墟的庇護而遠離生活，就必然對人來說幾乎是不能忍受的。「我從事偉大的實驗：誰能承受永恆回歸的思想？不能忍受『沒有救贖』這一句子的人應該消失。」[49]「**超人**」對尼采來說，就是里爾克的奧菲斯：不可救贖的存在的美化者，有著「它來自超人喜悅的無盡重複的神祕」。[50]

Und so drängen wir uns und wollen es leisten,
wollens enthalten in unseren einfachen Händen,
im überfülteren Blick und im sprachlosen Herzen.

---

[49] 同上，第 187 頁。
[50] 同上，第 191、第 180 頁。

Wollen es werden. . . .

（第九哀歌）

（德文：於是我們擠向前去，想要完成它，想要把它包括在
我們簡單的手中，在愈來愈塞得太滿的目光中，在無言的心
中。要變成為它……）

但是我們在這裡完成的東西和——用「**過多的生存**」——塞滿我
們目光和心中的東西，不是永恆回歸的幻象，而相反，是一次的
幻景：

Einmal

*jedes, nur einmal. Ein*mal *und nichtmehr. Und wir auch*
einmal. Nie wieder. Aber dieses
einmal gewesen zu sein, wenn auch nur einmal:
irdisch *gewesen zu sein, scheint nicht widerrufbar.*

（第九哀歌）

（德文：　　　　　　　　一次
一切都只有一次。**一次而不再**。而我們，也一次。絕無再
次。可是這曾有過一次，只思考一次，大地上曾有過一
次——它可以被取消嗎？）

　　尼采的永恆回歸和里爾克永恆重申的「一次」都是一種決
心的極端象徵，這種決心要從一種傳統上已經不再有精神意義的
生活硬扯出最高的精神意義。如何從絕對短暫的新模子中澆鑄出
永恆，如何在純粹無處不在的意識範圍內達到超越的方式，是尼
采也是里爾克的主要關注之一。這個問題將里爾克（當然還有尼
采）同生存或「**存在**」哲學家連繫在一起。例如，據說海德格

說過，他的哲學只是在思想中展開里爾克詩意所表達的東西；[51]
但是即使沒有這種承認，親密關係也會是很明顯的。尤其，里爾
克和存在主義者的共同之處，是人類生存和相鄰之無的邊界完
全暴露、完全無防衛能力的體驗，那個領域曾經被確立為靈魂
的神聖之家，現在是**虛無**的攻不克的要塞，永遠打敗人想在那
個領域內堅持自己權利的每一個英勇的新嘗試：因此就是雅斯
培的 *Scheitern*（德文：失敗），海德格的 *Geworfensein*（德文：
被拋開），以及早在他們之前，齊克果的 —— 甚至帕斯卡的 ——
Angst（丹麥文：焦慮）。所有存在主義哲學的焦點就是人在無
處不在的邊界地區的這種「邊緣境地」和對一個領域之存在的
理解，這個領域似乎邀請，然而卻無情地擊退每一個對超越的
嘗試。

正是這種不可穿越的無，查拉圖斯特拉將大批人馬向其投
擲過去，知道他們不會勝利，而是完全潰敗；然而有一些將凱旋
歸來，在純淨化的失敗中獲得了「**超人**」的力量。因為生活是一
種「*Wagnis*（冒險）」，一種永恆的生存界標，人是一篇純粹的
「生存小文」，只是因為他是「*ein Übergang und ein Untergang*
（德文：一個跨越與一個沒落）」，[52]同時是過渡與毀滅。同樣
的邊界是瑪律特·勞里茲·布列吉的失敗，直到成熟的里爾克成
功地同另一方面的匿名力量締結永久的休戰協定 —— 透過「內在
地」侵占他們的領土。在人只知道彼岸巨大之無的恐懼之處，現
在有「*reiner Bezug*（德文：純關係）」的和平，而這種關係如
此之純，因為沒有真正的「他者」進入其中。在這種「純關係」

---

[51] 參見 J. F. 安格爾羅滋《萊納·瑪利亞·里爾克》，巴黎，1936，第 3 頁。

[52] 23 卷穆薩利翁版《尼采全集》，第 13 卷，第 97、第 101 頁；《查拉圖斯特拉
如是說》，第 1 卷〈論饋贈者美德〉；第 2 卷箴言。

中，生死為一。一旦它被實現，

entsteht

aus unsern Jahreszeiten erst der Umkreis

des ganzen Wandelns. Über uns hinüber

spielt dann der Engel. . . .

（第四哀歌）

（德文：從我們的季節中產生出整個變化的循環。這時在我
們上面是天使的遊戲……）

或者你會受誘惑說，「**超人**」之舞，在順從然而勝利回歸自己中
贏得永恆的造物之樂。里爾克在其天使的超納西瑟斯形象中，同
時表達了尼采「**超人**」族的本質，「**超人**」族在永恆回歸的循環
中堅定地斷言自己的力和美：

. . . die die entströmte eigne Schönheit

wiedertschöpfen zurück in das eigene Antlitz.

（第二哀歌）

（德文：……將流出的自身之美再次汲回到自己容貌上。）

有些批評家暗示說里爾克在《杜伊諾哀歌》之後回到一種
「更簡單的」、「純抒情的」表達方式上，這是不對的。最後階
段很明顯的質樸和純抒情在本質上並沒有不同於《致奧菲斯的
十四行詩》。確實有寧靜；但這是詩的寧靜，它似乎和平地落定
在草場上，可草場長期以來都是鬥爭的目標。如果《杜伊諾哀
歌》是對天使的乞靈，那麼後來的一些詩聽起來就像是天使自己
的詩；幾乎並不令人驚訝的是也可以這樣來說它：像「**超人**」的

詩。這確實並不使它們更容易被理解。對於那些認為前一時期的
「思想」令人不安的人來說，在其中幾乎一無所獲。思想沒有被
放棄，而是被實現了；例如，在 1924 年寫的一首詩中：

> *Da dich das geflügelte Entzücken*
> *über manchen frühen Abgrund trug,*
> *baue jetzt der unerhörten Brücken*
> *kühn berechenbaren Bug.*
>
> *Wunder ist nicht nur im unerklärten*
> *Überstehen der Gefahr;*
> *erst in einer klaren reingewährten*
> *Leistung wird das Wunder wunderbar.*
>
> *Mitzuwirken ist nicht Überhebung*
> *an dem unbeschreiblichen Bezug,*
> *immer inniger wird die Verwebung,*
> *nur Getragensein ist nicht genug.*
>
> *Deine ausgeübten Kräfte spanne,*
> *bis sie reichen, zwischen zwein*
> *Widersprüchen. . . . Denn im Manne*
> *Will der Gott beraten sein.* [53]

（德文：插翅狂喜載你飛越不少早年深淵，現在你以數學的
大膽，去建起聞所未聞之橋的拱形吧。奇蹟不僅在於危險
莫名其妙地繼續存在：只有在毫不含糊的、純准予的成就中
奇蹟才有奇蹟的樣子。專橫自負不會參與到難以描寫的關係

---

[53] 《里爾克作品選》，I，第 364、第 365 頁。

中，交織愈來愈緊密，只是被裹挾前去是不夠的。繃緊你施加的力量，直至其橫跨在矛盾對立之間……因為神將在人那裡得到建議。）

或者我們還可以看一下里爾克最後的為人所知的德文詩。這首詩如果說它簡單的話，那它就有著一個領域無可窮盡地複雜的質樸，這個領域如此隱祕，以至於它是不可翻譯的，甚至嘗試給出一個散文的英譯本都不可能。然而這裡關於里爾克和尼采所說的一切，僅以這一首詩為基礎就足矣，不需要進一步的佐證。寫詩的日期是 1926 年 8 月 24 日，里爾克去世前 4 個月。詩是「為讚美之盛宴」而獻給艾麗卡·米特雷爾的：

Taube, die draussen blieb, ausser dem Taubenschlag,
wieder in Kreis und Haus, einig der Nacht, dem Tag,
weiss sie die Heimlichkeit, wenn sich der Einbezug
fremdester Schrecken schmiegt in den gefühlten Flug.

Unter den Tauben, die allergeschonteste,
niemals gefährdeste, kennt nicht die Zärtlichkeit;
wiederholtes Herz ist das bewohnteste:
freier durch Widerruf freut sich die Fähigkeit.

Über dem Nirgendssein spannt sich das Überall!
Ach der geworfene, ach der gewagte Ball,
füllt er die Hände nicht anders mit Wiederkehr:
rein um sein Heimgewicht ist er mehr.[54]†

---

[54] 《與艾麗卡·米特雷爾的詩信往來》，威斯巴登，1956，第 56 頁。
† 在我的一篇後來的文章〈現代詩的危險〉中，我終究嘗試著一種意譯：第一

5

　　尼采和里爾克都把生活體驗為完全無處不在的、不可取消的短暫和無法補救的不完美，他們把生命押在最高的「*Wagnis*（德文：冒險）」上：人自己必須成為生存的救贖者。這是權力意志的或者 *anima naturaliter religiosa*（拉丁文：人心自然渴望神）想出來並感受到其根本結論的人道主義的最終結果。尼采用「**超人**」，強力意志的化身，取代了道成肉身的神祕；而里爾克則用在人內心中脫離現實的世界的天使幻景取代了這種神祕。「我們必須把我們的祈禱變成祝福」㉟尼采說；而里爾克則說：

Erde, ist es nicht dies, was du willst: unsichtbar

in uns erstehen? —— Ist es dein Traum nicht,

einmal unsichtbar zu sein? —— Erde! unsichtbar!

Was, wenn Verwandlung nicht, ist dein drängender Auftrag?

（第九哀歌）

（德文：大地，這不是你要的東西嗎：在我們心中再產生的

節談論一隻待在鴿棚外的鴿子，一隻冒險的、「具有創造性的」鴿子；但是現在鴿子回到鴿棚裡，在日夜的老一套中和它的夥伴結合起來，只有在現在，在它的所有英勇行為之後，它開始知道在家意味著什麼，因為只有在現在，它的翅膀動作在實際上最奇怪的恐懼的同化使其豐富起來而被真正感受到。第二段繼續說，在鴿子中，從來不遭受可怕危險的、最受保護的創造物不知道溫柔為何物——正如恰恰是康復的心有最豐富的感覺，正如力量為透過放棄而贏得的更大自由歡欣鼓舞。第三節說，在「一處不在」之上伸展著「到處」（德文詞 *"Überall"*——到處——也帶有「一切之上」的聯想）。在最大膽的拋擲中受損的球——他沒有使你的手充滿一種新的回歸感嗎？它難道沒有增加它回家的純重量嗎？

㉟ 23卷穆薩利翁版《尼采全集》，第14卷，第119頁；《查拉圖斯特拉如是說》時代的筆記、計畫和殘篇。

一個無形者。有一天成爲無形者，這不是你的夢想嗎？大地！無形！如果不是改變，那麼何爲你迫切的任務？）

只是在發現了這種救贖使命之後，才有里爾克的最終肯定：「大地，你愛，我欲。」

里爾克向他的波蘭語譯者解釋時寫道：「**既無一個此時此地，也無彼岸，只有偉大的一**，在其中，超越我們之上的創造物，天使，有其自己的家園……**我們是無形者的蜜蜂**。*Nous butinons éperdument le miel du visible, pour l'accumuler dans la grande ruche d'or de l'Invisible.*（法文：我們狂熱地採集可見者的蜂蜜，為的是在無形者的黃金大蜂箱裡將其積累。）」而在譴責萬物的精神價值不斷發展的貶值之後，他繼續說：「大地沒有其他的庇護，除非成為無形：**在我們心中**……只有**在我們心中**，這種從有形到無形的祕密而持久的轉變才有可能……完成……《哀歌》的天使和基督教天堂的天使毫無關係……他是有形變無形的轉變在其中完成的創造物，這種轉變是我們的任務，似乎已經完成……」[56]但是，儘管有這一切，里爾克被大量引用之信最有啟發的部分，是陳述《哀歌》中實現的對生命的最終肯定恰恰是被說服瑪律特·勞里茲·布列吉關於生活之「不可能」的同樣意識所維持。瑪律特的厭惡和第九哀歌的讚美源出一處。換句話說，天使為里爾克做了「**超人**」為尼采而做的事情：他供應給哲學家可以用來從低賤物質製造黃金的石頭。然而兩人中，似乎里爾克是更成功的煉金術士。他在《杜伊諾哀歌》之後寫的書信慷慨給予許多求之不得之人以詩人製作坊的寶物。另一方面，儘管尼采寫了《查拉圖斯特拉》，詳細解釋了永恆回歸的教條，進行

---

[56]《書信》，II，第 481-483 頁。

了讚美和肯定，卻在筆記中寫下以下文字：「我不想再活。我是如何忍受生活？透過創造。是什麼使我忍受？是肯定生活的『超人』幻景。我設法自己肯定生活——可是哇！」[57]

里爾克和尼采的這兩處陳述抓住了困擾歐洲被剝奪了精神遺產之思想的整個難堪問題，重新提出了一個失去了全部精神確定性的時代中詩與真的問題。沒有給予更幸福的文化以其秩序與現實的無孔不入的直覺真實感，詩——伴隨所有其他藝術——將面對越益增加的對愈來愈大「創造性」的要求。因為「真正的秩序」必須在沒有直覺的信念認為此秩序存在的地方被「創造」。詩人從說書人和唱歌者的卑微地位上升到創造高度，從想像愛好者到想像的奴隸，從神聖智慧的傳聲筒到新神的生養者的故事，是一個既令人痛苦又光榮的故事。因為隨著詩創造力每一次新的增加，實際的世界，沒有詩人干預而被創造的世界，就變得更貧困；而世界的每一次新貧困，都是對詩創造力的新刺激。實際世界歸根結底一無所有，不過是一種精神的貧民窟，一種對藝術家的冒犯。在大膽的飛行中將蒸汽留在身後，藝術家的天才落定在一個完全由創造者詩人創造的世界：「*Gesang ist Dasein*（德文：歌即生存）。」

「只有在宗教死後，想像力才能在神聖領域裡迅猛發展」[58]尼采說，也許不知道在他如是說時，他只是重複了他通常很討厭的浪漫主義者最喜歡的思想之一。因為正是施萊格爾寫道：「只有有自己宗教的人才能是藝術家，一種原創的無限觀」，[59]而正

---

[57] 23 卷穆薩利翁版《尼采全集》，第 14 卷，第 121 頁；《查拉圖斯特拉》時代的筆記、計畫和殘篇。

[58] 23 卷穆薩利翁版《尼采全集》，第 11 卷，第 79 頁；《曙光》時代的筆記。

[59] 《思想 13》，Athenaum III，柏林，1800。

是諾瓦利斯給此話加了邊注:「藝術家是澈底非宗教的。因此他可以用宗教媒介工作,好像它是青銅。」[60]但是,原創的無限觀無法永遠不受時代的精神貧乏的影響。必然會有一個時代,由於過度開採,青銅貶值,土壤變得太乾而使無物能茂盛生長,除非在人工條件下。

里爾克和尼采都沒有讚美過值得讚美之物。他們讚美。他們不相信可相信之物。他們相信。而正是他們的讚美和相信本身,在崇拜行為中變為值得讚美和可相信。他們的宗教是一種 *religio intransitiva*(拉丁文:無對象的宗教)。未來的文化人類學家會在其中看到現代歐洲特別的宗教成就,「**為藝術而藝術**」的神學對應物。暫時,它會幫助我們評價里爾克作為詩人的等級,清除掉由於使他的「偉大詩歌」脫離他的「偽思想」而被拋入的某些混亂。

在某種意義上講,里爾克的詩像他的思想一樣是「偽的」。然而,這種意義並非簡單地進行貶低。有一種「偽」相當合法地提供最精緻的審美快感:在始終保持的人為性採用自發性假象,最煞費苦心的魔幻程序採用天真地充滿奇蹟的外表的地方。在此意義上,里爾克的詩和他的思想都顯示出一個自己創造的現實和自己導致的對此現實之愛的內在之「偽」。在捍衛不同於里爾克的現實之現實的感覺和幻景時,批評家往往違背自己的明確意圖,絕對主張里爾克成熟年代的詩作藉以被判斷為太怪僻而不可能真正偉大的詩歌標準。里爾克在詩歌上開拓了一個邊緣位置,靠不住地維持在災難的邊緣地帶。永遠在威脅著,僅僅被靈魂和思想最耀眼雜技擋開的災難,是重大外部現實的損失。在偉大的歐洲傳統詩中,情感不做解釋;情感回應被解釋的世界。在里爾

---

[60]《諾瓦利斯作品集》,克魯克杭編,III,第 357 頁。

克的成熟詩歌中，情感進行解釋，然後回應其自己的解釋。

　　所有偉大的藝術（而在此問題上，被傳統穩定化的每一種人類秩序）都取決於對人的外部經驗影響和人的清晰回答之間基本固定的感應。這些回答可以在深刻性的不同層面上，以不同程度的精確性給出，但是這些回答好像都因其基本色彩而可以辨認得出其是否回答正確。甚至想像力這種魚狗在新經驗和新表達之後，會在長期無法進入、無法探索的陸地上找到新水域。但是在熟悉世界的地圖上，將會有一個屬於它們的地方，該處至今都是空白。

　　然而，里爾克和尼采同一世界的人，尼采是這世界的哲學家，里爾克是這個世界的詩人。但是世界組成物避開所有傳統地圖繪製系統。疑惑驅逐所有確定性。不可名者被命名，不可道者被道出。這是一個感應秩序受暴力干擾的世界。我們不再能有把握，我們愛可愛者，憎惡可惡者。善者不行善，惡者不傷害。恐怖與至福合一。生死相同。戀人尋求分離，而非結合。所有有形世界的甜蜜儲藏於無形的蜂箱。

　　不窘迫之偉大，不可以期待從這樣一個世界的詩中得到。†然

---

†　T. S. 艾略特在討論詩人是否「思考」的問題時說：「我們談得好像思想是精確的，情感是模糊的。在現實中，有精確的情感，也有模糊的情感。要表達精確的情感，要求可以表達精確思想的巨大智力。」這是說到點子上的重要一點，儘管找到除「思想」之外的一個詞來表示被要求表達精確情感的智力會很困難。然而這段話繼續說：「但是我說『思考』是指某種東西，它不同於我在莎士比亞作品中找到的任何東西」──也就是說，正如我們看到的那樣，「按一種目的思考」，等（《文選》第 135 頁）。

　　被要求一個關於「詩的不窘迫之偉大」的定義時，我應該接受艾略特之說，說它尤其是「精確情感的精確表達」。但是我應該加一句，精確情感是一種回應方式甚至理解方式，同思想密切關聯。它們的共同媒介是語言。精確情感甚至是思想和我們命名為文化的情感之間那種持續精緻互動的結果。

而里爾克在喚起對基本上新影響的傳統情感反應時獲得了獨一無二的成功。按照他的要求，靈魂好像是在熟悉的土地上旅行；但是到達時，它發現自己在一個從來不打算去的地方。《杜伊諾哀歌》中的中心位置——十首中的第五首——為《街頭藝人》，雜耍演員，所占領，並不是無緣無故的。儘管第五哀歌十分持久地攻擊他們沒有靈魂的「行為」，但里爾克的詩本身有一種雜耍成分，給它的成功塗上了深奧難解的色彩。因為他最優秀的成就是絕望的 *salto mortale*（拉丁文：致命一躍），這使靈魂降落在「**讚美的空間**」裡，在那裡所有的讚美都是為向歌者致敬而唱，而無聲的世界，混亂而眩暈，被留在後面面對音樂。

　　「查拉圖斯特拉曾經告訴你的是什麼？說詩人說謊太多？——可是查拉圖斯特拉也是一位詩人……**我們**說謊太多。」[61]尼采的這些話聽起來像是預先想好的給里爾克書信的格言。因為里爾克幻景的完全不靠譜最痛苦地暴露在無盡的散文變體中，這些變體形成了他的通信的大部分。只有被每一種可想像的精神損失所麻痺、所困惑，並且對語言和可靠性之間的密切關係麻木不仁的一代接受者和讀者才會把往往顯示非真的，顯示那種最危險種類的非真的真切風格印記的宣告，接受為真正的精神指導。那種最危險種類的非真不是來自欺騙性意圖，而是來自如

對情感精確度的唯一衡量在於其表達。不清晰的情感是模糊而無思想的。而語言的精確情感表達只有在一個思想、感覺、外部影響之間的確切「感應系統」內才有可能。然而，這幾乎不是由現代詩發現自己涉入其中的境遇所提供。它的境遇有害於這樣的精確，按照 T. S. 艾略特的說法，部分是因為受「思想」影響，我們終於意味著我們會在莎士比亞或但丁作品中發現的「某種不同於任何事物的東西」。

[61] 23 卷穆薩利翁版《尼采全集》，第 13 卷，第 166 頁；《查拉圖斯特拉如是說》，第 2 卷，〈論詩人〉。

此深刻的自我欺騙，以至於比假變音、空洞形容詞、綜合名詞無力的東西絕不可能使我們醒悟到它的催眠式說服力。里爾克接受了無盡的謝幕掌聲，掌聲承認了他的靈感**服飾**中的詩歌成就。然後，預言轉向表演，夢幻的一瞥似乎由化妝產生。但是，這是思想家尼采，不是詩人里爾克。詩人里爾克著迷於演員－藝術家的問題，正是尼采寫下了這樣的詩行：

> *Dass ich verbannt sei*
> *Von aller Wahrheit!*
> *Nur Narr! Nur Dichter! . . .*[62]
> （德文：我被逐離所有的真！只有傻瓜！只有詩人！……）

這給它的悖論式結論帶來一種從理論獲得其意義的論點。這種理論鼓吹詩人單純作詩，而思想家則毫不含糊地專注於他的思想。

「我最早的認真關注在於藝術與真的關係」尼采就在他意識生命終結之時的 1888 年寫道，重新嘗試著理解在 1870 年構思《悲劇的誕生》的那種心智。「即使是現在」深思在繼續，「我也籠罩在面對那種兩難境地的神聖恐懼中。滲透在《悲劇的誕生》中的信念，是一種藝術信仰，在另一種信念背景的襯托之下：**與真一起生活是不可能的……求幻覺意志……比求真、求現實、求存在意志更深刻、更『形而上』**。」[63]於是，按照尼采的說法，藝術的基本功能是思考和感覺生存，得出使我們相信其完美的結論，「創造完美和生活的豐滿」，「**肯定、祝福、神化生**

---

[62] 同上，第 20 卷，第 190 頁；《戴奧尼索斯頌歌》，〈純粹傻瓜〉。

[63] 23 卷穆薩利翁版《尼采全集》，第 14 卷，第 326、第 327 頁；序言筆記。

存。」⑭

　　這是關於里爾克詩歌計畫的完美定義。這也標誌著藝術和詩在攀登絕對創造性的高峰時所達到的高度。在這一點上，藝術和現實的分離似乎就完成了。現實是精神的死亡，藝術是拯救。真棲居何處？它在致命的現實世界裡，還是在藝術家的拯救幻景中？問題在錯覺和精神錯亂之間，在尼采的瘋狂和里爾克的預言姿態之間的幾乎察覺不到的邊界線上流連不去。里爾克頑固地堅持甚至超越於詩意靈感的範圍之上。尼采相信真是不能忍受的，詩是一種幻覺，他不斷認為至少他的有些思想是「純詩」。里爾克則相反，大多數時間都成功地說服自己，在他的詩背後的思是真之思。錯覺還是真，「**超人**」還是天使，權力意志還是嚮往內心之意志──在尼采和里爾克心中，人的思想和想像都參與了創造一個世界來取代精神上無用的上帝產品的最終任務。

　　「全書在所有事情背後只認識到一種藝術家意識及其言外之意──如果你願意，可以稱之為一個『神』，可無疑是一個無所顧忌的……藝術家之神，他要在建與毀之中……感受自己同樣的歡樂和自負。他在創造世界的同時……從自身內部充滿矛盾壓力的痛苦中解脫出來。世界……是神『所實現的』拯救，是只懂得在外觀中拯救自我的最痛苦者、最對立者、最富於矛盾者永遠在變化的、常新的幻象……」⑮該書就是《悲劇的誕生》，被尼采本人於 1886 年如是描述，即該書寫成的十六年之後。一個批評家在《杜伊諾哀歌》和《致奧菲斯的十四行詩》的例子中幾乎不可能做得更好。

　　1889 年 1 月，當時在杜林，尼采臨床診斷為精神錯亂。那

────────────

⑭ 同上，第 19 卷，第 228 頁；《權力意志》第 822 節。

⑮ 23 卷穆薩利翁版《尼采全集》，第 3 卷，第 10 頁；《悲劇的誕生》1886 年序。

個月的 4 號，所有對奧菲斯的訪問中的最不尋常者，在杜林火車站寄出。明信片是寫給尼采的朋友、作曲家彼得・伽斯特的。上面這樣說：「致我的 maestro Pietro（義大利文：音樂大師彼得）。為我唱首新歌吧：世界美化，九天歡樂。」署名是：「被釘上十字架的人。」

　　彼此分享在一個沒有真的世界上加於上帝圍困者的失敗的果實，思不再單純是思，詩不再單純是詩。設法證明榮耀的歌和決心驅逐幻覺的思，是在同一個英雄傳奇中的冒險者。它講述了在宴席上剝奪了眾神位子的一個坦塔羅斯的故事。獨自一個人坐在神聖地擺好的桌子旁，他卻不讓他們知道他自己的祕密便不能用餐：他不認為自己足夠好到可以相信他勝利的現實。這是他們的詛咒，他無法逃脫。被他們的酒所陶醉，他喜悅於他們不在場；但是伴隨著他的思回歸帶來的清醒，他看到生命之水在他伸出之手的一無所有面前退去。

　　尼采和里爾克，一個在強烈感覺到的思想困境中，另一個在強烈思索的詩中，提升了他們的時代和一個平面之間無法衡量的矛盾。在這個平面上，懷疑和困惑再次化解為不可思議事物的確定性。

Chapter 7

葉慈與尼采：
關於唯美主義的反思
和一個詩人的附注

　　威廉‧巴特勒‧葉慈很可能在 1902 年接觸到尼采的思想。這只是在哲學家去世兩年之後，但是哲學家的思想在那場災難中死去已經十四年了，那場災難記錄在他寫的最後幾篇連貫然而瘋狂的文字之一中：1889 年 1 月 4 日在杜林火車站郵出的明信片，是寫給他的朋友彼得‧伽斯特的。「致我的 maestro Pietro（義大利文：音樂大師彼得），」明信片上一開始這樣說，然後做了奧菲斯式的囑咐：「為我唱首新歌：世界美化，九天歡樂。」署名為「釘上十字架的人」。

　　這張明信片帶給青年作曲家的不僅是那奇怪而高貴的任務，而且也含蓄地告知了尼采精神崩潰的可怕消息。儘管簡單而瘋狂，這幾乎是他的早期傑作《悲劇的誕生》的簡介。《悲劇的誕生》是一部如此有迷惑力地將古典語文學家學問和直覺同獨特地發起的靈魂的頌歌式供認混合在一起，如他相信的那樣，成為了美的祕密；美來自於痛苦和苦難，阿波羅對美輪美奐形式的掌控從戴奧尼索斯肢解的瘋狂中獲得其力量。在想起希臘悲劇和希臘藝術的同時，尼采的靈感來自叔本華的形上學悲觀主義和審美狂喜，以及浪漫主義的愛、死亡、音樂三位一體，華格納的《崔斯坦與伊索德》就是建立在此基礎之上的。用這樣一種浪漫主義的風格來處理甚至如此古典主義的主題，他最明晰地宣告了新藝術哲學的中心教條：「只有作為一種審美現象，世界才始終是有充分理由的。」尼采呼喊道，那些希臘人一定多麼難以想像地受到生活的傷害，在對美的如此頓悟中救贖對生活的恐懼！尼采，這位有著審美激情的基督徒，相信——早在 1871-1872 年《悲劇的誕生》的時代，不僅是在他將精神錯亂的訊息送給他的作曲家朋友的時候——正是被釘上十字架的精神，在其痛苦中獲得了透過美而美化世界的力量，以至於九天歡樂。「為我唱首新歌吧……」

　　沒有任何其他二十世紀詩人像葉慈一樣甚至如此偉大地歌唱
自己的痛苦：

> 老頭只是廉價貨，
> 木棍上掛衣服破，
> 除非靈魂擊掌唱，
> 永在致命衣中殘。

他進一步說：

> 曾出自然我絕不
> 身形離開自然物，
> 希臘金匠造此形，
> 用了鍛金和鍍金，
> 使昏睡皇帝醒來：
> 或在金枝上唱給
> 拜占廷夫人老爺
> 聽過去現在未來。
>
> 　　　　　（〈駛向拜占廷〉）

這首愛爾蘭水手之歌會足以表明葉慈的感受性和尼采的審美哲學
之間的親和力。當然，葉慈沒有「學」它；而是他發現尼采是時
代藝術身體的偉大解剖者。這就是尼采如何幾乎成為詩人靈魂的
「歌唱大師」之一的，那種靈魂，「繫於垂死動物身上」欲被採
集「到永恆的巧妙中」──欲（用尼采的話說）達到那種世界與
生存的救贖幻景，在其中世界與生存始終是有充分理由的：即作
為「出於自然」、「超越於垂死的動物之上」的某種東西，作為

一種「審美現象」或一種「永恆的巧妙」。

當然，這樣的智慧和這樣的願望，正如基督教的幻景和願望曾做過的那樣，使人承擔起精神在**實際世界**裡遭受的痛苦，也就是說，在上帝拯救靈魂的恩典到來以前的世界；或者（在十九世紀和二十世紀）審美變形。葉慈的「永恆的巧妙」和尼采的「審美現象」，儘管有明顯的人為痕跡和「唯美主義」，卻是啟示錄的血緣關係。他們出自和認為世界若不在一個最終的拯救行為中改觀就註定滅亡的基督教信仰一樣的來源。沒有（如他曾經說過的那樣）他的哲學所說的故事，即「今後兩個世紀的歷史」，尼采「審美現象」的意義不可理解，他的最高「審美的」、「**超人**」也是不可理解的：

> 長時期以來，我們整個文明一直在往前趕，以一種十年、十年地增加的畸形強度，好像在奔向一場災難：不安、暴力、狂暴，就像一條湍急的河流渴望著它的旅途的終點，沒有停下來反思，甚至害怕反思⋯⋯在我們現在居住的地方，很快就沒有人能存在了。①

或者在別處：

> 我預見到可怕的東西。到處是混亂；沒有留下任何有價值的東西；沒有東西吩咐：你應該 ②

---

① 23卷穆薩利翁版《尼采全集》，第18卷，第3、第52頁；《權力意志》，第2、第57節。

② 同上，第14卷，第121頁；《查拉圖斯特拉》時代的筆記、計畫和殘篇。

　　正如尼采的審美哲學，如果我們不將其看做躲避他對我們
「現實」的天啟式診斷的審美避難所，我們就掌握不了它，所以
葉慈作為詩人的教育中如此重要的審美「拜占廷主義」，如果我
們不將其藝術神聖化同他的〈再來〉一詩關聯起來，就無法勘測
其衝動的深度。因為甚至正是尼采關於「什麼會來」的預言在以
下詩中採用了莊重韻文的形式：

> 在更大盤旋中旋轉
> 鷹隼聽不見放鷹人；
> 萬物散，中心抓不住；
> 純無政府狀釋於世，
> 無處不是腥血模糊
> 無辜之儀式被溺亡；
> 最佳者全缺乏自悔，
> 最劣者充滿烈焰情。

我為引用葉慈的這些詩行道歉，儘管它們已被不斷使用得破舊，
但是它們簡明地表明我的論點。因為正是我認為藝術宗教，「永
恆的巧妙」的神化，對許多偉大善良的思考者來說取代了曾經被
不同的救贖福音占有的地位這樣的論點，受到一個被譴責的「現
實詞語」的支持──就如在起源上，基督宗教曾經有過的情況。
對於波特萊爾、蘭波、馬拉美這樣的藝術宗教徒；對於尼采、里
爾克、斯蒂芬·格奧爾格這樣的藝術宗教徒，這當然是不會錯
的；對於葉慈的〈再來〉也是不會錯的：

> 黑暗再次滴下；但我現在知道
> 二十個世紀石頭般的死睡

被一個搖籃煩成了夢魘，

什麼粗野獸類，其時刻終於到來，

垂頭喪氣走向伯利恆降世？

儘管這種修辭上的問題不要求任何回答，但是這一個問題，尼采早在葉慈提問以前就已經做了回答。要出生的獸類就是反基督徒；而這是尼采已經接近精神錯亂時自稱的稱號。他這樣做大約在他寫「我們有**藝術**，為的是**不死於真**」[③]的時候。

2

然後，大約在 1902 年，葉慈發現了尼采，很可能是透過一個小冊子，雄心勃勃地取名為《作為批評家、哲學家、詩人、預言家的尼采》，但是卻更謙虛地把副標題定為「尼采作品精選集」（由一個最卑微地，而且考慮到那個文集中所包含的貴族教義，有點不合適地被稱為多瑪斯・康門[④]）。該書 1901 年出版於倫敦，現在（這就是我們好旅行學者的奇想）被鎖藏在西北大學的狄爾凌圖書館中。詩人手裡拿著一支活躍而突發奇想的鉛筆讀書。他重重地在句子下面畫線，在邊頁上塗寫問題、論點，甚至短文，如此，十分不同於圖書管理員關於次要讀者的塗寫會對一本書所起影響的估計，大大提高了書的價值。

在尼采的文本和葉慈的頁邊注之間的比較會給學生提供許多洞見，看到麻煩的「影響」問題，即一位創造性思想者對另一位的影響。T. S. 艾略特在他的〈傳統與個人才能〉一文中把詩人的接受思維比作一種催化劑，一種「非個人的」化學存在，有

[③] 23 卷穆薩利翁版《尼采全集》，第 19 卷，第 292 頁：《權力意志》，第 916 節。

[④] 「康門」的英語原文為 Common，含有平民百姓的意思。——譯者注

點像莫札特《女人皆如此》中哲學家堂阿爾豐索的風格，發明出至今以其他方式捲入的元素的結合，然後謹慎地從新化合的，有時混亂的場面中退出。（在風趣地、崇高地說出了把互換的戀人拽向彼此的無信仰新魔力的音樂中，甚至發現不了堂阿爾豐索能動作用的痕跡。）詩人的腦筋是否在所有場合都像哲學催化劑堂阿爾豐索一樣作為，這是有疑問的。在我們的例子中，當然不是**詩人**的「主觀性」，而更應該是**思想家**的思想，一旦葉慈在邊頁上糾纏於尼采思想，便傾向於消失，例如，在多瑪斯・康門的文集中有一些選自尼采《道德的系譜》的段落；它們譴責「基督教的臭名昭著」，因為它給世上被剝奪了許多快樂之人許諾一種死後生活的補償，他們在世上德性弱而溫順，但死後他們將有特權觀看那些在世上強大而缺德之人在地獄中受拷問。但丁——我們在尼采的行間這樣讀到——在把銘文**「我也是被永恆之愛創造出來的」**放到地獄之門上面的時候，犯了第一級的精神上有失檢點的錯誤。因為如果我們接受但丁神學教師聖多瑪斯・阿奎納的見解，創造了地獄的永恆之愛就會為了故意作對地報答其寵兒的目的而製造它。我們從攤開在葉慈面前的尼采文本中知道，「偉大的教師和聖徒」多瑪斯「以羔羊的溫柔」許諾，「靈魂進入天堂的人將看到罰入地獄的靈魂受懲罰，於是將更加享受他們自己的至福。」而尼采反思，可以貼在地獄大門上的合適文字無論會是什麼，在天堂進門處有這樣一種觀看受拷問者的有益景觀，那就可以以更大的正義銘刻上：**「我也是被永恆之恨創造出來的。」**

人們會期待這對葉慈來說會有些興趣，葉慈這個有著（如他自己所說）他自己的邪惡神學的愛爾蘭新教叛教者，大約就在那段時間他第一次會見了舉止粗魯的詹姆斯・喬伊斯，錯誤地試圖把年輕人的知識分子傲慢歸因於他的多瑪斯式的灌輸：

他來自皇家 [天主教都柏林] 大學，我想，而他認爲一切都
被多瑪斯・阿奎納解決了，所以我們不必再自找麻煩了。

但是葉慈在尼采反基督、反多瑪斯的諷刺文頁邊說的卻是：

基督教透過教人不要生活在自我流露的連續現在中，而要爲
了未來所得否定自我和現在，先天堂後財富，從而創造了商
業嗎？

這聽起來好像是在費邊社的 R. H. 托尼第一次讀了馬克斯・韋伯
著作以後，在準備他那本叫做《宗教和資本主義的興起》的書時
寫的。奇怪，很奇怪。但是更奇怪的是葉慈緊接著問的問題：

但是爲什麼尼采認爲夜裡沒星星，除了蝙蝠、貓頭鷹和不清
醒的月亮以外一無所有？

可是，尼采沒有想到到任何那類事情，此外，尼采的文本提到的
任何這樣的夜間幽靈與這個葉慈的問題相去甚遠。然而儘管這些
對於葉慈似乎在評論的文本來說完全是陌生的，但是它們同葉慈
當時寫的一些詩卻是有密切關係的：

因爲事情的說出伴隨飢餓的號角
獵手的月亮，掛在日與夜之間……
（〈在月下〉）

或者，十分鮮明的是這首：

當月亮對鳥竊竊私語時我哭：

「讓鷸啼麥雞叫，隨意隨處，

我渴望你的歡樂、溫柔、憐憫之詞，

渴望無盡之路，我心無處留。」

（〈樹枝枯萎〉）

無論理智是什麼，無論是不清醒月亮（也許是「飢餓號角」相幻景的月亮？）的可轉化清醒意義還是那些頁邊的蝙蝠和貓頭鷹（也許是鷸和麥雞的詩意遠方親戚？）意義，只有一顆心，被它自己詩的事務搞得忙碌不堪，竟然會以如此富於想像的不耐煩來讀另一位作家的著述。或者把問題說得更輕浮一點：帽子裡有蜜蜂的人，與其說他為了愛好他所讀的文章而讀，不如說為了讀出製作蜂蜜的方法；自從布萊克以來，在偉大的英語詩歌史上，還沒有過一個像葉慈那樣的帽子，有許多鮮活的蜜蜂嗡嗡直叫。

很清楚，我們必須抵制關於尼采對葉慈「影響」性質的錯誤解釋，甚至是那種一個創造性精神有可能給予另一個創造性精神的知識接受。確實，所用的例子構成了大學的授課綱要稱之為「獨立閱讀」的東西的極端情況；在其他時候，葉慈較少鋪張地對待尼采的領地。然而在思想碰到思想的時候，發生的事情決不像把單詞列印到空白紙上那樣。這更像是——留在葉慈的象徵物範圍內——朱比特訪問斯巴達王后勒達；而這次探訪無疑並沒有使王后變得更愉快；她也沒有「連同他的權力一起使用他的知識」。不，她懷上了她自己的神話。

當葉慈第一次讀尼采的時候，他也許更多是讀關於他的事情，而不是收集在多瑪斯·康門《精選集》中的文章。因為「強大的魔術師」（葉慈在一封 1902 年 8 月寫給格列高利夫人的信中這樣稱呼尼采）使他忽視了他的朋友，讓他讀得太多而損壞了

視力，並使他充滿「curious astringent joy（英文：好奇而苦澀的快樂）」，這三個詞可以從信中提取出來，再放回到葉慈的一個詩行中。大約二十年以後，葉慈發表了《幻景》一書，這本書不僅要將某種功勞歸於尼采的永恆回歸和「**超人**」幻景，而且也將尼采抬高到在他聲名的各種歷史中任命給他的最高職務：

> ……十一位過去，然後
> 雅典娜揪住阿喀琉斯的頭髮，
> 赫克托爾躺在塵土中，尼采誕生，
> 因為英雄的新月是第十二。
>
> （〈月相〉）

甚至在他最心滿意足的時刻，尼采也不會夢見這樣一種成功：從多瑪斯·康門的《精選集》到這最不平常的一連串事情。它需要愛爾蘭，它需要葉慈，最後的偉大詩人，他 —— 在布萊克之後，在荷爾德林之後 —— 敢於嚮往一個系統的神話（而這種神話野心是同他的詩的偉大的具體品質不可分的）—— 它如此戲劇性地需要葉慈來補償尼采在他一生中所受到的忽視。

3

十分像尼采著作中的情況，葉慈的《幻景》應該使我們這些自稱的審美教育者比表面情況更加痛苦得多地感到難堪。它應該迫使我們更認真地仔細考慮它提出的問題 —— 不是因為它說了什麼，而是因為它是什麼：令人著迷的神話化、假宇宙論的謹慎、尖銳的批評言論、最稀奇古怪的信仰的惱人混合物。至少它因此邀請我們思考的問題之一有著最大的迫切性 —— 而這也是一個再由閱讀尼采而暗示出來的問題。它涉及思想的怪僻、想像力的

張力、自我意識的神祕主義，甚至政治思想的荒謬，這些思想令人不安地定期在對「生活」的突擊被象牙塔的生命飢餓居住者所進行的時候跑出來。討厭的造物在法國象徵主義哲學（一種是葉慈遺產關鍵部分的哲學）和德國甚至義大利對政治現實的愛好相遇的地方，這些愛好將充滿一首完美象徵主義詩歌所擁有的同樣野性的、令人顫抖的、無情的、可怕的美；在藝術的出「生命」活動在其圓形旅程的終點，再次到達「現實」世界的邊界，現在決心要以野蠻的強烈感情、穿著鋥亮盔甲的騎士、在空中像如此多的天堂之鳥一樣飄揚的旗幟，侵入這個世界的地方；在甚至葉慈用尼采的戴奧尼索斯和阿波羅詞彙承認（如他在 1903 年 5 月 14 日致喬治·羅塞爾的一封信中所做的那樣），透過詩而追尋「某種肢解之美」的時代已經過去：「我感覺在我周圍、在我心中，」他寫道，「有一種衝動……把美的實現帶向遠方，愈遠愈好。」他也許有意識地只是指他透過比以往更屬於阿波羅類型的詩來「創造形式」的願望。但是，「把美的實現帶向遠方，愈遠愈好」這句話確實指向了詩人鄧南遮的河上進行曲的方向，或者讓人想起斯蒂芬·格奧爾格詩歌〈神廟的燃燒〉煩人的含糊不清，更不用提葉慈自己用「都柏林藍襯衣」的挑逗。

　　不受控制的唯美主義有一位忽冷忽熱、老於世故的宣講者叫維利耶·德·利爾·阿達姆，葉慈曾經把他的《艾克塞爾》稱為自己的「神聖之書」。他說生活中沒什麼東西是算數的，除非是美的培養和凝視，這很了不起：「至於生存，我們的僕人將為我們去進行……」葉慈喜歡引用這句話（而且非常奇怪地甚至在那些為他的《幻景》作序的故事之一中引用了它）。當然，法國作家的「美的培養」──不「算」別的東西──是他的版本的尼采《悲劇的誕生》（注意好了：悲劇的！）教義：「只有作為一種審美現象，世界和生存才始終是有充分理由的，」或者「生活

的目的是……純審美快感。」這時尼采被變成了更輕鬆的《艾克塞爾》用語。「至於生存，我們的僕人將為我們去進行」──然而一個僕人進行生存，在那個問題上，還有如此強烈以至於似乎獲得了在一些純審美觀望者眼中它自己的有悖常情之美的死亡，到了如此厲害的程度，以至於天鵝、鷺、信天翁、火烈鳥、孔雀以及所有其他貴族象徵主義的禽類不得不讓位給創造性想像力的更「真實的」原料的時代（第一次世界大戰是其開始）到來了：摧毀人類的城市，以至於它們會按照純審美快感的形象被重建。（曾經有一個人把自己認為自己是藝術家。他要成為畫家沒有成功。但是他成功地利用他的國家、他的大陸作為他著手實現他關於一個理想世界的病態、誇大狂幻景的畫布，用神經錯亂的強度，抹去他相信是由原先的創造者歷史所犯的錯誤。）[†]

　　有一天，這個唯美主義的故事得被寫出來。它會從湯瑪斯‧曼的《浮士德博士》得到其提示。《浮士德博士》是一個關於藝術家的故事。這個藝術家（像他的先行者，《威尼斯之死》中的古斯塔夫‧阿申巴赫一樣）終於知道了多沼澤的、溼熱的河口，在那裡，完全獻給藝術的陸地上清冷的、珍珠色的、清澈的溪水回來到其目的地。或者它會把葉慈本人當做出發點。葉慈在《自傳》中用一種比她自己可能知道的更加尼采的方式結束關於〈悲劇的一代〉那一章：「在斯蒂芬‧馬拉美以後，在保爾‧凡爾倫以後，在古斯塔夫‧莫羅以後，在普維斯‧德‧夏瓦涅以後，在我們自己的詩文以後，在我們所有微妙色彩和神經質韻律以後，在貢德爾模糊的混合色彩以後，還有什麼是可能的呢？在我們這些野蠻上帝之後，」或者〈再來〉最後幾行的野獸之後：

[†] 參見拙文〈尼采關於藝術相對於真的最終之言〉的結尾。

什麼粗野獸類，其時刻終於到來，

垂頭喪氣走向伯利恆降世？

尼采以以前藝術家的審美標準診斷出這樣的妊娠：波特萊爾和福樓拜。他甚至熟悉唯美主義的繆斯們有一天會將自己變成的消滅一切的復仇女神。美成為野獸 —— 這如果不是最終場景，無疑是唯美主義的結束場景之一，在葉慈的晚期詩〈美呂〉中再次出現的一個場景（這是比第一種明顯更加澈底意義上的尼采式場景）：

文明堆積在一起，被多重幻覺

帶到規則下，帶到和平外表下；

但是人的生活是思想

儘管有恐懼，他無法停下

狼吞虎嚥、橫行、根除，

從而他會進入現實的荒蕪人煙：

埃及和希臘，再見；再見，羅馬！

4

這不是操練「細讀」的時機。然而〈美呂〉的可怕意義不應該被允許逃離我們，由於這些詩行把葉慈第一次讀尼采的時間從1935年（詩行被寫下的時間）退回到1902年。「但是人的生活是思想」 —— 即獨一無二的人類能力，在葉慈更早得多的詩〈邁克爾‧羅伯爾茨與舞者〉（1921）中採用了一條垂死之龍的有趣外形，至少在這是一位漂亮的夫人的範圍內，她進行思考，因而清教徒式地干預她的求婚者的願望：

見解不值得一衡；
這聖壇裝飾畫裡的騎士
抓住他的長矛要將那龍
在消退的光亮中推過去
騎士愛夫人；很清楚
垂死之龍是她的思想
每天早晨再次爬起來
用爪子挖掘，尖叫，戰鬥。
如果不可能之事發生
她會有時間轉動眼睛，
她的戀人考慮到眼鏡，
立刻變得聰明。

換句話說——甚至用葉慈的其他話說——她應該放棄思考，屈服於「眼鏡的英勇規訓」。葉慈的批評家養成了習慣，稱此詩「詼諧而迷人」。是的，它相當詼諧，但不迷人。在它展開時，它變得褻瀆上帝而深不可測。也許針對褻瀆上帝或深淵並沒有很多話可說；然而無論我們為深淵選擇什麼樣的形容詞，「迷人的」都是一個錯詞。現在，如果這首詼諧的詩把「思想」放在一件奇怪事物的外衣下，一條垂死之龍，在那首晚得多的詩〈美呂〉中，龍變得真正很可怕。在〈邁克爾·羅伯爾茨與舞者〉中，「思想」恰恰強大得足以使女人無視鏡子的智慧，阻礙自然靈性和她們美麗身體的「純粹神聖性」，使她們的戀人挫敗，在性愛和褻瀆方面的神學問題上感到困惑：

上帝在分配酒和麵包時給予人
他的思想還是僅僅他的身體？

　　然而，在〈美呂〉中，「思想」仍然有著比熱情騎士的性慾失望更沉重的後果。它使人縱情歡樂、橫行、使自己的現實荒蕪。為什麼？問題很重要，在〈美呂〉一詩範圍內給出的答案是：因為思想使人認識到一種由多重幻覺堆砌在一起的文明是同樣地虛假；顯然不可能有什麼東西會十分引起對把幻覺顯示為真正是什麼，即顯示為幻覺的思想的反對。然後在〈邁克爾‧羅伯爾茨與舞者〉中，「思想」是錯的、謬誤的；它阻止女人看到現實中的真實東西：性慾放縱的歡樂（超越所有經縝密思考的問題和爭論的歡樂）。相反，在〈美呂〉中，「思想」是正確的：它迫使人承認人的文明安排的根本性虛假：暗示這些安排「被多重幻覺堆砌在一起」。但是在各自情況中，無論真假，「思想」都是災難性的。在兩種情況中，正是思想擁有並揭示了這樣的可悲結果。

　　這悲哀的故事是一個非常老的故事：知識之樹不代表良好生活。一而再、再而三地，帶著他後期愈來愈大的迫切性，葉慈轉向了大主題。被他的詩拿起來，改變，並做出各種各樣回答的問題是：人為什麼似乎不得不在生活的完美和那種存在於思想作品中的完美之間進行選擇？這種思想「在一個有學問的學校中」以這樣一種強度接受訓練，而這樣一種強度使得身體和血液都被判處「緩慢衰朽」和「麻木老弱」。或者，現在有，將會有一種能夠具有那種給予其思想「舞一般」榮耀的純粹深刻性的「精神理解力」？或者「生活」和「頭腦」會在那首「持久的歌」中妥協？這首歌的歌唱完全超越了「只在頭腦中」思考之人的權力，而是由「在髓骨中思考」之人以輝煌的自在唱出來的。當然，主題並非葉慈，也並非尼采發明出來的——儘管查拉圖斯特拉屬於最敏銳地讚頌思與舞之間聯姻，也是最敏銳地嚮往葉慈的那種精神領域的預言家。在葉慈的那種精神領域裡：

> 身體不是傷痕累累以取悅靈魂，
>
> 美也不誕生於它自己的絕望，
>
> 睡眠惺忪的智慧也不出於午夜之油。

但是相反，在身體是靈魂快感的地方，在所有否認由於美的到來而被給予謊言的地方，在歡樂的聖賢在中午給出他的智慧的地方。然而，這也許在悲劇誕生之前，在「嚴厲責備」之前，是把「稚氣的日子」變成「悲劇」的「瑣碎事件」，或者在渴望治癒人類自墮落以來所受傷痛的那種持久浪漫主義希望的完成之後。這種希望是由無數聲音發聲出來的，而且在整個浪漫主義時代有著對詩的特別強調，但是我認為，沒有比葉慈在他的〈在學童中間〉的第八詩節更尖刻、更迷人地說出這樣的希望，這一詩節本身就是他的最佳詩作之一，毫不倦怠，無疑不會由於被如此多地使用和引用而窮盡。因為那棵栗子樹和大根開花植物是從浪漫主義詩歌最豐富的土壤中長出來的。它體現了生命之樹的浪漫主義景觀，它有力量醫治人類由於如此貪婪地伸手去夠知識之樹而染上的毛病：

> 哦，栗子樹，大根開花植物，
>
> 你是葉子、花朵還是樹幹？
>
> 哦，身隨樂搖擺，哦，光輝一瞥，
>
> 我們如何能從舞認識舞者？

啊，一旦離開大樹的怡人光影，我們就可以知道，我們確實知道。尼采有許多可以談論呈現其舞蹈就像呈現其天真面具一樣的舞者。而里爾克（另一位讀了尼采、有一座在其中寫詩之塔的著名詩人，一位要幫助和鼓勵他的更加貴族氣的格列高利夫人，最

終甚至一個神話，雖然比葉慈的較少占星術傾向，卻更加富有詩意，全然不缺少他的可比者）——里爾克，在《杜伊諾哀歌》第四首中，憤怒地趕走**他的**舞者，在「著名花園」的背景前戲劇性地跳舞的舞者。他趕走他是因為不**是**他所**做**之事，而是喬裝打扮，「一個半裝滿生活的面具」，一旦表演結束，妝容卸下，就將成為一個庸人。

那位舞者的身影從克萊斯特關於木偶劇場的論說文故事來到里爾克那裡。這個故事中，這種最浪漫主義的主題是用天才的明晰來處理的。當然，主題就是那種墮落的主題和現代人的故事：他痛苦地愈來愈意識到舞者和舞之間喪失的一致性。意識，自我意識，思想——葉慈的〈邁克爾·羅伯爾茨與舞者〉和〈美呂〉的思想——站在人和他對天真的自發性和存在的完整性的嚮往之間。席勒、克萊斯特，尤其黑格爾都相信，樂園一旦失去，只能**被思想**重新獲得，被達到了那個頂點的思想，在頂點上，意識本身成為一種新的更高一致性的結晶力量。後來的形而上困擾受苦者——例如，尼采、D. H. 勞倫斯或葉慈——都更加不耐煩。早在 D. H. 勞倫斯發現普里阿普斯⑤的解放力以前，尼采就已經讓戴奧尼索斯這位醉與狂喜之神登位，竭力頌揚他。在戴奧尼索斯的狂歡中，有意識的、有自我意識的自我消失了，實際上和那種普遍的舞融合，那種普遍的舞與其說是由舞者所舞，不如說它**就是**舞者宗教祕儀的自我忘懷中的舞者。尼采、勞倫斯、葉慈——如果他們在其中寫作的世界事後開始了一種不同的歷史，這確實會是一個巨大的安慰。實際上，要肯定地說，這個世界的恐怖同血與土壤的黑暗河神戴奧尼索斯、普里阿普斯或潘為這些思想者保留的令人著迷的事物沒有任何關係，是不可能的。

---

⑤ 希臘羅馬神話中男性生殖力之神。——譯者注

5

　　當葉慈第一次讀多瑪斯・康門的文集時，他碰到了尼采在精神崩潰前最後幾個月中寫的《反基督之徒》中的一些段落。很可能編者和讀者都沒有認識到其令人眩暈的矛盾情緒，達到了頂點的浪漫主義思想、現代思想的矛盾情緒，它是藉助、透過尼采上升到頂點的。在那些段落之一中，尼采以他的風格當時呈現的強烈輝煌談到必須在人對待他應該遵循的貴族價值觀的態度中有一種新的本能的不假思索；必須有一種「本能的機械行為」，由新的精英來實現；甚至是舞與舞者合一的實現。在那一點上，葉慈在邊頁上做了注：

身體功能像曾有意識的意向的功能嗎？

這是一種荒誕然而最有啟示性的頁邊評注，這個評注當然不像葉慈在那個文集邊頁上做的其他評注那樣橫行霸道地對待尼采的意思。它暗示，世界史（包括）不是黑格爾想像它是的那種東西：一種不斷從「自然」功能走向意識的過程。也許相反的東西才是真的：意識可以是原始的開始，無意識可以是終結。儘管黑格爾認為藝術這種想像的產物會在絕對意識領域中沒有地位，但是，葉慈的問題卻相反，讀上去像一個給予藝術家的承諾，即他的「自發的創造性」將繼承大地。舞與舞者會再次合一。在邊頁上形成中的東西是一種藝術末世論的時代錯誤。最後審判日將成為藝術日。這就是唯美主義的大迷信。

　　也許，正是這種殘餘維持的時代錯誤給予葉慈的詩無拘無束的詩的雄辯，這種雄辯不可能在未來會為語言藝術持有的任何東西中找到可以匹敵者。如果在尼采給他的作曲家朋友的最後訊

息中大地被美化，九天歡樂，那麼讓大地甚至在沒有美化的情況下也因古老九天的歡樂而歡樂，就是葉慈的目標。我們確實是更貧困的人，儘管更少犯時代錯誤，因為我們不能相信如此快樂的結局。尼采再三排演了這樣一場極樂的結局。這也無益。在他一開始，以及在他的終結，他都知道，無論誰建造了一個新天堂，他都為它在他自己的地獄裡積聚了力量；而儘管他當然不是一個黑格爾主義者，這個地獄卻並不全然不同於黑格爾用不快的意識所意味的東西。如果還會有天堂的話，它將在思想歷程的終點，不是在它中途的某個地方，用某種想像力之夢的力量讓它停在那裡。也許，這就是 T. S. 艾略特在一首詩中寫「詩無關緊要」時所意味的東西。

哦是的，詩很重要，詩非常重要。但是沒有透過有意識誘發的自發性而實現的救贖，也沒有透過藝術而實現的救贖。

Chapter 8

維根斯坦與尼采[†]

[†] 這篇文章的原始起因是路德維希・維根斯坦的《藍皮書和褐皮書》（牛津：貝西爾・布萊克威爾，1958。紐約：哈勃，1958）和諾曼・瑪律科姆的《路德維希・維根斯坦回憶錄》（附格奧爾格・漢力克・馮・賴特所寫生平概述，倫敦和紐約：牛津大學出版社，1958）的出版。由拉什・李作序的《藍皮書和褐皮書》是在 1933 和 1935 年之間由維根斯坦口述給他的一些學生的。它們對於在整整一代益格魯・撒克遜哲學家的有生之年範圍內導致了哲學見解中的一種改變——一種突破，外在地較少戲劇性，但是也許比伯特蘭・羅素和 G. E. 莫爾把 F. H. 布蘭得利和貝爾納德・博桑科的十分後黑格爾主義的形上學從學術場景中驅逐出去時所發生的情況更有意義；正是路德維希・維根斯坦這同一個人同時完善了「舊體系」（在《邏輯哲學論叢》中，該書完成於 1918 年，1921 年首次出版），又開始了其毀滅（以《哲學研究》，1949 年完成，死後於 1953 年發表），這是那場新革命的最奇怪的特徵。受到賴特教授富有信息量的概述的大力幫助，瑪律科姆的《回憶錄》是一個上好的傳記文件，由於其簡單和感情上的克制，所以格外動人。我的注釋所採納的傳記參考正是來自這本書。

1

　　路德維希‧維根斯坦是個什麼風格的人？很容易得到的一個答案，一個模糊、自由、真實的答案，是：一個有最罕見天才的人。在所有不好界定的單詞中——簡單說，也許是所有單詞中——天才是最不好界定的。但是其他還有什麼辦法來描述這樣一個人呢？他是第一流的邏輯家；一位富於知識分子激情和訓練有素的明晰性的德國散文作家（也許用其他語言寫這種散文，只需要才子即可，但用德文來寫當然需要天才）；一個大有希望的、有了某些成就的工程師；一個現代莊園的建築師；一位有天賦的雕塑家；一位音樂家，如果他選擇了該職業，他也許還會成為著名指揮；一個能夠長時期忍受思想的高度嚴密和孤獨的隱士；一個選擇貧窮的富人；一位思考、教書但是既不開講座也不宴請的劍橋教授。

　　他也是一個征服了英國哲學的奧地利人；但是這，適合於奧地利人的征服，是由於一種誤解。至少他自己相信是這樣。當《思想》報版面充滿他的哲學主題的變異形式時，他稱讚了某一家美國偵探故事雜誌，他很想知道，有這樣的閱讀資料提供給你，怎麼「有人還會讀處於陽痿和破產中的《思想》」；[1]而當他在牛津的影響達到高峰時，他把這地方稱為「哲學荒漠」，稱為「流感地區」。[2]這些是諷刺的誇張，但無疑是維根斯坦不滿的嚴肅表達。

　　為什麼他會對他的思想在當代哲學圈裡所扮演的角色如此

---

① 諾曼‧瑪律科姆的《路德維希‧維根斯坦回憶錄》，倫敦和紐約，1958，第35頁及其後。

② 同上，第98頁。

不快？他懷疑，一種誤解在邪惡地運作，在全部的哲學系裡繁殖他的觀點和方法。他的懷疑的起源是什麼呢？而如果這是一種誤解，那麼它可以避免嗎？這些問題提出了一個更大的問題：哲學見解的性質是什麼？

有些哲學無論會有多麼困難，但在原則上是很容易教和學的。當然，並非每一個人都可以比教或學高等數學更能教或學哲學；但是某些哲學家的哲學和高等數學在這個問題上有共同點：它們擺出了簡單的二中擇一的選擇，要麼被理解，要麼不被理解。歸根結底，不可能被誤解。亞里斯多德、聖多瑪斯·阿奎納、笛卡兒、洛克、康德都是這樣。這樣的哲學像大山：你爬到頂上，或者你放棄；或者像重物一樣：你把它們提起來，或者它們對你來說太重。在各自情況中，你將知道發生了什麼和「你在哪裡」。但是，柏拉圖、聖奧古斯丁、帕斯卡、齊克果、尼采的思想卻並非如此。他們的哲學就像人的臉，在其面貌上令人不安地鐫刻上了靈魂的命運；或者像富於歷史的城市。「你理解康德嗎？」就像問「你去過布朗峰的頂上嗎？」回答是是或不。「你理解尼采嗎？」就像問「你知道羅馬嗎？」回答很簡單，只是在你從來沒去過那裡的情況下。維根斯坦思想中的麻煩是，它有時候看上去像是笛卡兒的思想：你相信你可以像學習邏輯或數學那樣來學它；但是它幾乎總是更像帕斯卡的思想：你會相當確信你不可能那樣學。因為在其自己的層面上來理解它，這既是一個想像和性格的問題，同時又是一個「思想」的問題。它的熱烈程度是由於它的本質，在它的激情中，有它的嚴肅性，表達它的句子的韻律像句子所說之物一樣有力，而有時候一個分號則標誌著思想和淺薄之間的邊界。怎麼會是這樣？我們在談論一位藝術家還是哲學家？我們在談論路德維希·維根斯坦。「*Der Philosoph behandelt eine Frage; wie eine Krankheit.*（德文：哲學家處理一

個問題：如同一場病）」這是一個深刻的分號，甚至從哲學上開始的翻譯家也不能保全深刻性：「哲學家處理一個問題就像處理一場病」相比之下，是一種，淺淺的**概觀**。③

對維根斯坦來說，哲學不是一種職業；它是一種消費激情；不只是「一種」激情，而是他的生存的唯一可能形式：想到他正在失去他的哲學天賦，這使他感到像在自殺一樣。他只能蔑視「搞」哲學的哲學家，他們在「搞」完哲學之後，想起了其他事情：金錢、出版物一覽表、學術晉升、大學陰謀、風流韻事、學者俱樂部 —— 以一種比他們的哲學思想產品更清楚地顯示他們以比他們的全部人格少得多的東西進行哲學思考的方式來思考這些事情。維根斯坦毫無困難地在他們的思考、爭論、寫作風格中發現了分裂人生的腐敗、用詞彙和意義進行的無痛苦雜耍、對深刻的膚淺調情、對可靠指令的充耳不聞。對他來說，思考既是道德的又是理智的關注。在這個問題上有他和奧托‧威寧格的密切關係，他對威寧格十分尊敬。看到一種思想可以同一個人分開，使他感到厭惡，感到憤怒，就像里爾克在《多伊諾哀歌》第四首中透過舞者的形象，憤怒地譴責表演者和表演之間可惡的不同一樣：

> ……他行走得多麼優雅！
> 然而他喬裝打扮，一個體面的市儈，
> 他將立刻回家，走進去經過廚房，
> 我無法忍受這些面具，半裝著生命。

---

③ 路德維希‧維根斯坦，《哲學研究》，G. E. M. 安斯孔博翻譯，牛津，1953，第 255 節。

如果維根斯坦喜歡寫他自己，那麼這位哲學家之中顯然最「有理解力者」也許會說：

> 我任何時候都以我的整個身體和我的整個生命思考。我不知道純有理解力的問題是什麼……你透過思考知道這些事情，然而你的思想不是你的經驗，而是其他人的經驗的回聲；就像一輛車經過時你的房間震動一樣。我正坐在車裡，經常就是車本身。

然而，這是尼采寫的。④而他在其他許多方面所相像的人，正是尼采：他的無家可歸，他的不安的漫遊，他對在其中工作的恰到好處條件的永久追尋，他的孤獨，他的禁慾主義，他對感情的需求和他在付出感情時的羞怯，他的智力極端主義，這種極端主義把思想逼到精神錯亂的邊緣，這是他的風格的伸縮性，而且（如我們將看到的那樣）在一個哲學上最重要的方面。這時候，他像尼采一樣，直到哲學見解不僅僅是一個邏輯上可論證的是非問題。這位最嚴謹的邏輯學家相信，這尤其是一個真實性問題——因而在某種意義上講，完全不是可商談見解的問題。給他如此經常地裝扮出不可容忍的智力驕傲外貌的東西，是一種他針對自己更甚於針對別人的要求，要求所有的話都應該絕對真實。問題不僅是「這個見解是對還是錯？」而且也是「此人還是彼人**有資格**有此見解還是彼見解？」這時不時給予他的辯論方式以《舊約》先知的嚴厲口氣：他會突然爆發出懲罰智力的不可控制的欲望。他對判斷錯誤做出反應，好像這些錯誤是心之罪，並且強烈拒絕

---

① 23卷穆薩利翁版《尼采全集》，第21卷，第81頁；死後發表的關於《曙光》的筆記。

接受見解，見解本身——如果這種區別是可能的——也許是足夠無害的，甚至是「正確的」，而拒絕接受見解是因為見解在說出見解的自我中是不真實的：見解缺少代表真而受到的道德痛苦與智力痛苦的認可。

維根斯坦曾經以游泳做比說，「就像一個人的身體有一種要浮到表面的自然傾向，但是一個人卻要使勁努力才能到達水底——思想也是如此。」在談論哲學家的高度時，他說，「衡量一個人的偉大，會按照他的著作讓他付出了什麼**代價**。」⑤這是應用於思想領域的康德倫理學：真正的道德之善對於康德來說，是對自然趨勢的勝利，代價愈大愈好。從性格和洞察力來看，尼采也是這樣一個智力生活的康德主義道德家，然而其創造發明不過是針對他自己提出破壞性極大論點的他，也會說這樣的話：

> 包含在爬山中的勞動，不是對山的高度的衡量。但是，在涉及知識的地方，它就會很困難；至少這是一些自以為是行家裡手的人告訴我們的事情：真讓人付出的努力是要決定其價值！這種瘋狂的道德是建立在這樣的觀念基礎之上的：「真」就像瑞典健身房裡的設備，設計用來把你累倒——一種思想體育和體操表演的道德。⑥

也許維根斯坦不是說這類事情的人，甚為可惜。這也許減輕了許多哲學爭論講究認真，動不動就發怒而造成的負擔。

---

⑤ 瑪律科姆，《路德維希·維根斯坦回憶錄》，第55頁。
⑥ 23卷穆薩利翁版《尼采全集》，第9卷，第183頁；《人性的，太人性的》，第2卷，第2、第5節。

2

　　把維根斯坦作為一個人和思想家（這個「和」多麼具有誤導性啊！）來欣賞，被揮之不去的視力錯覺搞得很糟糕：對他的生活的高度道德憐憫（在其中，他的「傳說」已經牢牢扎根）似乎第一眼就跟飄移和時尚，即他的哲學思想的內容和方法脫離關係。每一頁帕斯卡、齊克果、尼采都同時傳達了一種迫切的個人牽連，無論題材會是多麼非個人的；對於恰恰不是最敏感地預先有傾向的人來說，有可能讀許多頁維根斯坦的書而不懷疑這種在哲學史上既沒有原型也沒有可相比擬物的思想的無情精確性和往往顯然異乎尋常的藝術鑑賞力，恰恰不是最高理解力的超脫的結果。他給讀者的最初感情效果完全可以是惱怒或憂鬱的效果——羅伯特·穆齊爾（不是無緣無故作為維根斯坦的奧地利同時代人）在《沒有個性之人》將之歸因於某一位思想家的效果：

> 他拉上窗簾，像一個雜技演員一樣在他房間裡減弱的光線中工作，這個雜技演員在一個只有半照明的馬戲團帳篷裡，在公眾入場以前，表演給精選出來的專家觀眾看他最新的極危險跳躍。⑦

然而維根斯坦的工作還是充滿真正的憐憫，而且有一天會被看做歐洲思想悲劇式自我毀滅設計的一個組成部分。

　　如果由於某種奇蹟，歐洲歷史、歐洲思想繼續，那麼未來的思想史家將會不是一點點地為維根斯坦所困惑。因為沒有東西會比這樣的事實更少預言性：一部比任何其他著作都更深刻地影

---

⑦ 羅伯特·穆齊爾，《沒有個性之人》，漢堡，1952，第114頁。

響了盎格魯‧撒克遜哲學的著作，維根斯坦的《哲學研究》，會拿一句來自奧地利古典滑稽劇作家奈斯特洛伊的句子作為其座右銘；或者這樣的事實：其哲學作者應該是由於安岑格魯貝，一位相當次要的奧地利戲劇家的《畫十字的人》的上演而經歷了一種宗教覺醒。⑧然而，這些比起維根斯坦的思想寫作風格和十八世紀偉大德國格言作家利希滕貝格風格之間密切關係的發現，當然就是較小的驚喜，也不那麼重要了。†但是，有著更大分量的仍然會是這樣的理解：維根斯坦的名字標誌著一個歷史點，在這個點上，最出乎意外地，英國哲學的冷靜分析智慧同一些思想和想像的激情相遇，我們首先將其同尼采，然後，在多重結晶中，同奧托‧威寧格、阿道爾夫‧魯斯、卡爾‧克勞斯、法蘭茲‧卡夫卡、羅伯特‧穆齊爾這樣的奧地利人連繫起來。

像奧托‧威寧格一樣，維根斯坦相信思想的非凡倫理意義，相信思想既是一種深刻的個人獻身，又幾乎是宗教的超個人獻身；和阿道爾夫‧魯斯，他分享了對思想的所有裝飾性安慰和裝飾性消遣的拒絕，以及對純智力建築線條的專注；和卡爾‧克勞斯，他共同擁有這樣的信念：在生活、思想、感覺形式和語言形式之間有一條不容忽視的紐帶（維根斯坦的名言「倫理學和美學是一回事」⑨也許可以充當卡爾‧克勞斯的藝術信條的完美描述）。就卡夫卡和穆齊爾而言，他們的寫作風格（因此也是他們的領悟方式）和維根斯坦的寫作風格之間的比較當然會像維根斯

---

⑧ 瑪律科姆，《路德維希‧維根斯坦回憶錄》，第 70 頁。

† 就我所知，賴特教授是第一個引起對此事注意的人；關於這種理解力上親密關係更充分討論，可以在 J. P. 斯特恩論利希滕貝格的書《場合教義》（布魯明頓，工業，1959）中找到。

⑨ 路德維希‧維根斯坦，《邏輯哲學論叢》，D. F. 皮爾斯與 B. F. 麥克基涅斯翻譯，倫敦和紐約，1961，6.421。

坦的風格與利希滕貝格的風格之間的比較一樣富有成果，而且更
發人深省，因為不可能有超越於匿名的、奧地利特有的**時代精神**
的施與物之上的影響問題。在維根斯坦的《導論》的邏輯結構、
動機、意圖和荀白克的音樂理論的邏輯結構、動機、意圖之間甚
至有一種家族相似性：因為荀白克也是受這樣的信念所指引：他
的媒介——音樂的語言必須提高到那種邏輯必然性的層面，那種
層面會消除所有的主觀意外因素。正是在這樣一種心理格局中，
維根斯坦才真正有了家園，而在英國哲學史上，他也許僅僅「擁
有一個重要地位」。這至少是一種方法，說明他在英國哲學氣候
中很不舒服，在如此欺騙性地似乎主要由他自己門徒構成的哲學
交往中很不舒服。

　　在維根斯坦哲學背後的動機和意圖是什麼呢？超越於其哲學
本身的哲學宣言之上，那場在維根斯坦逐漸改變、最終放棄他的
《邏輯哲學論叢》所定基本原則的過程中改變了盎格魯・撒克遜
哲學面貌的「革命」的歷史意義是什麼呢？

　　伯特蘭・羅素在其《我的哲學發展》一書中，對《哲學研
究》的作者進行了激烈的攻擊，一種如果不是有損害作用，倒反
而會有啟迪作用的猛烈抨擊。最初認識到維根斯坦的《導論》是
一部哲學天才之作的那些人之一（儘管他太過分地將其解釋為他
自己邏輯原子主義交易的頂峰），談論《哲學研究》說，他沒有
在其中發現「任何有趣的東西」：「我無法理解為什麼整整一個
學派在其書頁中都發現了重要的智慧。」他厭惡他相信包含在
維根斯坦後期著作中的暗示：「語言世界完全可以脫離事實世
界」，他認為，這樣一種觀點必然透過陰險地給予「語言一種它
至今從未享受過的無拘束自由」而使哲學活動變得瑣碎（「最好
情況下，對詞典編纂者有一點點幫助；最糟情況下，一種悠閒的
茶桌消遣」）。他最強烈地不同意維根斯坦的門徒，當時他們傾

向於把「理解世界的願望」看做「一種過時的愚蠢」，這種願望似乎非常不同於他們自己理解語言活動的願望。（這會是羅素反對解構主義的論點，甚至更憤怒，更令人信服。）如果不理解會有意義，那麼就可以這樣來說羅素爵士對維根斯坦《哲學研究》的估計。因為他肯定知道從前勝利地同布蘭得利理想主義盛氣凌人的影響做鬥爭時他攻擊的是什麼東西，他也知道維根斯坦第一次送他《導論》時他歡迎的是什麼；但是他承認，後來的維根斯坦對他來說是「完全不可理解的」。這也許清楚表明，哲學觀的兩個最新變化中——羅素擺脫布蘭得利，或維根斯坦取代維根斯坦——哪一個更深刻。

　　伯特蘭・羅素與布蘭得利、與《導論》的維根斯坦理智地自在相處，因為他們兩人像他自己一樣，都是在歐洲哲學的形上學傳統範圍內思考的哲學家。這種說法沒有把布蘭得利的情況算在內；在《導論》的情況中，它聽起來是在報警。但是，說《導論》以其自己的方式——而且這是一種極其微妙的方式——參與了一種前康德主義形上學信仰，這是沒有錯的：在一個無論有多小的人類理解領域，在人的認識能力和世界本質之間有一種預先建立的感應。換句話說：人關於世界思考和感覺——因此也說——的東西，有一個在形上學意義上成真的機會。有一段時間，當哲學家仍然和上帝有親密關係的時候，這個形上學信仰發現了它的光輝普照的教條：上帝不是騙子；他創造了世界，在人心中植入了理解這個世界的願望；他也賦予人悟性和理性，這樣的天賦人禁不住要為這種願望的僕人們接受下來。這會不會是上帝的意圖，透過只給予人理解的幻覺而從一開始就使這種願望受挫呢？按上帝自己形象造就的造物將是宇宙中永恆的易受欺騙者嗎？簡單地相信這不可能是這樣，這種信念存在於已經深刻影響了歐洲思想的十七世紀複雜的形上學體系的心中。這種信念是可以在萊布尼

茲的預先建立的和諧和笛卡兒的 *cogito ergo sum*（拉丁文：我思故我在）—— 那些試圖在邏輯上論證人的思想和存在的真正本質之間整體和諧的宏大嘗試 —— 的教條工具背後看得清的。正是理性能力中的同樣信念「理解了世界的奇特建築」，這種建築激發了那個時代的偉大宇宙發現；或者如克卜勒在他的《世界的和諧》第 5 卷第 9 章末尾所說：「感謝您，我的造物主！……向那些將閱讀我的論證的人，我揭示了您的創造的榮耀……」

　　從笛卡兒到維根斯坦的《導論》是一段漫長的道路；然而有一種視角，從這種視角出發，《導論》看上去像是傳統形上學信仰的最終勝利：一種皮洛士的勝利。相比於形上學思想過去宣稱為其真的棲居地的廣大領域，現在有的幾乎不過是在一個廣大的寂靜區域裡的一小片「有意義」發言的領地。但是在這極其狹窄的空間範圍內，人仍然能自信地斷言某些關於世界的事實真相，說出一些話，其意義不是囚禁在它們自身範圍內；說出一些句子，其意義不是完全嵌入到語言交往和語言慣例的流動範圍內。不，仍然有一些詞和句子是絕對意義上真實的，反思一下「實際情況」的東西和**描繪現實**。當然，這種繪畫和原型之間、思想和世界之間、語言和現實之間的理想感應，不是容易達到的。它的條件是遵守最嚴格的邏輯規則。因而它在人類語言的現實中幾乎不會發生。然而，它仍然在語言的**本質**中實現：確實，它就是它的**真實意義**。真的，為了「本質地」、「有意義地」說，我們必須留下許多未說之說；但是一旦我們用「原子的命題」或者其「真實功能複合詞」—— 維根斯坦從羅素那裡拿來，對其進行了相當大的改變和細化的概念 —— 回應了「原子的事實」—— 能用智力理解的世界的磚塊 —— 我們的說話，因而我們的思想，就跟現實做了完美的協調：因為「邏輯不是學說的實質內容，

而是世界的鏡像。」[10]而儘管維根斯坦英勇地堅持認為，在提議語言和事實之間的這種關係時，他自己打破了支配有意義命題的法則，[11]但是，他的《導論》卻建立在從預先確定的和諧的形上學莊園中搶救出來的一塊地基上的。然而，地面很快就要塌下；在地面塌下時，伯特蘭·羅素，舉個例說，看到的卻是全部的崩塌。而說從《藍皮書》開始，維根斯坦沉浸在一種哲學進取心中，這種哲學進取心如果聲稱反對哲學家的傳統希望，那麼它看上去確實很絕望。因為它的意圖是要醫治哲學家的毛病，這毛病的名字就叫——哲學。他關於哲學家處理問題就好像問題是病人一樣的格言，有著不僅僅是警句的意義。

3

　　《導論》和《哲學研究》之間的斷裂和尼采《悲劇的誕生》（1871）和《人性的，太人性的》（1879）之間的斷裂屬於同一種類。在兩種情況裡，斷裂都是由形上學的克制造成的，在以我們的思想邏輯為一方和以**現實**的「邏輯」為另一方的雙方之間預先確定的感應中，信仰喪失。在從《悲劇的誕生》到《人性的，太人性的》八年過程中，尼采終於相信，他擺脫了這種「哲學偏見」——他將此診斷為敗壞整個思想史的偏見——透過翻轉（用維根斯坦《哲學研究》中明顯自傳性的言辭來說）他的「整個檢查。（你可以說：我們檢查的參考軸心必須被旋轉，但卻是圍繞我們真實需求的固定點。）」[12]可以毫不誇張地說，尼采本來是可以寫這樣的話的。它甚至可以充當他稱之為其偉大成就的

---

[10]　維根斯坦，《邏輯哲學論叢》，6.13。

[11]　同上，6.54。

[12]　維根斯坦，《邏輯哲學論叢》，108。

東西的精確描寫：把我們的整個地平線圍繞我們「真實需求」的點轉 180 度，這截然不同於：

> 在形成……〔傳統〕思想範疇時被滿足的東西；即不是「認識到」，而是歸納、圖式化的需求，爲了交流和計算，需要操縱、編造相似點和相同點……不，這不是預先存在的「觀念」的工作；它在有用性的說服下發生；使事物變粗糙、降低水準是有好處的；因爲只有在那時候，事物才可計算、才容易相處……只有在「眞」使生活對我們變得可能的範圍內，我們的範疇才是「眞」……不和這些「眞」相矛盾的內心強迫，得出我們那種有用結論的本能，是我們與生俱來的，我們幾乎就是這種本能。可是把這當做一種「眞本身」的證據是多麼天眞啊！我們不能否認眞實性，證明了無能爲力和非「眞」。⑬

　　不再追隨這種「本能」，因而治癒幾個世紀的哲學毛病，這時尼采宣告的意圖，正如維根斯坦的意圖是透過在「我們的語言功能」中認識其源頭而「解決哲學問題」：「**儘管是一種誤解它的本能。**」⑭對於尼采來說，關於人的真是，人必須沒有真而生活。這是「真實需求」。會滿足這種需求的造物，尼采稱之爲「**超人**」——絕不在乎這個冒犯性的詞是詩意地由一個達爾文時代產生於一個偉大的思想者心中。在他的書信中，他經常用較少過分華麗——如果說不是較少雄心勃勃——的話來談論他的哲學

---

⑬　23 卷穆薩利翁版《尼采全集》，第 19 卷，第 27 頁及其後；《權力意志》，第 515 節。

⑭　維根斯坦，《哲學研究》，109。

目標，意思是這樣的一些話：「他感覺好像他正在為一些會以完全不同的方式思考，會呼吸不同於當下之人的生活氣息的人寫作：為一種不同文化的人……」可是，這是由馮・賴特教授報導出來作為維根斯坦的一種說法的。⑮

　　把維根斯坦描述為晚期的尼采，當然會很荒唐，而這種比較肯定不是意味「操縱、編造相似點和相同點」。兩位哲學家在其思想的眼界和對象、方法和幽默、關鍵和節奏方面幾乎不可能再有更大的不同了；然而他們有著具有最大重要性的共同點：創造性地不信任所有那些絕對的確定性，這些確定性好像是一種繼承來的解剖學，被允許決定傳統思想的軀體。尼采和維根斯坦分享了一種指導懷疑進入到錯誤和謬誤最不受懷疑的隱身處：即在維根斯坦所說的「一切都很容易看到」的地方，在一切都很簡單熟悉的地方，在日日夜夜人們都把事物想當然的地方——「直到突然有一天，他習慣上無視事物最重要方面的事實給他留下最鮮明、最強有力的印象。」⑯這也許發生在懷疑達到了有「意義」見解的那一天，也就是說，思想無論多麼模糊，也許是透過某種宇宙的安排，由上帝，或邏輯，或語言精神所持有，一種明確的意義被附屬於世界、生活、事實或詞句。當尼采發現「上帝死了」時，意義的宇宙就崩塌了——也就是說，建立在超越世界的信仰基礎之上的一切，或者正在學著反對信仰的一切，或者與其糾纏在一起的一切：事實上，如尼采相信的那樣，一切；而從此以後，一切都需要重新估價。

　　在維根斯坦那裡，發生在《導論》和《哲學研究》之間的決定性觀點改變，似乎是以一個比上帝之死更少戲劇性的事件為中

⑮　瑪律科姆，《路德維希・維根斯坦回憶錄》，第 2 頁。

⑯　維根斯坦，《哲學研究》，126、129。

心的；即對絕對語言邏輯的信仰的消失，因此也是對詞句和世界之間絕對和諧關係的信仰的消失。但是，事件背後的事件像尼采的神之死有著同樣的重要性；它造成了同樣的形上學信念危機，這種危機透過某些德國、法國思想家的形上學膽大妄為，導致了形上學的大顛倒：對任何同現實的形上學可靠交往的信仰的喪失有這樣的觀念做出了彌補，即一種預先確立的**荒誕**決定了由人的智力構成和可以是世界真實構成的任何東西之間的關係。尼采第一個想到了這樣的可能性，在他之後，歐洲的藝術和文學突出顯示了人和世界在悲劇式的、憂鬱的、奇異的、狂歡的強制之下辛苦勞作的景象。而有一種歷史意識，在其中，當代哲學思考的兩個極端，海德格對語言的轉彎抹角形上學探索和維根斯坦專心致志於語言遊戲（他選擇的一些例子揭示了一種幾乎是瑟伯式荒誕怪異創造發明才能）可以被看做同一意圖的兩個方面：追蹤到它們的語言源頭，並在那裡糾正人類說真話的努力所造成的荒誕事。這是一種對尼采來說絕不陌生的意圖。當然，他的普遍懷疑沒有放棄語言，他關於這個題目的有些話實際上和維根斯坦的一些話是無法區分的。

　　在其哲學生命中很早之時，尼采就知道「發現語言本身就很有趣的人有著不同於僅僅將其視為思想媒介的人的智慧，」他不留下關於其中哪一個他視為更有**哲學**智慧的疑問：「語言是我們太熟悉的東西；因此它需要一位哲學家對它留下印象。」[17]這是尼采說維根斯坦在發現「事物的最重要方面是由於其簡單熟悉而藏身不讓我們見到的」[18]時所說之話的方式。而當尼采說

---

[17] 23卷穆薩利翁版《尼采全集》，第2卷，第29頁；〈荷馬與古典與文學〉，導論計畫，第20節。

[18] 維根斯坦，《哲學研究》，129。

「哲學家身陷語言之網中」[19]的時候，他的意思和維根斯坦提到他自己的《導論》而寫下「一幅畫迷住了我們，我們無法從中走出來，因為它在我們的語言中，語言似乎不可阻擋地將它向我們重複」[20]時的意思是完全一樣的。尼采在談到一種從前使「從此以後要被稱為真的東西」固化的原始形上學寧靜的終結時，聽起來好像他心中已經有了《導論》的形上學：「一種普遍有效的、令人信服的事實解釋被發明出來，語言立法固化了真的主要規則。」這似乎接近於維根斯坦在《導論》中嘗試的事情：「給出命題的本質意味著給出全部描述的本質，因此也是世界的本質。」[21]但是，尼采問道，「語言是所有現實的充分表達嗎？」[22]而不久他就十分確信不是。相反，語言的語法、句法秩序，它的主語、謂語、賓語、因果關係和條件關係，是「理性的僵化謬誤」，這些謬誤繼續將「誘惑性魔法」施於我們的智力。[23]

　　哲學是一場針對我們的智力被語言手段所蠱惑的戰鬥。

這最後一句格言是維根斯坦的[24]；但是猜測尼采在哪裡結束，維根斯坦在哪裡開始，是不可能的。

4

　　維根斯坦的格言之一抄錄如下：

---

[19] 23 卷穆薩利翁版《尼采全集》，第 6 卷，第 45 頁；1872 年（秋冬）計畫。
[20] 維根斯坦，《哲學研究》，115。
[21] 維根斯坦，《邏輯哲學論叢》，5.4711。
[22] 23 卷穆薩利翁版《尼采全集》，第 6 卷，第 78 頁；1873 年夏筆記。
[23] 同上，第 15 卷，第 304 頁及其後；《道德的系譜》，第 1 卷，第 13 節。
[24] 維根斯坦，《哲學研究》，109。

哲學造成了對這樣那樣簡單胡說八道的發現，造成了理解由於腦袋撞到了語言的侷限上而遭受的青腫之苦。這些青腫，使我們看到了那種發現的價值。[†][⑤]

在晚年的摘記之一中，尼采在「基本解決方法」的標題下寫道：

語言建立在最天真的偏見之上……我們把矛盾和問題讀解成一切，因為我們只是在語言形式範圍內思考……**如果我們拒絕在語言的牢籠裡思考，我們就得停止思考**；因為我們無法達到比詢問我們看見的界限是否真的就是界限的疑問更遠的地方……**所有理性思考都是按照我們無法拋開之計畫進行的解釋。**[⑥]

然而尼采和維根斯坦均沒有「停止思考」。在尼采的思想中，有這樣的持久疑慮：已確立的哲學語言傳統不迎合我們的「現實」智力需求，這只是他的中心論點的一個方面：隨著上帝死了，隨著初始之道的沉寂，信仰、信念、形上學、道德、知識等所有確定之物都結束了，從此以後人就處在思想的絕對自由的可怕強制之下，在無限智力特許的威脅之下了。他的選擇是要麼選擇以造物主的，亦即他自己的世界的非凡創造力進行創造，要麼選擇精

[†] 這是卡爾·克勞斯關於語言的格言之一：「如果我不能走得更遠，是因為我的頭撞到了語言的牆上。然後，我的頭上流著血，我退卻了。但是要繼續。」（《履行諾言》，〔慕尼黑，1955〕第 326 頁。）

⑤ 維根斯坦，《哲學研究》，119。

⑥ 23 卷穆薩利翁版《尼采全集》，第 19 卷，第 34 頁；《權力意志》，第 522 節。

神死亡。因為**實際上的**世界既沒有意義，又沒有價值。意義和價值必須由上帝或者人自己**給予它**。如果上帝死了，人衰退了，那麼這個世界上就沒有任何東西有意義了，我們自己的語言以其古代對更高意義的全部提示欺騙我們。

> 世界上的一切都是其實際存在的樣子，一切的發生，都是其實際發生的樣子：**其中**不存在價值 —— 而如果它存在，那它就不會有價值。

這些來自維根斯坦《導論》的句子⑳也許是由尼采發明的 —— 許多這樣的句子事實上是由他在筆記中發明出來，作為《權力意志》而發表，在其中，作為有靈感的行動者，甚至作為熟悉情況的內行，他界定了他如此迫切地想要克服的歐洲虛無主義思想傾向。

維根斯坦的《哲學研究》要不是在其無限的、智慧的耐心中充滿一種並非完全不像激發尼采預言狂熱的那種東西的緊迫感，就會變得像伯特蘭·羅素認為的那樣瑣碎。要讓一些光進入到「這個時代的黑暗」中 —— 這是《哲學研究》作者的遲疑不決希望。這希望，像所有真正的希望一樣，建立在信仰的悖論基礎之上：無視懷疑的信仰。對維根斯坦來說，這是一種對語言的信仰；而語言甚至在停止成為現實之鏡 —— 維根斯坦在《導論》中指定給它的功能 —— 以後對他來說仍然十分重要。在揭露了它的全部危險，顯示了我們的心思如何被它的隱喻迷住，譴責了它用以攻擊我們智慧的巫術之後，他仍然保留了對其最終智慧和給我們治病的能力的根深蒂固信任。

---

⑳ 維根斯坦，《邏輯哲學論叢》，6.41。

　　維根斯坦著作中沒有什麼東西比這種信任更容易受到進一步質疑的傷害了；甚至就是它的智力上易受傷害的傾向也確認它為他的信仰。他經常以最高的模糊性談論語言：

> 當哲學家使用一個詞──「知識」、「存在」、「對象」、「我」、「命題」、「名字」──試圖抓住事物的**本質**時，人們必須總是問自己：這個詞在它在其中有其家園的語言中實際上是否這樣用過？†㉘

人們完全可以問：是誰用透過我們的文學、方言、社會等級、期刊、報紙用上百種語言說出的語言，確立了這種實際的使用？莎士比亞？多恩？詹姆斯‧喬伊斯？《牛津英語詞典》？波特學院？每日公報的慣常讀者？而當維根斯坦說「**我們**做的事情是把詞句從其形上學用法帶回到日常用法中，」㉙或者「當我談論語言時……我必須說日常語言」㉚的時候，人們就會想起這種計畫的家庭式的不精確，並且很想知道為什麼他不希望把語言帶回到利希滕貝格或戈特弗里德‧凱勒的用法，或者不希望說卡爾‧克勞斯的語言，這種語言實際上比維也納或倫敦「日常」語言更大大接近維根斯坦的語言。

　　維根斯坦說：

---

† 這就是這種誘使英譯者用「語言遊戲」來表示德文中簡單使用的「*Sprache*（語言）」一詞的東西的模糊性。

㉘ 維根斯坦，《哲學研究》，116。

㉙ 同上。

㉚ 同上，120。

哲學絕不可干預語言的實際使用；它最終只可以描寫它……
它使一切保持本來的樣子。[31]

我們必須丟掉所有解釋，單純的描述必須取代它的位子。[32]

但是我們不會被一幅「實際上用於」語言中的畫「迷住」嗎？我
們可以確信「實際使用」絕不會「蠱惑我們的智慧」嗎？而如果
它蠱惑了，那麼我們該如何不「解釋」它的本質就鬆開它的控制
呢？（我在這裡使用「解釋」是按照它的「實際使用」的。）或
者叔本華如此憤怒地「干預」那些每天輕率地說話或打字的人對
語言的不標準使用，他因為他寫了由一種他甚至相信正在愈來愈
被日常語言交往背叛的文學傳統激發靈感的散文，而對判斷錯誤
感到內疚嗎？而什麼是哲學「使其處於實際模樣」的一切呢？肯
定不是思考方式和說出思想的方式。許多哲學家像所有偉大詩人
一樣，深深地影響了我們的領悟力，因此也影響了我們的語言，
從而改變了我們的世界：例如柏拉圖，或笛卡兒，或盧梭，或康
德，或尼采，或當然，維根斯坦。

當維根斯坦談論日常語言時，他並不意味「實際使用」暗
示的他所意味的意思。事實上，他意味著語言──意味著某種作
為我們共同人性的寶庫，作為理解、知識、智慧的寶庫而有著非
凡重要性的東西。那麼為什麼他用「實際使用」或「日常語言」
之類的詞語來描寫他所意味的東西呢？這僅僅是一個信仰者對一
個經驗主義者做出的不自在的讓步嗎？或者是一種對許多哲學家
在其進行欺騙性高度和深度追求中感到內疚的語言破壞的譴責方
法嗎？這也許是這樣的。但是維根斯坦也許更受到托爾斯泰對簡

---

[31] 同上，124。

[32] 同上，109。

單生活之美德的信仰，一種他應用於語言生活的信仰的促進。托爾斯泰甚至是十九世紀深深引發他興趣的很少數作家之一；因此也許正是一種語言的盧梭－托爾斯泰主義，導致了維根斯坦堅持「自然」語言，一種未被哲學「文明」的可疑高雅慣壞的語言，這種哲學「文明」把詞語從其根源的地面下連根拔起之後，使其服務於「非自然的」要求。

在《哲學研究》中，尤其有兩個格言允許讀者觀察維根斯坦如何以羞於形上學的經驗主義戰鬥方式，避免公開宣告他對語言的幾乎完全的形上學信仰。以下是第一個格言：

> 透過錯誤解釋我們的語言形式而產生的問題有**深度**性質。它們是深度的不安；它們像我們語言的形式一樣深深扎根於我們心中，而它們的意義像我們語言的重要性一樣偉大。③

多麼確切！然而，「錯誤解釋」一詞是多麼令人不安！它似乎暗示，有一種，或者可能有一種在哲學上或語文學上決定，什麼是對每一個具體「語言形式」的正確「解釋」，什麼是對其的不正確「解釋」的絕對可靠法則。但是沒有這樣的標準可以適用。因為在比語言哲學中所夢想的更高的程度上，語言和其他人類表達形式都有這個共同點：經常避開不含糊的「解釋」。它可以像舞蹈和姿勢一樣純暗示性的，像音樂一樣意義短暫，像生活本身一樣不用受語法約束，鋪張浪費。我們一離開邏輯、語法、句法的領域，就進入美學領域，在那裡我們不問一個作家是否正確「解釋」③④詞語，而問他用詞是否用得好壞：而他用詞用得好，不是

---

③ 同上，111。
④ 維根斯坦，《哲學研究》，106、107。

取決於他「解釋」詞的能力，而是取決於更充分地被描寫為一種語言感，描寫為感受性或描寫為天才的東西。這樣的天才無論會多麼原創，都是傳統幫助形成了它——傳統，或者用維根斯坦的話來說，具體的「生活形式」，按照他的說法，只有在「生活形式」的範圍內，語言才有其意義：「想像一種語言，意味著想像一種生活形式。」⑤維根斯坦最突出的認知之一便是此即如此；它甚至像他很了解的那樣，不僅使「語言規則」在邏輯上難以處理，而且也使他所希望的規則描述成為一個甚至不可能由一大批普魯斯特或維根斯坦來完成的任務：因為在一種語言裡由歌德和希特勒分享的，在另一種語言中由濟慈和《國民探索者》分享的「生活形式」是什麼呢？

有著「對我們語言形式的錯誤理解」所引起的「深度不安」，引用的格言暗示了某種比「錯誤解釋」一詞本身更誤導的東西。因為暗示是：深度是謬誤的副產品，這正是尼采從《悲劇的誕生》開始堅持並一再重複的東西：創造幻覺——藝術——的意志比使信仰和「真正」、「真實」存在的東西相一致的意志更深刻。但是，如果「深度」或「真」或「謬誤」這些詞竟然都有意義，那麼真就比假更深刻；維根斯坦的暗示甚至好像被格言的形式和韻律撤銷了，這些形式和韻律清楚明白地宣稱，語言本身，不僅僅其錯誤解釋，有著深的特色；由此產生的不安像它會帶來的寧靜一樣深：透過一位偉大的作家，甚至很罕見地，透過一位思想扎根於詞句的神祕之中的哲學家——或者用我們心中第二個格言的術語來說，「在語言的地面下。」這第二個格言甚至接近於揭示維根斯坦的形上學祕密。「給予我們的研究以其重要性的東西是什麼？」他以一種想像的對話者的嗓音問道，

---

⑤ 同上，19。

「因為它似乎只是摧毀了有意思的一切。（就好像是所有的建築物，只留下一些石頭和瓦礫。）」而他回答說：「我們正在摧毀的不過是一些紙牌屋，我們正在清理紙牌屋立於其上的語言的地面。」[36]語言的地面——這是一個透明的隱喻；透過它照過來的是一道神祕之光，即使沒有給它留下可照亮的東西，除了一道哲學風景，這道哲學風景已被最考慮周到地清理掉了在各個時代中由柏拉圖、聖多瑪斯·阿奎納、斯賓諾莎或者伊曼努爾·康德這樣的語言欺騙受害者所建造的所有易碎而醜化一切的大廈。這些受害者無論他們在什麼地方「放了一個詞」，都相信：

> 他們做出了一個發現。而關於它的真卻十分不同！——他們觸及一個問題，就一邊欺騙自己說，他們已經解決了問題，一邊給問題的解決設置了一個障礙。——開始知道於是就意味著絆倒在像石頭一樣硬的僵化詞上，折斷了一條腿而不是一個詞。

維根斯坦？不，尼采。[37]

　　這是有點像歌德《塔索》結局的一個結局，在《塔索》結局中，一個人，一個所有確定性都被粉碎的詩人，牢牢抓住他最後的所有；語言。那個結局是否有可能最終是幸福結局，還是一場悲劇，這始終是一個公開的文學解釋問題。但是，無論會是怎樣，維根斯坦不是一名詩人，而是一位哲學家。哲學和維根斯坦一起登上舞臺，這舞臺已有人類思想的許多其他創造性活動——例如詩或畫——所達到：在這個舞臺上，每一個創造行為都同對

---

[36] 同上，118。

[37] 23 卷穆薩利翁版《尼采全集》，第 10 卷，第 49 頁；《曙光》，第 47 節。

其媒介的批評不可分，每一件強烈自我反省的作品都看上去像對
其自己可能性的具體懷疑。這是尼采在一個標題為「後代史的殘
篇」的初稿中不尋常地預期的尷尬處境。它的主題是「最後的哲
學家」。在失去了對一個可交流世界的信賴以後，他被囚禁於他
自己的自我意識中。沒有東西再同他說話——除了他自己的言
語；而從有神聖秩序的宇宙中被剝奪了任何權威以後，他的言語
可以用一點點哲學自信談論的只不過是他的言語。㊳

　　在《哲學研究》中，維根斯坦說：「你在哲學中的目的是什
麼？——顯示飛蠅飛出蠅瓶的方法。」㊴可是誰問？誰回答？誰
是飛蠅？這是一個非神聖三位一體；三合一。這條路沒有出路。
這條路只展示蠅瓶，愈來愈多的蠅瓶。

㊳ 23 卷穆薩利翁版《尼采全集》，第 6 卷，第 36 頁；1872 年（秋冬）計畫。

㊴ 維根斯坦，《哲學研究》，309。

Chapter 9

尼采關於藝術相對於真的最終之言

　　「對於一個哲學家來說，說『善即美』是不光彩的事情；如果他繼續補充說『亦即真』，那你就應該抽他。真是醜的。

　　我們擁有**藝術**，免得我們**死於真**。」

　　這句同時既結晶又混亂、既光輝又暴力的話是尼采在他精神崩潰前一年的 1888 年寫下的。它被包含在收集於《權力意志》[†][①]中的死後發表筆記之一中，有著最終之言的回聲，是用那種不允許爭論的絕對絕望或希望說出或喊出的話；也許這真的像尼采關於一個問題的最終之言所意味的那樣 —— 他中肯地在同一年重讀他年輕時代的《悲劇的誕生》 —— 關於這個問題他說這是強迫要求他認真注意的最早問題；他補充說，甚至今天，這個兩難境地還使他充滿了「神聖的恐懼。」[②]

　　自始至終如此令尼采恐懼的問題，是藝術與真之間的關係。甚至在《悲劇的誕生》的語境中，它格外難以把握。因為無論給予「真」一詞何種意義，在無盡的「藝術」變體中，不可能找到一個共同標準：古埃及的雕塑、古希臘的阿波羅、《安提戈涅》、《李爾王》、米開朗基羅、巴赫、莫札特、貝多芬、比才或奧芬巴赫，且不提歌德或馬拉美的短詩。即使我們將藝術等同於古代悲劇，如《悲劇的誕生》會暗示的那樣，正如它宣稱悲劇在華格納的音樂劇中再生，問題是兩難境地，無論其「真實」性如何，是否被解決，恐懼是否被令人恐怖的「我們擁有**藝術**，免得我們**死於真**。」醜真之醜自柏拉圖世代以來如此劇增，以至於現在將真同美連繫起來的任何人都犯了一個哲學大錯嗎？真在它

[†]　後接表明是哪一節的數字的 W 指的是《權力意志》，瓦爾特‧考夫曼和 R. J. 霍林黛爾翻譯，紐約，1967。

[①]　23 卷穆薩利翁版《尼采全集》，第 19 卷，第 229 頁；《權力意志》，第 822 節。

[②]　同上，第 14 卷，第 326 頁；死後發表的 1888 年筆記。

的令人不快中變得如此好鬥好勝，以至於音樂必須充當防衛它入侵我們生活的防禦工事嗎？

我們無法和真，和全部的真，同在。這話以前無疑有人說過，說過的人裡面沒有比柏拉圖在洞穴寓言中所說更令人記憶猶新的了；它被一而再、再而三地重複，例如，被萊辛重複，他寫道，如果上帝給予他真和對真的無限求索之間的選擇，那麼誰還會要求他做無盡的努力，因為真只對上帝自己而言；或者被蒙面紗的塞伊斯形象，神祕的「真」之形象，的故事所重複，這形象被揭去了面紗的樣子是致命的。在所有這些例子中，以及更多更多的例子中，這是一個全部的真不可能實現的問題或不打算用於人的寶庫。但是，真會**因為它的極大之醜**而殺死我們，此話從來沒有人說過 —— 當然不是像尼采那樣充滿格言式的激情。因為尼采所說的「真」明顯意味著生存的真實性，而不僅僅是會讓我們震驚致死的個人生活中的這種或那種經驗，所以，再一次要問，「藝術」作為其根本的對照和「醫治」，能意味著什麼呢？我們在回答這個問題時的猶豫是有許多理由的。

在一切其他事情之上，有著無可爭議的事實：自從產生里爾克、格奧爾格、曼以來，藝術作為「生活」的準宗教對立面自然地發展著。在年輕人中誰能理解斯蒂芬·格奧爾格的帝國式宣告：「*kein Ding sei, wo das Wort gebricht*（德文：詞窮便無物）」—— 這最終和卡爾·克勞斯著名的、臭名昭著的宣言：「*Mir fällt zu Hitler nichts ein*（德文：對於希特勒我沒有什麼要說的了）」有著同樣的意思。當然，不再有一位藝術家會把他的藝術看做一種幾乎教士的，甚至修士的獻身。「我有許多穿教袍的兄弟，」里爾克寫道，而年輕時代的湯瑪斯·曼的托尼歐·克勒格甚至想到必須為服務於他的藝術而獻「身」：他說，沒有一片藝術月桂樹上的葉子會沒有藝術家為它付出生命的代價而被摘

下。同時，藝術已然變得和生活本身一樣「非神化」，而對於托尼歐‧克勒格來說是如此危險地長滿葉子的常青月桂樹，遭到秋天的嚴重損害，在其中有比落葉樹的樹葉更多的葉子枯萎了。「哦，生命之樹，你的冬天將在何時到來？」里爾克於完全在第一次世界大戰濃厚的陰影中寫下的《杜伊諾哀歌》中最黑暗的第四哀歌開頭問道。「現在」，是現代文學的齊聲回答。這不是要它的實踐者以福樓拜的、湯瑪斯‧曼的、里爾克的，以及 —— 在他對偶像發出的無盡的詛咒中的 —— 卡夫卡的那種偶像崇拜的虔誠獻身於文學。藝術甚至不再像席勒相信它應該是的那樣「heiter（德文：歡樂）」；然而它不再像要求獻「身」那樣嚴肅。

　　然後有令人不安的事實：在尼采生前，甚至在尼采之前，一種幾乎沒有贏得他稱讚，但是為了他的一貫性的緣故，也為了我們理智上安慰的緣故，他應該做出更嚴厲判斷的文學出現了。有時候他這樣做了，但只是有選擇地（雖然在他這樣做的時候，他用他永不衰退的藝術本能來做出區分）。我心中想的是現實主義，當然還有自然主義；而自然主義者很自豪地把他們所見到的「生活之真」，而非尼采所理解的藝術強加給公眾的注意力。尼采會贊成我們用「強加」一詞；因為他曾經，而且不止一次地把「現代藝術」，尤其自然主義，描繪成「施暴的藝術」。那些「藝術家」，他寫道，習慣於使用一種「勢不可擋的大眾」 —— 可以冒昧地說是一種醜陋的大眾 —— 「在其面前感官變得混亂不堪，」變成了「色彩、材料、願望的暴行」（W 827）。關於施暴和暴行，人們會想知道，如果他活著見到電影產品 —— 一種在本質上比它之前的任何藝術都無可比擬地更加施暴的呈現形式：它在黑暗中被觀看，這種黑暗以一種藝術史上獨一無二的催眠般專一讓觀眾的眼睛和心扉向電影製作者的想像敞開 —— 那麼他的詞彙會是什麼呢？或者他會就「暴行」問題，關於尤金‧歐尼爾

或田納西‧威廉斯或多瑪斯‧伯恩哈德說些什麼呢？

或者當他在 1888 年寫「醜，即對藝術的否認，即在藝術領域之外的東西，即它的不；每一次衰退、生命耗盡、疲軟、瓦解、蛻化甚至是模糊地被暗示，審美之人都以他的不來做出反應」（W 809）。或者當他在文明提升的同一年裡說「它會同時帶來病態因素的增加，神經－精神因素和犯罪因素的增加」（W 864）的時候，所有這一切都像「一種抑鬱症的症狀」那樣「令人沮喪」，「消解力量、令人氣血兩虧、令人心情沉重……」（W 809）。是否歷史專注於教課，這是極其令人生疑的；但是如果歷史確實這樣，它正好證明尼采用以排斥「自然主義」革命主張的高傲姿態。他問道，這是對社會弊病的一種批判嗎？決不是，這是對社會弊病的一種病態迷戀，一種更多病態的先兆：「……藝術家，因意志薄弱和膽小而不敢犯罪，也沒有成熟到可以送瘋人院」使自己成為「革命的、建立平等權利的」訊息的帶信人，變成「早就受到壓制的……衰退（憤懣、不滿、毀滅欲、無政府主義、虛無主義的）本能的，包括奴隸本能的」（W 864）典範。關於尼采和自然主義就說這麼多。

作為現代藝術使用的暴力的例子，尼采引用了左拉和華格納的創作。左拉和華格納似乎是催眠暴行藝術中的一對驚人兄弟，而他們的特色確實顯示了家庭中的相似性。（湯瑪斯‧曼在他關於華格納的文章✝中很重視這一點，因而激起了一些「德國天才」的守護者，在希特勒統治下碰巧於 1933 年生活在「華格納之城」慕尼黑的知識武士的那場臭名昭著的「抗議」，這無疑有助於使《布登勃洛克家族》的作者在他的餘生居住在德國邊境之外）。

✝ 湯瑪斯‧曼，《全集》，第 9 卷，法蘭克福，1960。

　　收集在《權力意志》的格言中，對藝術功能的簡明宣告——使不可承受的變成可承受的——之前是一種，當然，否定藝術悲觀主義可能性的觀察：「沒有悲觀主義藝術這樣一種東西。——藝術肯定。約伯肯定」（W 821）。這是一個古老的尼采主題；他在這裡所說的話，在甚至悲劇「讚美」悲劇式的人類命運的層面上是正確的，儘管人們不會毫無顧忌地把約伯書唐突地歸入到藝術範疇。而且，對以下宣告之聲的宗教回聲是不會有誤解的：「在藝術中始終具有根本性的東西是其專注於使生存完美，是其對完美和豐富的創造。藝術尤其是對生存的**肯定、祝福、神化**……叔本華說某些藝術品（其所指再次是阿提卡悲劇）服務於悲觀主義的時候，他是說**錯**了。」而為了免得尼采《悲劇的誕生》還沒有被理解——晚至 1888 年——他再次強調，悲劇不像叔本華認為的那樣教人屈從。不，為了讓一名藝術家「描繪可怕而有問題的事物，他的追求力和宏偉壯麗的本能本身顯示出來：他不害怕它們」（W 821），但是透過藝術甚至肯定出於其美化狀態中的惡。他像約伯一樣肯定。

　　從這樣的高地下到語法的低地中，看上去像是在陳腐中尋求庇護。然而，詢問動詞「肯定」，一個及物動詞，是否需要一個賓語，這確實很陳腐。我的拉丁語老師，一位和藹的西多會修士，嚴格堅持他的學生必須問動詞後的賓語是什麼，從而搞清楚一個動詞是否及物。如果對問題的回答是肯定的，那麼它就是及物動詞。「肯定？」他就會說：「肯定誰或什麼？」里爾克在著名的奧菲斯十四行詩「*Rühmen, das ist's!*（德文：讚美，這就是它）！」開頭一行就沒有寫出「誰或什麼？」他本來會這樣問，並等候一個比「實際如此的生活」更加具體得多的回答。「生活實際不是『如此』」。詩人的語言已經習慣於——好像——不及物地使用「肯定」或「讚美」這樣的動詞。這不止是一個語法

問題：語法的用法像經常的情況那樣，反映了意識本身的語法。要明確理解讚美的值得讚美性，而不僅僅是造就狂喜、陶醉的頌歌；或乾脆明確理解對肯定的肯定，是不可能的。「*Ein Gott vermag's*（德文：一位神會這樣做），」里爾克的第三首十四行詩說；但是，在里爾克開始接管他以前，奧菲斯不是神。里爾克透過將他和尼采的戴奧尼索斯融為一體而把他提升到神的地位；而他這位神肯定在一個單純的人必然失敗的地方獲得成功：對一種生存大量無條件地說是，在這種生存中，對災難、疾病、謀殺、殘酷、無意義死亡的否定，就像對愛和幸福的肯定一樣是不可逃避的。對於約伯來說，對象很容易提供──以一種盡可能非尼采的方式：約伯肯定上帝。即使如此，約伯的故事也絕不是很容易講的，如果約伯接受並最終相信尼采關於上帝之死的資訊，那麼這就會是一個十足無法承受的故事。

　　不喜歡考慮這些問題的人會沉思一會兒《浮士德》第二部第五幕塔樓上的巡夜人之歌。這是歌德的最美抒情詩之一，在那個時刻由一個處於純粹的、「無意志」沉思狀態中，處於叔本華稱之為審美經驗──沒有任何私利接觸到的經驗──的那種東西的不可逃避狀態之人唱出的一首讚歌。林叩斯 ③ 看見、**看見**，只是看見之快感對他不重要。他所看見的**東西**，幾乎無關緊要。它很美，因為他用不被任何不是純粹看的事物分心的眼睛而看見了它：附近是樹林和鹿，而它上面的高處是月亮和星星；而狂喜地說著是到了自己失控的地步，他說出了總是被引用為歌德肯定生活之證據的話。然而這些話看不到任何可界定的或甚至具體的語法賓語：

---

③ 希臘神話中的阿耳戈斯國王。──譯者注

Es sei wie es wolle,

Es war doch so schön.

（德文：它願怎樣就怎樣，可它就是美。）

在整個文學領域裡，當青年尼采在《悲劇的誕生》中重新命名對叔本華來說是超越於事物純外表之上的柏拉圖理念的藝術家直覺的東西時，再沒有更純粹的抒情表達，快樂地說出對世界的肯定，將世界肯定為「審美現象」。但是因為尼采早在其他部分全都是叔本華式的《悲劇的誕生》時代就已經剝奪了這種假象的超驗客體，柏拉圖的理念，它被扯去了任何客體。這是最偉大後果的外科行為。它代表了十九世紀文學中占統治地位的詩意領悟：「絕對」或「純」詩。

塔樓上的巡夜人讚美「*ewige Zier*（德文：永恆裝飾物）」（希臘文中的「*kosmos*」），即「審美現象」的獨白被極其突然地打斷；而闖入其中的東西幾乎沒有在文集中被引用過。它甚至不再是一首歌，以改變的韻律不同於它之前的東西：歌德以舞臺指令「間歇」將其同讚美分開。而這是什麼樣的間歇啊！

因為突然，當巡夜人被提醒他作為積極人類的任務，他被置於塔樓之上不是為了讚美生活是一種審美現象，而是要保護浮士德的領地不受危險的威脅。而他現在之所見是親愛的老夫婦費勒蒙和寶西絲的小屋升起的煙柱。而火是由於浮士德的誇大狂命令，要把兩個老人從浮士德帝國的小塊農田上挪走；火會蔓延，不僅摧毀老兩口，而且會引起更多災難。於是巡夜人光榮的肯定終結了。他現在提醒他自己，他作為巡夜人的職責：他在這裡高高在上，不僅僅是為了賞心悅目，"*Nicht allein mich zu ergötzen, bin ich hier so hochgestellt*"，而現在被來自黑暗世界的可怕威脅嚇壞了：

Welch ein grueliches Entsetzen
Droht mir aus der finstern Welt.

不加區分的讚美對象被一個恐怖時刻所取代。前面只有幾個詩行，巡夜人的眼睛很高興見到它，**不管它是什麼**；但是現在他哀歎他的視力甚至可以看到燃燒的小屋那麼遠：

Sollt ihr Augen dies erkennen!
Muss ich so weitsichtig sein!
（德文：如果你們的眼睛認得出這個，我必然就如此遠視！）

及物動詞不可能容易地被騙掉它們的及物性。

那麼，這就是藝術，「被理解為對生活的潛在刺激，理解為對生、對永恆之生的永恆促進的藝術」── 如尼采在準備《查拉圖斯特拉如是說》時所寫的那樣 ④ ── 如何用以肯定甚至是生活中之醜的方法嗎？我們只是才聽說一種神化生活、祝福生活 ── 就像林叩斯在看見火焰之前所做的那樣 ── 的藝術，一種駁斥叔本華的信仰的藝術，即相信悲劇教人順從的信仰；緊跟在持肯定態度的約伯後面的，是帶著一個問號的左拉，這一次不是和華格納在一起，而是和 ── 對尼采來說 ── 同樣有問題的龔固爾兄弟。那些法國人有什麼問題？「他們展現的東西是醜的：但是他們展現這些東西**這件事情**來自於他們從醜中所得到的快樂。」人們忍不住要插一句：「來自從真中所得到的快樂？」而這句「醜中所得到的快樂」如何不同於藝術家在「描繪可怕而有問題事物」時的無畏，一種顯示如尼采所說的「他對追求力和宏偉壯麗

---
④ 23卷穆薩利翁版《尼采全集》，第16卷，第328頁；死後發表的1888年筆記。

的本能」的勇氣呢？無疑，這種本能不追求**那種**快樂。然而尼采現在繼續說：「這不好！如果你有不一樣的想法，你是在欺騙你自己。—— 杜斯妥也夫斯基有多大的解放力量啊！」（W 821）

這是心理上的一擊，顯示出尼采的最佳文學本能：稱讚杜斯妥也夫斯基，不久前稱讚斯湯達爾，儘管他們在文學中實踐「現實主義」甚至「自然主義」。我們當然不知道尼采讀過多少，但是必然不止是《地下室手記》（一本無疑促使他在《曙光》〔1881〕序〔1886〕中稱他自己為「地下之人」的書）；他也肯定知道《罪與罰》。當他在生命後期偶然找到杜斯妥也夫斯基時，他不僅說找到他是最受歡迎的好運眷顧之一（甚至比他「發現斯湯達爾」更加幸運），而且說俄語是「我有東西向其學習的唯一心理學家。」⑤「什麼？」的問題，雖然誘惑我們進入不可知的事物中，但卻是不可抗拒的。杜斯妥也夫斯基有「解放力量」，並在那一點上不同於龔固爾兄弟和左拉這些愉悅於顯示醜的「自然主義者」，這些不知道恰恰因為生活之真是其精神殺戮者醜，我們才需要藝術，這美的假象，這起著補救作用的不真實，這迷人的謊言。查拉圖斯特拉甚至在他是一名藝術家的範圍內自稱是一個說謊者。

美的假象對醜的真：當然，杜斯妥也夫斯基可能會證明「具有解放力量」不可能屬於這樣的美感。他的世界可能像任何自然主義者的世界一樣醜，像他的風格一樣粗俗。那麼，「我們擁有**藝術，免得我們死於真**」這句話，一句表達了成熟期尼采藝術哲學極端公式的名言，該如何跟他對杜斯妥也夫斯基的稱讚相協調呢？回答是「這不可能。」那麼，尼采可以向**心理學家**杜斯妥也

---

⑤ 23 卷穆薩利翁版《尼采全集》，第 17 卷，第 145 頁；《偶像的黃昏》，〈一個不合時宜之人的爭論〉，第 45 節。

夫斯基學習的，他不會向比如莎士比亞，甚至──向他自己，這位無比的犯罪罪犯心理學家，以及不倦的，儘管有時候令人厭倦的，宗教、禁慾主義、聖潔的心理之根的探索者，棲居於杜斯妥也夫斯基書中的伊凡・卡拉馬助夫學習的，是什麼呢？

在這一點上，我們只需要提一下佐西瑪或阿廖沙的名字──儘管也許尼采沒有讀過《卡拉馬助夫兄弟們》──就不會在我們的冒險中感覺太傲慢無禮。那麼我們敢於猶豫不決地、膽怯地說出對我們問題的答案：自稱為「歐洲第一心理學家」的哲學家如何得益於杜斯妥也夫斯基的「心理小說」以及是什麼甚至會「解放了」他。從什麼被解放？解放於他自己的心理學的桎梏？一而再、再而三地讀了尼采──一而再、再而三地，用一種隨年代流逝而聽起來愈來愈瘆人的聲音──關於「禁慾理想」和基督宗教的起源所說的話以後，我們感覺這位極為智慧的人有時候不得不壓倒在他心中不斷含沙射影說他單調的心理研究各方面都有問題的和藹之聲。確實，在有些時刻，鼓聲消退，那種聲音使人聽到了自己，例如在《道德的系譜》中，當心理學家受到要猜透「偉人」「真實本性」──當然這也是醜的本性──的強制力的「折磨」突然減弱時，一種十分不同的聲音被聽到，即心理學家的坦陳：決心揭露偉大面具背後之醜的人，破壞了尊重和謹慎的規則，在揭露關於他人之真時，只是揭露了他自己的性格。他說，因為偉大和更完美的人性也在於人對面具的尊重。⑥這就好像尼采剛讀過關於心理學的另一種心理觀察，德國浪漫主義者諾瓦利斯說，心理學或者其名義下的任何東西，是「篡奪了真正的神像應該在那裡的神廟中位子……的幽靈」†之一。

---

⑤ 同上，第 15 卷，第 246 頁；《道德的系譜》，第 270 頁。
† 諾瓦利斯，《殘篇》，恩斯特・卡姆尼則編，德勒斯登，1929，第 381 頁。

　　那麼尼采可以向杜斯妥也夫斯基學習些什麼呢？首先，那種心理學甚至會影響一個人的虔誠行為，但是十分明確，不可能確立深深埋在心靈中的根上長出之物的價值或無價值，美或醜，真或非真；就像植物學或土壤分析或氣象學或地質學不能證明或不證明一個人在窗戶前變黃的山毛櫸樹的景象中，或在陽光於山巒起伏中嬉戲的景象中會產生的秋天榮耀感是否有道理一樣。

　　一個人會太弱而沒有對上帝的信仰就承受不了他的生存——他的生存之「真」——的磨難（約伯承受了磨難嗎？）；或者最強的感官衝動會導致但丁對碧翠絲的**神聖**之愛；或者尼采，佛洛依德的當然教師，會正確地假定，「沒有性系統的某種過分加熱，一位拉斐爾的產生是不可想像的」；或者「製作音樂是製作孩子的另一種方法」（W 800）——這一切會是實際情況，卻絲毫也沒有觸及約伯信仰的有效性或虛假性問題；或觸及但丁之愛的真實性或讚美那種愛的詩歌之美；或觸及拉斐爾在話他的貞潔聖母像的藝術完整性；或觸及巴赫的 B 小調彌撒的偉大（他真的需要除了製作二十個孩子以外還製作音樂嗎？）如果一個信仰者，在他臨死的痛苦中得到彼岸思想的安慰，或者一個異教徒英雄受了致命傷，得到民族榮耀許諾的安慰，那麼信仰者和英雄就會用假象安慰欺騙自己。然而肯定**沒有**被帶來如此安慰的折磨證實的，是彼岸的不在場，或死後榮耀之空。

　　那麼尼采著作本身呢？如果我們僅僅記得他的父親是一個精神受到傷害的新教牧師，他的母親是一位普通得不能再普通的女子（他們不久以後生出了臭名昭著的，而不是著名的，伊莉莎白），那我們會理解任何他的激情或他的思想品質和風格嗎？可悲歎的是，仍然必須堅持平淡無奇的東西：當問題是作為結果的現象是否有道德或審美價值時，從起源得出的全部結論卻完全沒有結論性。不，一顆珍珠的價值無法透過參照病理上刺激了牡蠣

黏膜的沙粒來做出評估。

「是例外情況影響了藝術家——他們全都深刻地同……病態現象相關聯——所以當一名藝術家而沒有病似乎是不可能的，」尼采在 1888 年的筆記（W 811）中寫道，但同時他堅持認為，「藝術家如果配得上他們的鹽……就必須——也在身體上——有強壯的體格，精力過人，強大的動物……」（W 800）這是一種極其明顯的矛盾，他比他知道如何最大程度地保持他的「健康」戴奧尼索斯風格的時候早了兩三年就開始和它相處。他在那時候會問「關於所有審美價值的問題：『飢餓或超豐富在這裡變得有創造性了嗎？』」（W 846）問題無疑是要建立藝術等級上的差異：荷馬、哈菲茲、魯本斯、歌德被拿出來作為藝術家的例子，這些藝術家在豐富的創造力中，將生存「永恆化」、「神化」，而其他人，「飢餓藝術家」，是不為尼采所愛的浪漫主義者。他深刻地意識到在起源和結果之間關係中占優勢的不確定性——開始把不可避免的病態和疾病稱為藝術之源，然後把不可窮盡的健康和力的豐饒稱為其泉源——尼采不會需要杜斯妥也夫斯基的教誨。

尼采在《權力意志》中上述筆記（他幾乎一字不差地將它用在《快樂的知識》的第 370 節中）的後來部分裡，當他好像要使歧義變得更加有歧義而承認了一種藝術的時候，他心中所想的，也許就是叔本華這位具有解放力量的教師。尼采所承認藝術的豐富能源就好像是從飢餓中蹦出來的，「以一個深深受苦之人，一個拼搏並飽受折磨之人的專制暴君式意志」⑦表白自己。閱讀杜斯妥也夫斯基，甚至也教會了他這一點。可是，在一切都

---

⑦ 23 卷穆薩利翁版《尼采全集》，第 12 卷，第 311 頁；《快樂的知識》，第 370 節。

說過、做過之後，心理學家對造就藝術的內心狀態所做的細察引起的混亂，是不可能更糟糕的了。首先，有如此之多的活力資源不可能被包含在對生活的普通追求中。因此，心理學家先於佛洛依德的認可，將能量滿溢同性慾的力量和緊迫等同起來，考慮到社會強加於它們的不可避免的限制，性慾的力量和緊迫就不得不在音樂、繪畫、詩歌中「昇華」。在莫札特的歌劇中，音樂是否表達了厄洛斯最微妙的企圖，或者在巴赫的清唱劇中表達了對神聖之物的凝視，或者在史特拉汶斯基的《春之祭》中表達了瘋狂的性陶醉；或者畫家的主題是否聖母像還是斜躺的裸女；或者詩是但丁寫的還是蘭波寫的，顯然都無關緊要。但是這不是心理學家探究的終結。因為我們知道，還有像沼澤地的鬼火一樣從從心靈的病態和倒錯中產生，像飢餓者的幻想，從虛弱身體的心靈中產生。最後，心理學家甚至會發現，**真正的**健康力量會從病中產生。而心理學家愈是糾纏於藝術之根的網中，他就愈少有可能從更好裝備的幽暗深處冒出來判斷地面上面的作品是好，是平庸，還是毫無價值。而我們一開始的格言就只能意味著：「我們擁有**好的**藝術，免得我們死於**醜的**真。」

因此，有所區分不像尼采儘管沒有到相信的程度，卻決心說的那樣，乾脆是一個「壞習慣」，被一種有傷害的宗教習慣，被教養，甚至被語言本身灌輸到我們心中。不，我們簡直無法克服這種有所區分的習慣。因為這種「習慣」像呼吸一樣，是一種必然。語言本身甚至駁斥了尼采給他後期著作之一《善惡的彼岸》所起的標題。沒有這樣一種彼岸。因為如果我們奇蹟般地到達了那個終點，認為我們到達那裡是可嚮往之事的人會呼喊：「到達善惡彼岸狀態有多好啊！」而適用於善與惡的東西，**確實以同樣程度適用於好與壞、真與假之間的差別**。《偶像的黃昏》（1888），尼采在精神崩潰以前不久寫的最後一些書之

一，包含了一篇驚人的、驚人地濃縮的「敘述」，題目叫「『眞實世界』（我們再一次回到了『眞』）如何最終變成了一個寓言」。它聲稱追溯「謬誤史」，並如此結尾：「我們廢除了眞實世界」——而當他在這裡談論「眞實世界」的時候，他指的是「觀念世界」，或彼岸世界，自從柏拉圖以來統治我們許多哲學、宗教的唯一眞正眞實的世界，區別於我們普通生存的世界的「眞實世界」。那麼，「我們廢除了」這個眞實世界：「哪個世界留了下來？也許那個表面的世界？當然不是！**和眞實世界一起，我們也廢除了表面的世界！**」[8]我們應該像下面這樣說來回答嗎？「多麼眞實！眞實世界和表面的世界之間，因而也是眞與假之間的區別，是假的！」

　　尼采再一次似乎拒絕接受自己，而去擁抱他想要征服的虛無主義。因為如果一個人甚至對能夠有無比多的言外之意（且讓輕信的符號學家難受一下）的語言中固有的交流懷有最微不足道的感情，那麼他就不得不懷疑，尼采在他的「寓言」中只宣告了邏輯上不言自明的東西；因為邏輯上不言自明的東西不需要預言的感情語調有修辭上的支持。一旦我們否認了那個理想世界的現實——而尼采決不是第一個這樣做的人——明確留給我們的就什麼也沒有，除了我們直接經驗的世界，對柏拉圖來說只是影子外觀世界的世界。如果那二元論垮臺，那麼就只存在**一個**世界。誰會懷疑那一點呢？每一個聽說過實證主義教條的高中男孩都能夠理解它。所以，人們應該第二次聽一聽尼采「寓言」的結論：「我們廢除了眞實世界：哪個世界留了下來？也許那個表面的世界？當然不是！**和眞實世界一起，我們也廢除了表面的世界！**」

---

[8] 23卷穆薩利翁版《尼采全集》，第17卷，第76頁；《偶像的黃昏》，「『眞實世界』如何……」，第6節。

對這些語言捶擊的回應是什麼？我們應該說，「這已經夠清楚的了！有什麼好焦慮的？」不，但是更應該分享深深的精神恐懼，這恐懼是由一種聲音傳達的，這聲音說了它發表的見解沒有說出的意思：即不僅是從現在起我們將不得不安家於一個世界，而且更加多得多的情況是：我們現在必須準備存在於連一個也沒有的世界裡，至少在會允許我們真正存在的無界中。在此之前兩三年，尼采起草了一個新版《悲劇的誕生》序言的草稿——後來被1886 年的序所代替。這個草稿說：「……只有一個世界，而這是假的、殘酷的、矛盾的、誘惑的、沒有意義的。——一個如此構成的世界，是真實的世界」（W 835）。因此，人們會被引導著發問：一個世界——他稱之為假的——尼采的**超人**會體驗這個世界是存在於善惡的彼岸嗎？不可能，除非他在甚至他也不會成功的事情中取得成功，即在狂喜中「重新評估」那個世界，在尼采的描述中，那個世界教會我們那種 *horror vacui*（拉丁文：對無的恐懼），對決定「寓言」風格的虛無主義的恐懼。而只要他**知道**這是一個假的、殘酷的、無意義的世界，他如何能成功呢？

　　任何人能接受這樣一個絕對不是人類世界的世界嗎？即使我們成就了不可能的事情，為它發現了適當的語言，一種能拋棄尼采語言離不了的東西的語言：即諸如「真」或「假」，「善」或「惡」一類詞？那麼我們的內在天性會被如此強烈改變，以至於使我們能丟棄那些區別嗎？也許我們會；但是只要它們不再符合深深埋在我們心中的任何東西——所以我們絕不會，除非我們的天性不再是人性。然而，如果這真的發生了，我們就不再會知道例如什麼有可能會在索福克勒斯的《安提戈涅》中是悲劇性的。一個女人透過服從要求埋葬她被殺兄弟的天條會冒生命的危險，而且她服從它是因為她認為它神聖，它的神聖性使國王發出的相反法令無效，這似乎對我們絕對毫無疑義。而按照尼采的看法，

悲劇變化是悲劇的「真」、「善」效果：恐懼變成了極樂，成功地抵禦了最強有力否定誘惑的狂喜肯定態度，會不可避免地在我們身上丟失。或者我們會在讀《李爾王》的時候不再在高納里爾和她的妹妹之間，或者在格羅斯特的兒子之間感知任何道德差異，從而判斷整個行為過程，詩和結尾的莊嚴崇高，是一種令人厭倦的無聊。或者我們會無法領悟尼采悖論的輝煌：「真是一種謬誤，沒有它，某一種生活就過不下去」（W 493）。或者甚至「我們擁有**藝術**，免得我們**死於真**」的輝煌。

這樣，我們就回到了我們的開頭，不得不問是否尼采本人在他生命的那段時間允許我們理解這句句子。當然，這樣來問是違背意願的。句子立即讓我們感到**震驚**而理解了它。可是我們真的理解嗎？也許，我們似乎感到，我們知道「他是什麼意思」，也許甚至驚奇於「真」在這裡被賦予的驚人力量：它透過它的醜之力殺人；透過如此縮短我們的生命，把尼采的藝術哲學推向其高潮。因為直到尼采到達哲學現場，活在「真之中」始終被視為一種祝福。柏拉圖也許將此視為危險的，甚至令人盲目的祝福，但仍然是祝福。我們得以荒唐為生，這樣的事情發生了嗎？因為我們似乎建構得如此荒誕，以至於我們最深最體面的願望之一，求真的願望，**如果沒有藝術**，就會導致我們的死亡。但這是來自我們以前記得的「從前啊」的一種回聲。從前啊——或從前有一次——似乎藝術可以將我們從真的致命攻擊中解救出來。同時，它經常加入醜的委託人行列，因而成為絕不會給他靈感，讓他說出《悲劇的誕生》的年輕作者也許會說的話（像他後來說的那樣）：他「充滿激情地愛上了藝術」，最終「看到一切存在中的藝術。」⑨

---

⑨ 23卷穆薩利翁版《尼采全集》，第21卷，第68頁；死後發表的關於《人性的，太人性的》的筆記。

　　在尼采寫那篇哲學上讓人大吃一驚的關於「真實世界如何變成寓言」的沉思以前很久，這種交流就已經由在《悲劇的誕生》中發揮作用的邏輯做了很好的準備。這是沒有叔本華就不可能寫的書，無論它服從於他，或者無論它透過破壞它立足的基礎，即認為藝術品是**真之顯示**，柏拉圖理念的形上學意義上的**真之顯示**的論點，明目張膽地破壞他的學說。迄今為止沒有對叔本華宣戰，《悲劇的誕生》卻靜悄悄地把「審美現象」，藝術品，從它的柏拉圖基礎，從「真」那裡顛覆掉了。相反，「真」被「假象」及其拯救力量所取代。

　　假象的德語詞是 *Schein*。這是同哲學體面的和解：現象（*Erscheinung*）一詞傳統上作為其對照，和柏拉圖的現實，理念的最終現實，配對──或者如基督教所說的那樣，那位上帝的現實，但上帝的現實不是「這個世界」的現實。為了說明從現象通向外觀、*Schein*、假象，最終到達關於「真實世界」即柏拉圖和基督宗教的毀滅性發明將要生成的寓言的道路，我們可以無窮無盡地引用尼采後期的著作。可我們不會這樣做。幾段話就必然足以說出戲劇性的要點：「假定了真實世界，它仍然會是一個對我們較少價值的世界；恰恰是大量的假象由於它對我們的保存價值而會具有更高等級。」尼采在括弧裡加了一句：「除非外觀（**假象**）是譴責的依據？」（W 583）但是，一旦**知道**這是一個假象，誰會相信假象的更高等級呢？

　　不，這種對柏拉圖主義的顛覆是行不通的。相反，假定經驗世界只是表面的，是一種理想的真投射的影子組合，那麼誰會阻礙那些渴望使人了解最終知識的人著手進行柏拉圖式的探索呢？他們將不可能注意尼采的教誨：「真」的對立面是「表面的世界和一個謊言發明的世界」，即使「至今」這種撒謊的發明被叫做「真實的世界」、「真」、「上帝」，所有那些觀念「我們

都得廢除」（W 461）。這不會也是對藝術的廢除吧？而一旦我們成功地廢除了那個世界呢？那時候，我們會把真實世界和表面世界的並列降低到它的「真實」意義，即「『世界』和『無』的對偶」（W 567）。這是尼采在柏拉圖主義（或基督教）的「真實世界」和虛無主義之間最簡明的等式。這個等式像那一個世界，那個在柏拉圖的「真實世界」被顛覆以後我們被留在其中的「虛假的、殘酷的、矛盾的世界」，和這一個世界的毫無意義的虛無主義之間的等式一樣給人深刻印象。似乎兩條路各自都通向精神的無，至少按照《悲劇的誕生》第二版那篇未發表的序言，是這個意思。它甚至會比發表的序言更堅持書的基本觀念的「幽暗」、「不快」：柏拉圖關於真實世界和表面的世界之間區別的消失；因為一個「真實的世界」是虛假的、殘酷的、矛盾的、無意義的，所以「**我們需要謊言，**」為了「活著」。「可怕而有問題的生存特徵」為這深淵般的必然性所證實。記得藝術是是一種假象，一種謊言，藝術家是假象製造者、說謊者，我們會想起下面這句話的窮凶極惡：「求外表、求假象、求欺騙的意志……被算作比求真、求現實意志更深刻、更原始、更形上學……，」因為「藝術比真更有價值」（W 853）。

　　哪裡真像這個一樣不可容忍地醜，對精神形成一種不停的冒犯，而謊言像藝術之美一樣美（尼采多麼始終如一地堅持美是藝術的首要標準，很是驚人）；哪裡「真的」是人的死敵，因此假象成為救贖的騙子，哪裡人類世界就會被撕得粉碎。一個巨大的口子張開，吸引了大批頑童。其中有一些 —— 這些人不一定是失敗的藝術家，糟糕的畫家 —— 會吵吵嚷嚷地聲稱他們的使命是要透過挪用真來重新融合斷裂的世界，好像它是製造藝術品的原材料，一種偽美現象，一個完全受控制的身體政治，一個「完美的」社會。如果說有的話，那麼這就是藝術哲學家和人類榮華的

毀滅性篡奪者之間的關聯。但是，這當然只是現代性的諸多災難性關聯的因素之一。

尼采的恐懼：
時間與難以言喻

　　有許多關於尼采早年生活的紀錄可以被謹慎地解釋為是關
於一種病理狀況的一些體徵的，這些體徵在推測的梅毒神經錯亂
症狀可能顯示的病理體徵以前早就存在。在來自普福爾塔學校的
報告中，情況當然就是這樣。這所著名的寄宿學校，於 1855 年
錄取了那位格外有天賦、手頭拮据的獎學金生。這份報告把這個
18 歲青年描述成深度近視眼，還談到經常性的強烈頭痛，勸告
要仔細觀察，因為尼采的父親英年早逝於診斷不當的腦病，他甚
至在尼采被懷上時就受這種疾病的折磨。但是這些文件中最不祥
的是一份 1868-1869 年的自傳筆記。正是在這個期間，這位古典
語文學的學生遇見了華格納。他當時 25 歲，在萊比錫學習。筆
記是關於一種幻覺症的，其中這樣說：「我所害怕的，不是椅子
後面的可怕形象，而是它的聲音。不，不是言辭，而是那怪物可
怕的發音不清的聲音。但願它以人類的方式說話！」[①]

　　當然，始終有這樣的危險：解釋者會太過於大肆渲染這種偶
然卻又神祕的自傳裡的說法。而在這裡，誘惑被讀者對尼采充滿
激情的思想表達流的驚訝加強了，這種驚訝由不安和知識的快樂
混合而成。而尼采的那種思想表達流要不是因為其風格的輝煌，
你可以稱之為饒舌。有一種明顯不可窮竭的能量，稱之為靈感未
免太天真，尼采的許多寫作都由這種能量來維持，具有一種狂喜
的沉思默想的特點。人們想像這位孤獨的漫遊者，手持筆記本，
沿著聖瑪格麗特和波多菲諾之間的大海行走，在那裡，如他所
說，「熱那亞灣歌唱著其旋律的最後曲調」，而這些曲調現在已
被不停經過的小汽車淹沒，這在很久以前就不再是尼采在《瞧，
這個人！》中所記憶的「被遺忘的極樂小世界」的海灣了。按照

[①] 歷史批評版《尼采全集》，第 5 卷，第 205 頁。這個版本（慕尼黑，1937）
　　於 1939 年因戰爭中斷出版，從未完成。

那獨一無二的自傳，正是在那裡，查拉圖斯特拉伏擊並打敗了他。或者人們想起這個幾乎永久生病的人，他在成熟期的年代中，只有極少時間是感覺良好的——最好情況下是十天中有一天，他曾經說——他冷靜地寫啊，寫啊，寫啊，在山間小道上，在家具簡陋的未加熱房間裡，在一個熱那亞頂樓的冬季孤獨中，在哲學家中前無古人，後無來者地寫作，用一種在閃光的瀑布中向前奔騰的語言，給人以這樣的印象：它從來不需要一隻歇一歇的或糾錯的手。懷疑這種造詞放縱背後的驅動力，同椅子背後的幻覺形象不無關係，是那種對由那幽靈發出的難以言喻的、「可怕地難以言喻的非人類聲音」的恐懼，是否太過於奢侈了呢？這就好像尼采不斷地在逃離它，要不然就是從事一場反對它的鬥爭，以 *vox humana*（拉丁文：人類的聲音）襲擊難以言喻的聲音，試圖打敗那幽靈的非人類聲音。

　　正是這，幾乎界定了尼采向難以言喻發動的整個戰爭，一場無盡的戰爭，因為清晰無法決定性地贏得戰爭，沒有一種語言可以永遠勝過原始莽林中的嗥叫。甚至諸領域的和諧也總是處於被混亂中的喊叫攪亂的危險之中，只有在快樂的間歇中阿波羅才能生活在同不守秩序的戴奧尼索斯的友誼中。

　　所有清晰的不牢靠是足夠明顯的。清晰，無論是語言的清晰，還是音樂的清晰，都在於一個複雜的系統，這個系統由壩、堤、運河組成，擋住了有威脅的難以言喻之洋。這是沼澤地，肥沃但是無遮蔽，實際上水已經辛勤排乾，築了防禦工事來對付狂風暴雨的高潮。加寬周圍水域的匯合處，如果水域得到控制和馴服，也許會帶來好處。而這也許證明像後來的、疲倦的傳統對「原始事物」的貪婪而自覺的接受那樣有摧毀性，到了一種可以更清晰發現的程度。在這樣一種形勢中，審美判斷或倫理判斷都是一種圓通和智慧本能的微妙練習，而對不優雅的形容詞

「innovative（革新的）」的無區別實證使用流露出了庸俗性。雖然尼采不可能被認為是思想史上最典範的思想家，但是他在謹慎權衡一個社會透過歡迎十分不同的東西，非常舊或非常新的東西，僅僅因為它否認傳統因素的有效性，而冒可怕風險時，他是典範的。這樣來說一個如此猛烈反對實際上已被日常事務和衰弱精神稀釋的過去傳下來之物的人，聽起來會是古怪的。然而他經常證明自己忠實地同繼承來的所有物相結合，並且以驚人的識別力來這樣做。驚人是因為你幾乎不會期待，一個出生於薩克森州一個村子裡鄉村教區牧師住所，並在鄉鎮令人窒息的平庸中被養大的人（後來他諷刺地說到「*Naumburger Tugenden*〔德文：瑙姆堡美德〕」）會在他的審美洞察力中幾乎永無過失。

他的思想甚至是一種炸彈形式，或者他斷言，他把它用作尤其對付基督教的錘子。但是，無疑，當這受拷問的內心記得 *Rosengeruch des Unwiederbringlichen*（德文：不可挽回之物的玫瑰香）的時候，並沒有炸藥或其他毀滅手段在工作。或者當他讓克羅德‧羅蘭用油彩為他歌唱地中海旋律的時候。或者當他尋找，並在歌德散文的從容中找到安慰的時候。或者當他對人類衝突的記憶向他暗示，只有在基督徒中間他才遇到了真正高貴心靈的時候。或者當這位「反基督徒」嘲笑科學紳士們的迷信，為克服了宗教而感到自豪的時候。不是這樣的，尼采反對說。「十字架上的基督是最崇高的象徵——甚至在今天。」[2]

矛盾？沒有適用於它的其他詞，因為在尼采的情況裡，它是一個誤導的術語。因為我們不得不叫做矛盾的東西既太容易透過指向不證自明的東西來說明，又是不可用這樣的論證來達到的。例如，像有時候的情況那樣，由於他太著名的宣告，說是按

---

[2] 23卷穆薩利翁版《尼采全集》，第18卷，第162頁；《權力意志》，第219節。

照定義不死的上帝「死了」而指責他不合邏輯，這是接近於愚鈍；看不到這個的意思是用來作為一種駭人聽聞的悖論，這是接近於盲目。他的矛盾屬於最複雜心思的圖案。這些矛盾是交織成圖案的，就像色彩和圖形織入掛毯一樣。難以想像，沒有到一種扎根於尼采思想土壤中的 *coincidentia oppositorum*（拉丁文：對立統一）地步的東西，會打動他一方面準備對華格納的最惡毒譴責，指責他敗壞了全民族的音樂趣味，指責他用《帕西法爾》（它 1882 年第一次演出，他就有針對性地避開到附近的陶騰堡去了）使演員的撒謊習慣，基督教的模擬，登峰造極；另一方面準備寫信給彼得・伽斯特（1887 年 1 月 21 日），說《帕西法爾》的音樂包含華格納作曲的最佳作品，即一種「靈魂的崇高非凡情感與體驗」以及「對一切感受到的同情」的音樂表現。「這種事物，」尼采繼續說，「會在但丁作品中，而不會在別處被發現。」他問道，有藝術家曾畫過愛的如此憂鬱的方面，就像在《帕西法爾》序曲的最後曲調中聽到的那樣嗎？然而，幾乎不到兩年以前，尼采（對瑪爾維達・梅森布克，1885 年 3 月 13 日）談到了這樣的音樂，說這是一個頹廢作曲家的作品，一個「裝扮得很差的音樂家，然而卻是偉大演員的人。」而一年以後，他在那封致伽斯特的信中稱讚了《帕西法爾》的音樂之後，便在《華格納事件》和《尼采反對華格納》中放開了對這位「偉大的演員」的擯棄。

　　早在《悲劇的誕生》時代的 1871 年，尼采就相信，矛盾是真正存在之物的本質，悲劇是其藝術；③十二年以後，在《查拉圖斯特拉如是說》第 1 卷「背後世界」那一節中，我們讀到，世

---

③ 同上，第 3 卷，第 326 頁；《悲劇的誕生》時代的筆記。

界本身就是一個永恆矛盾的映射。④查拉圖斯特拉的名字，古代波斯先知、其宗教建立在原始的善惡對立之上的瑣羅亞斯德的另一個名字，是和瑣羅亞斯德的嚴厲道德宗教極其矛盾的。因為尼采的先知查拉圖斯特拉指出了通往「在善惡的彼岸」世界之路。

　　存在的矛盾性：這也許是尼采必須被包括在內的範疇。他的矛盾太過於明顯，不可能被看做錯誤或疏忽。這些矛盾是他對減少中的清晰感到恐懼的結果；而這樣的減少，令人惋惜地，也不可避免地，是邏輯一致性的結果，實際上是把一個哲學體系強加在全體事物頭上的結果。甚至就語言本身而言也是這樣；因為語言秩序只有透過抽象和排斥才能實現。你必須到愛斯基摩人那裡去學習我們的「雪」一詞是什麼樣的一種細微差別的流露。而尼采對蘇格拉底戰爭的 *casus belli*（拉丁文：交戰理由）是雅典人品性正直的邏輯追求。尼采寫道，蘇格拉底欣賞的不過是使用讓他的對話夥伴陷入邏輯矛盾的「庸俗」方法（尼采使用的詞是「*pöbelhaft*〔德文：粗俗的〕」），來證明他們錯了。但是，尼采說，這種平民對邏輯的熱情是對生活豐富性的最嚴重冒犯；因為正是生活中的大量矛盾培育了悲劇意識。所以，蘇格拉底給古希臘藝術的井泉下了毒；而生活對純理性秩序的抵制在藝術中得到了具體化的承認。我們再次聽到了來自椅子背後的難以言喻得瘆人的聲音，這聲音似乎促進了尼采對蘇格拉底辯證法、對生活整體貧困化的敵意。而對他來說，藝術是生活的基本矛盾性在其中被保持完整無缺的唯一整體。至少在這方面，音樂優於語言。畢竟，《悲劇誕生於音樂精神》是他的第一部書，一部沒有叔本華是難以想像的著作的完整標題。而在叔本華的哲學中，正是音樂能夠發出生存本身曲調的聲音；甚至在其哲學上加以擯棄的行

④ 同上，第 13 卷，第 32 頁。

為中，尼采仍然在音樂方面忠實於叔本華。很清楚，在一封致彼得‧伽斯特的信（1887 年 12 月 12 日）中說他自己不相信邏輯「甚至理性」的時候，他是針對叔本華的。他繼續說：「一個人真正**敢於**接受為真的東西是他的力量的真正尺度……我自己只是很少才有我的知識的勇氣。」（他時不時需要多少這樣的勇氣，在 1885 年 7 月 2 日致弗朗茨‧歐伏貝克的動人信函中顯示出來，他在其中說：「我的生活現在被壓縮在萬物之真不同於我看待生活之方法的願望中。但願有人會使我相信我的真是不可能的！」有任何哲學家說過這樣的話嗎？）

難以言喻開始在遺忘中據於最高地位，不是在個人的遺忘中，就是在集體往昔的長長的伸展中，這些伸展從來沒有存在過，也絕不會被提升到 —— 必然是不完全的 —— 歷史這人類生存之紀錄的表達中，這紀錄有著黑暗段落的豐富點綴。這說明了考古學、古生物學、人類學、地質學的不斷探索；也說明了尼采對歷史循環論的「失眠症」的警告。關於個人，同樣的衝動存在於現代對無意識，因而也對夢的著迷；正是尼采在佛洛依德之前談到了作為一種心理**活動**的遺忘。在他的《道德的系譜》的第二篇論戰文章一開頭，他就無視所有的心理「淺薄」，聲稱記憶的空白不僅是「被動的」，而且也是積極的、主動的「遮罩」，防止我們記憶起會讓我們失去平衡的東西。[5]尼采是第一個成功「壓抑」的發現者，這種「壓抑」是把潛在的經驗埋沒在難以言喻中，而難以言喻同時正是他的敵對領地。

尼采無法認識普魯斯特，這是一個年代學的錯誤。為自己發現了斯湯達爾和杜斯妥也夫斯基而激動不已的人，本會深刻地、

---

[5] 23 卷穆薩利翁版《尼采全集》，第 15 卷，第 319 頁：《道德的系譜》，II，第 1 節。

批判地欣賞普魯斯特試圖記憶全部生活經驗的著了魔的怪異嘗試：《追憶似水年華》。因為尼采不可能不對一種詩意選擇留下深刻印象，這種詩意選擇不斷讓最學究氣的空前文學抱負灰心喪氣，而這種抱負便是：實現完美記憶；他也不可能不對普魯斯特的遺忘、創造性地活躍而忙碌的記憶的遮掩之詞、作家的改造、作家的規避性暗示和使用假名的隱藏地留下深刻印象——這一切都會證明尼采格言之一的真實性：「『我做了這個，』我的記憶說。『這個我不可能做過，』我的驕傲說，始終無動於衷。最後我的記憶讓步了。」⑥這種洞察力的輝煌先於大部分的心理分析理論而存在，使其黯淡無光。這種洞察力承認驕傲，且不說人類的尊嚴感，是他的敵人遺忘，即完全的難以言喻的主要同盟軍。

　　拒絕一個人的記憶，一種既有益於健康又很固執的拒絕，拒絕一個人的記憶保留他所有的失敗、羞辱、痛苦、喜怒無常、背叛、不一致等，證明試圖記住全部經驗——甚至每一天經驗的嘗試是無益的。儘管尼采古板地相信我們「只記得不停止**傷害**的東西」，⑦他也許有錯，但是記憶從某些方面講，始終是它在同時間的討價還價中的失敗者；同它進入遺忘的貪婪馳騁達成最有利的和解，也許完全會成為將要儲存起來的材料在其中被漸漸變成**形式**的東西，形式作為思想材料的表達更有持久性：軼事、故事、神話、詩歌。那麼，原始的「經驗」就是這種變形的單純起因。原始經驗？它可以被重構嗎？幾乎不能，因為記憶就是扭曲，無論扭曲傾向於變成清晰的夢魘還是美夢。

　　在許多段落中，尼采都接近於只看到時間在我們記得或不記得的事情中的騙人花招。而當他說記憶傾向於把往事澆入堅硬的

---

⑥　23卷穆薩利翁版《尼采全集》，第15卷，第90頁；《善惡的彼岸》，第68節。
⑦　同上，第322頁；《道德的系譜》，II，第3節。

模子即套語裡的時候，他明顯沒有在意藝術家的想像力，這種想像力再**創造**了「騙人話」，將其變成某種更活躍、更純粹、更豐富的東西。套話：其莊嚴的名字是儀式。而套話、儀式、慣例、甚至旋律、六韻步史詩、十四行詩和任何遊戲規則共同擁有的東西，是控制自發性、束縛純「真實性」、限制潛在表達，其中有許多被留給了難以言喻——為了有利於清晰。甚至生命遊戲，像任何其他遊戲一樣，只有憑藉玩家所服從的規則才能玩。因此，在固定規劃之外，即人為秩序之外，似乎沒有任何約束因素、「真實性」、「真實」或「現實」意義，或者它會給予玩家或旁觀者的快樂。如果任何事情都可以允許，如果對玩家的自由沒有嚴厲壓縮，沒有權威的約束因素，沒有強制性立法，那麼就不會有任何遊戲。

尼采確實做了關於「一切皆被許可」[8]——順便說一下，這是杜斯妥也夫斯基筆下拉斯科爾尼科夫或伊凡‧卡拉馬助夫之類「遭到駁斥的」非道德主義者的信仰——之可能性的實驗。這是一種毀滅性的實驗，因為儘管它是為了不受約束的生活豐富性的緣故而進行的，但是它可怕地有違自己的初衷。當然，每一種道德禁區都嚴重減少豐富的生活可能性，即它的無限矛盾和矛盾事物表達的範圍。但是同時，那種道德虛無主義會像一場沒有規則的遊戲，造成混亂，從而挫敗表達**任何事物**的意圖。上帝死後，遊戲規則的最高君主，即田野裡的混亂運動，將什麼也不算。*Es ist nichts damit*（德文：這毫無用處）。什麼也不是，*nichts*（德文：**無**）；由於這個**無**不說話，它能發出的全部聲音是幽靈難以言喻的非人類聲音，幽靈似乎只有透過表達的完全勝利才能被召來。然而，如果「一切」皆被「許可」，那麼結果就會是完全的

---

[8] 同上，第 19 卷，第 80 頁；《權力意志》，第 602 節。

難以言喻。

　　尼采從一生中很早開始，就傾向於相信，真正的哲學只有在希臘的前蘇格拉底思想家當中才能找到，他的哲學熱情始終聚焦於以弗所的赫拉克利特，一位關於永恆變化、無盡地無目標地運動的世界的哲學家。尼采按他自己的形象來造就赫拉克利特，像他推測赫拉克利特是如何看世界那樣來看世界：看做一個沒有「意義」、目標或神註定目的的地方；因為如果有一個目的、目標，那麼尼采就更有可能受到質疑，在我們身後不是有著足夠的無盡時間來實現它嗎？尼采經常藉助於一個赫拉克利特式的神的形象，這個神像一個孩子一樣，在同世界玩遊戲，一種沒有規則的孤獨遊戲，就像一個嬰兒在沙灘上玩，建起城堡又將其搗毀，因為他的想像要求這樣，在永遠無意義移動的沙子中間重新開始無意義的遊戲。⑨儘管有外表和語言，但是在可以真實地說它**存在**的世界裡什麼都沒有。甚至一個夏天有一個夏天地問候其「入侵者」的起伏不平阿爾卑斯山脈也只是假裝它保持了同一性。在不知不覺中，它總是在變。

　　沒有**存在**，一切都在變──變成某種不同的東西：至少是在唯一者消失之後的**一切**，關於這唯一者，人們認為**他**擁有完美的，因此也是持久不變的存在：上帝。但是這不是赫拉克利特關心的事情，也許甚至也不是歌德關心的事情，那時他在〈極樂的渴望〉一詩中命令「*Stirb und werde*（德文：死亡和生成）」！但是，儘管歌德的想像力理解了每一個個人的隱德來希（entelechy，死亡摧毀不掉的最內在存在）的基本同一性，但是赫拉克利特卻只知道永恆變化是存在的模式，按照尼采的觀點，

---

⑨　23 卷穆薩利翁版《尼采全集》，第 4 卷，第 183 頁；《希臘時代的哲學》，第 7 節。

其包含的意思是拋棄 Sein（德文：存在）的假設。然而人們完全會問，讓變化植根於存在之中是否必要？因為沒有任何**存在**的東西，任何使變化可以被察覺的東西，變化是不可想像的。正是赫拉克利特的同時代人巴門尼德斯，如尼采所說，是「存在論（既存在哲學）主題的序曲的」⑩作曲家，這樣一個主題，對於赫拉克利特追隨者尼采來說，是語言以其不屈不撓的、誘惑性的 "Is" 布下的要抓住我們思想的最有效圈套。這種懷疑，這種對似乎像一個助動詞一樣無關緊要之物的攻擊，直接導致了歌德之後所有哲學－文學革命中的最具革命性者：對傳統語言權威的顛覆。這種顛覆的最終結果會是無言的幽靈登上王位。悖論愛好者尼采知道並不在乎這最終階段的虛無主義嗎？他確實在乎，並在精神崩潰前不到一年時吹噓說，他已經經歷了虛無主義的所有基本後果，在當了「歐洲第一個完美的虛無主義者」⑪之後「將它留在自己身後、身外」。這兩個最高級的斷言已經帶有了一點潛藏的誇大狂色彩。

上帝死了。這個事件——而尼采確實稱之為**事件**——使尼采充滿的恐懼幾乎不再被理解。然而，對於神學家和信仰者的很長行列中那位晚來者來說，這意味著生活情感中意義的消失。如尼采所害怕的，這指向了通往虛無主義之路。他寫道：「一個虛無主義者是一個談論實際存在世界的人，說最好它不存在，而關於應該如此的世界，他說它不存在，也不可能存在。」⑫而它不存在是因為上帝不再存在。因此，不可能有任何對彼岸——墳墓另一頭的一種難以言喻的生活——的信仰，甚至沒有對佛與叔本華

---

⑩ 同上，第 1 節。

⑪ 同上，第 18 卷，第 4 頁；《權力意志》，第 4 節。

⑫ 同上，第 19 卷，第 79 頁；《權力意志》，第 585A 節。

的那種「無神」寧靜可能性的信仰，這種寧靜和上帝的寧靜不可區分，只有透過克服所有世俗願望與志向才能實現。

尼采相信，虛無主義是所有宗教傳統的命運，如果一路上它們的基本假定都喪失了的話。按照尼采的看法，猶太教是如此，就因為它的遍及各方面的「你不應該」，這在長時期中，只能在一個有嚴格紀律的信仰者社會的範圍內才能被接受和服從；基督教是如此，不僅因為它在很大程度上是猶太習俗的繼承者，而且同時傾向於把整個自然界領域判斷為反對神的精神的陰謀。對於基督徒來說，有著欺騙性幸福前景——全部前景，要是真到了那裡，卻是一種不可避免的損失，而全部前景卻已成就的幻覺隱藏了一會兒失敗的緊迫性——的此時此地不過是讓靈魂證明它應該得到彼岸的極樂的測試地。尼采像他之前的許多人一樣，在哲學上被以下教條所激怒：把永恆想像成在某一點上取自時間，被投射到無限中，而把時間想像成永恆的局外者，在上帝死後，永遠是脫離永恆的放逐者。因此，一切都只在其個別表達中存在一會兒，然後就不再存在。從這個無，這個黑洞，產生出尼采的永恆回歸。這是要治癒時間會死的毛病：它的定期毀滅性。

尼采相信傳統宗教信仰變得難以維持，就著手尋找「一個新的中心」。然而，就像他在 1880 年代的一份筆記中承認的那樣，他很快就認識到這種探索的無望。因此，他說，他「沿著崩潰之路繼續前進」在那裡發現了「有些個人的新力量源泉。」「針對使人麻痺的普遍瓦解感，我舉起了**永恆回歸**。」[13]這是尼采知識自傳的一個重要殘篇，可以充當對一種革新的註腳，這種革新就是對他後來反覆所謂的他的先知查拉圖斯特拉最有力思想的第一次最「抒情的」革新。

---

[13] 23卷穆薩利翁版《尼采全集》，第18卷，第291頁；《權力意志》，第417節。

　　關於永恆回歸的第一次猶豫不覺的宣告是在《快樂的知識》†
的倒數第二部分；也就是說，在第 5 卷於 1886 年在《查拉圖斯
特拉如是說》完成之時加入以前，它存在於全書的最後。我在包
含在本書中的〈查拉圖斯特拉的三個變形〉一文中引用並討論了
「最重之重」，因為那一節有著不可翻譯的小標題（它的意思接
近於「最大的重量」）。當時在 1883 年，「最重的思想」第一
次出現，但是並非沒有在尼采準備《快樂的知識》時匆匆記下的
未發表筆記中大量操練過。在書本身當中，它被澆鑄成疑問和連
接詞的形式，就好像它並不十分自信。確實它不自信，當然不是
作為一個教義。因為段落以一個非同尋常的入侵者幽靈提出的非
同尋常的問題為轉移。

　　幽靈問，如果怪異的勝利者向他保證，他必須再一次過他
的生活，並無限次地重複每一個細節，那麼它的犧牲者的回應會
是什麼呢？這樣一個無盡系列的不完美生活前景會完全使他沮喪
嗎？他會詛咒送信人，就像尼采本人甚至在他的查拉圖斯特拉宣
講永恆回歸之時也會做的那樣嗎？因為查拉圖斯特拉的作者在他
的筆記本中寫道，「我不要再活一次」，[14]承認只有他的創造**超**

---

† 瓦爾特・考夫曼發表他對這部著作的卓越翻譯是以《快樂的科學》（*The Gay
Science*）為標題的，服從於尼采自己的副標題 *La gaya scienza*，這是由行吟
詩人給予詩的精神的地中海「非德意志」普羅旺斯名稱。考夫曼使用「gay（快
樂的）」，從學問上、從知識理性上蔑視現在可悲地成為該詞共同用法的東
西。但是，仍然有一個地方，你不得不屈服於庸俗化的暴政。不過，即使在
性的意義（gay 含有男同性戀的意思。——譯者注）被強加到無防衛的形容詞
上之前，我也會寧願選擇「joyous（快樂的）」或「cheerful（快樂的）」。尼
采所熱愛的愛默生曾經自稱為「Professor of the Joyous Science（快樂的科學教
授）」，如考夫曼在《快樂的科學》（紐約，1974，第 8 頁及其後）導論中
所提到的那樣。

[14] 23 卷穆薩利翁版《尼采全集》，第 14 卷，第 121 頁；《查拉圖斯特拉》時代
的筆記。

人的想像力使生活變得對他來說可以忍受。而在《快樂的知識》中，那幽靈般提問者的幽靈般問題，緊隨其後的是對絕望的莊嚴選擇。正是一個「或者」到達了尼采精神存在的中心，到達了他的焦慮的內心，那種「存在的**焦慮**」，他害怕，在對任何超越的期待都被感覺是徒勞的之後，必然會設定其對人的規則。正是這給予「或者」以其分量，幽靈的問題用這個「或者」來繼續：**或者你曾經歷過一個如此重大的時刻，以至於只要重新抓住這一個無時間的時刻，你就會祝福幽靈和他的「神聖」新聞嗎？**

在這裡，在其第一次出現在出版物中時，古代的「不可能的」永恆回歸思想（早在 1874 年，當他寫《不合時宜的思考》第二部分時，尼采稱之為「不可能的」）⑮被揭示為時間貪婪性的想像對抗力，時間貪婪性甚至帶著那些堅持不懈地好像要求生活無窮無盡的時刻和它一起進入遺忘。儘管尼采認為，如果永恆回歸意味著差不多構成人的生活的所有碎片、沮喪、損失、不完美的無盡重複，那麼它就是不能容忍的（「我不要再活一次」），但是也有「重大時刻」提供的承諾。這屬於一種經驗方式，這種方式在空想的永恆中，會有**超人**生活的特色，並透過至今只由詩和藝術提供的持久形式和清晰表達打敗時間這擦去一切的全能黑板擦。尼采早在《悲劇的誕生》時，承認只有作為「審美現象」── 即從藝術角度領悟的世界 ──「生存和世界才是永遠有充分理由的。」⑯當他在論文過程中重複了三次這句話時，這位年輕的作家無意中為他自己和讀者準備好了後來把這個「現象」半詩意、半偽人類學地翻譯成對現實的預言（或者預言的現

---

⑮　同上，第 6 卷，第 246 頁及其後：《不合時宜的思考》，第二部分「論歷史學對生存的利弊」，第 2 節。

⑯　23 卷穆薩利翁版《尼采全集》，第 3 卷，第 46 頁；《悲劇的誕生》，第 5 節。

實）。而只有**超人**會比永恆回歸會致死的黑暗活得更長久。他甚至會被這種破壞性的訊息**創造**出來：**超人**不僅能和永恆回歸一起活，而且還會要求於它；因為只有永恆回歸才會容納他的「重大時刻」的豐富性。†

這是永恆回歸在尼采思想和想像中所擁有的普遍意義。這是教授永恆的學校，只有那些從其中畢業的人，才在此時此地接待這位時間的征服者。其他人，「芸芸眾生」，就被它摧毀了。確實，尼采一再做出嘗試，要把永恆回歸建立在十九世紀物理學的教義的基礎之上：能量的恆定性和時間的無限性，認為**因此**既定能量別無選擇，只能在無限時間的某一點上產生**同樣的**結構：「能量保存定律要求**永恆回歸**」這是收集在《權力意志》中的筆記之一。[17]他荒誕地無視「相同」也可以意味著意識狀態的相同，這反過來必然成為查拉圖斯特拉的訊息會在心理上產生的「重大」效果的序曲：以這樣一種方式過你的生活，以至於你會僅僅希望一而再、再而三地過這種生活。但是，**沒有**對以前曾經過過這同樣生活的記憶，這就沒有什麼不同，而有了那種記憶，就不會是相同的東西。然而，正是永恆回歸的這種被期待的預言效果，而當然不是其「科學」有效性，使尼采如此熱愛這種「不可能的」思想。

在他精神崩潰的邊緣，在臨床誇大狂的開頭，尼采在1888年夏末結束《偶像的黃昏》時，稱自己：「……我，哲學家戴奧尼索斯的最後門徒，—— 我，永恆回歸的教師。」[18]這裡，很明

---

† 為了把永恆之重給予沒有它就會是「不可承受的存在之輕」的東西，米蘭‧昆德拉將他的小說標題歸功於尼采的永恆回歸，並承認了這一點。

[17] 23卷穆薩利翁版《尼采全集》，第19卷，第370頁；《權力意志》，第1063節。

[18] 同上，第17卷，第159頁；《偶像的黃昏》，〈我對古人的欠債〉。

顯，他不是《查拉圖斯特拉如是說》的作者，而是查拉圖斯特拉本人。如果先知成功地「重新評價」所有傳統價值觀，就像他瘋狂的宏大意圖那樣，如果「哲學家戴奧尼索斯」拿著戴奧尼索斯哲學之錘或永恆回歸的爆炸性思想，改變了人類的性格和意識，那麼這肯定會是獨一無二的，一種以前不可能發生過的改變。人類以前從未收到和接受過永恆回歸的訊息。如果人類收到了，那麼人類現在就不會需要這一課，因為超人早就會產生，光榮地推翻平庸的「芸芸眾生」的政權。無疑，尼采相信，有了萬物的永恆回歸教義，他已經產生了他所謂的「最堅硬可能的思想」。[19] 有時候，他必須假定，這種思想不僅結果證明對平庸是致命的，而且會改變人現在的模樣，至今一直是這樣的人。因此，他在《查拉圖斯特拉》時代的筆記中補充說：「現在讓我們創造將輕鬆愉快、樂而忘憂地接受它的造物。」[20]當然，必須被創造的造物是超人。尼采那個時代的摘記說明，他已經為他的追隨者以熱情的肯定回答以下問題的時刻計畫了先知之死：「你願意再一次過你的全部生活嗎？」在那時刻，查拉圖斯特拉會死於「幸福」。[21]

在這個可怕的意識革命之後，歷史會有宏大改觀。一個新的時代會開始，超人的時代，以前從未到來過的黃金時代：「只有現在，隨著諸神之死，我們才願意超人進入生活。」這是查拉圖斯特拉的最終意願。當他宣告下山是他的最高希望時，這將是人的「偉大的晌午」，「因為這是走向一個新的早晨之路。」[22]

---

[19] 同上，第 19 卷，第 368 頁；《權力意志》，第 105 節。

[20] 同上，第 14 卷，第 179 頁；《查拉圖斯特拉》時代的筆記。

[21] 同上，第 173 頁。

[22] 23 卷穆薩利翁版《尼采全集》，第 13 卷，第 99 頁；《查拉圖斯特拉如是說》，

而在《查拉圖斯特拉如是說》第 2 卷開頭幾頁，先知確實說了，「還從來沒有過一位**超人**。」㉓這意味著**超人**和永恆回歸的願景是邏輯不一致的模式，而且是，由同一位先知隆重宣告他們是，尼采矛盾性的最戲劇性表達。

尼采這位心理學大師──「在我面前不曾有心理學，」㉔他在《瞧這個人》寫到，再次明顯蔑視永恆回歸──沒有看到，或假裝沒有看到，意識的變化，一種如此深刻以至於會實現一種獨一無二的新人類，不會在永恆回歸鏈中有一個地位，這是很令人吃驚的。然而這種粗俗的矛盾是有啟迪性的。它顯示尼采想要逃離短暫、遺忘、難以言喻──逃離椅子背後的聲音──的願望的壓倒性力量。如果世界是在永恆的、無法逃避的流動狀況中，那麼它在**整體**上就像其中的每一個片刻一樣是逃避性的。而它是無法透過一種語言達到清楚表達的，語言的占優勢方式就是表明存在：我是，它是。赫拉克利特追隨者尼采如此認為的永恆回歸，是世界變得完全可表達的唯一機會。因為表達為要被表達的東西預先設定了一段時間長度，而永恆回歸，尼采寫道，最接近於一個世界的存在，這個世界要不然就只知道暫時的東西。收集在《權力意志》中的摘記之一說：「把存在的特性強加在生成上──這是最高的權力意志。」㉕這當然就是永恆回歸的最高意志。

許多篇幅審美思考被奉獻給對雕塑和繪畫中「有意義時刻」的界定，雕塑和繪畫都是在其靜止的媒介中描寫運動中的身體和事物。在永恆回歸中，問題消失了；由於其永恆輪迴，每一個時

第 1 卷結尾。
㉓ 同上，第 13 卷，第 118 頁；《查拉圖斯特拉如是說》，「論教士」一節的結尾。
㉔ 同上，第 21 卷，第 282 頁；《瞧這個人》，〈為什麼我是一種命運〉，第 6 節。
㉕ 同上，第 19 卷，第 330 頁；《權力意志》，第 617 節。

刻都是有意義的。永恆回歸是極端的**史詩**哲學——達到浮誇的荒誕地步的史詩，對因每一時刻的消逝而感到的恐懼，對消失在無中、消失在絕對遺忘中的恐懼的絕妙療法。在這種哲學中，有一種數學魔法在起作用。一種無意義生活的無盡重複被假定來產生巨大的精神意義，就好像一個人透過瘋狂地乘以零就可以得出壓倒數量的正數。正是「重大時刻」被假定來產生奇蹟。

　　會嗎？回答也許是，在《快樂的知識》末尾 ⑳引出《查拉圖斯特拉如是說》的兩個詞「*Incipit tragoedia*（拉丁文：悲劇開始）」必須被認真對待。當先知從孤獨的山上下來教山谷中的人他自己逐漸學會的東西——關於上帝和諸神之死，以及必然隨之而來的可怕後果，除非**超人**產生，打破人被束縛於時間的不可容忍的狀態——時，悲劇開始了。這是一種不像馬克白受到「明天、明天、明天」的奴役那樣的束縛，直到時間紀錄的最後一個音節，明天都會帶著它的犧牲品「一路走向無價值的死亡」。只有**超人**能夠把「一個白痴講的流言蜚語」變成一個神聖的故事。這，也只有這，才會成為尼采無望地希望的美化一切的表達。在他等待期間，他有時候——不耐煩地、輕率地、不可原諒地——說出一些似乎鼓吹對人類事務最野蠻、最不虔敬的管理；而在《查拉圖斯特拉如是說》的〈退職者〉一節 ㉑中，他使因失業而感到很不幸的教皇稱查拉圖斯特拉這位倒楣的永恆愛好者「最虔誠地不信上帝的人。」

---

⑳ 指第 4 卷末尾。——譯者注

㉑ 同上，第 13 卷，第 327 頁：《查拉圖斯特拉》，第 4 卷，〈退職者〉。

大家觀點

1B2Z
尼采哲學導論——「自由精靈」的教師
The Importance of Nietzsche: Ten Essays

作　　　　者	——	[美] 埃里希‧海勒（Erich Heller）
譯　　　　者	——	楊恒達
發　行　人	——	楊榮川
總　經　理	——	楊士清
總　編　輯	——	楊秀麗
本 書 主 編	——	蘇美嬌
封 面 設 計	——	姚孝慈
出　版　者	——	**五南圖書出版股份有限公司**
地　　　　址	——	106 臺北市大安區和平東路二段 339 號 4 樓
電　　　　話	——	02-27055066（代表號）
傳　　　　眞	——	02-27066100
劃 撥 帳 號	——	01068953
戶　　　　名	——	五南圖書出版股份有限公司
網　　　　址	——	https://www.wunan.com.tw
電 子 郵 件	——	wunan@wunan.com.tw
法 律 顧 問	——	林勝安律師
出 版 日 期	——	2023 年 9 月初版一刷
定　　　　價	——	380 元

國家圖書館出版品預行編目資料

尼采哲學導論——「自由精靈」的教師 / 埃里希. 海勒 (Erich
Heller) 著；楊恒達譯. -- 初版 . -- 臺北市 : 五南圖書出版股
份有限公司 , 2023.09
　面 ; 　公分
譯自 : The Importance of Nietzsche: Ten Essays
ISBN 978-626-366-284-1(平裝)

1.CST: 尼采 (Nietzsche, Friedrich Wilhelm, 1844-1900)
2.CST: 學術思想 3.CST: 哲學

147.66　　　　　　　　　　　　　　　　112010332